Tom Diesbrock

Freiheit – eine Gebrauchsanweisung

Frei zu sein heißt,
immer eine Wahl zu haben.

Für meine Mutter

Tom Diesbrock

Freiheit – eine Gebrauchsanweisung

Ein Arbeitsbuch

mvg Verlag

Bibliografische Information der Deutschen Nationalbibliothek
Die Deutsche Nationalbibliothek verzeichnet diese Publikation in der Deutschen Nationalbibliografie.
Detaillierte bibliografische Daten sind im Internet über http://dnb.d-nb.de abrufbar.

Wir danken den Verlagen für die freundlichen Abdruckgenehmigungen.

Ein Unternehmen von Süddeutscher Verlag | Mediengruppe
www.mvg-verlag.de

Lektorat: wortvollendet, Marion Appelt, Wiesbaden
Umschlaggestaltung: Jens Rosemann, Düsseldorf sowie www.coverdesign.net
Illustrationen: Jens Rosemann, Düsseldorf
Satz: Jürgen Echter, Landsberg am Lech
Druck: Himmer, Augsburg
Bindearbeiten: Thomas, Augsburg
Printed in Germany
ISBN 978-3-636-06333-5

INHALT

Vorwort **7**

Gebrauchsanweisung für dieses Buch **9**

Kapitel 1
Die innere und die äußere Freiheit 15

Kapitel 2
Regisseur oder Komparse – welche Rolle spielen
Sie in Ihrem Leben? 37

Kapitel 3
Die positive Freiheit und der Weg zum Ziel 65

Kapitel 4
Kann Freiheit grenzenlos sein? 91

Kapitel 5
Methoden des Freiheitsentzugs 1. Teil:
Angst, Vermeidung, Gewohnheiten und Impulslosigkeit 117

Kapitel 6
Methoden des Freiheitsentzugs 2. Teil:
Innere Blockade, WENN-Falle, negative Glaubenssätze,
Sucht 145

Kapitel 7
Freiheit und Gefühle 171

Kapitel 8
Freiheit und Beziehungen – ein ewiger Widerspruch? 195

Kapitel 9
Die Freiheit loszulassen 229

Kapitel 10
Kreativität – ein Schlüssel zur Freiheit 259

Schlusswort **285**

Dank **287**

Tipps zum Weiterlesen **289**

Über den Autor **291**

Vorwort

Meine Freiheit ist mir in den letzten zehn Jahren immer wichtiger geworden.

Bis dahin war ich ein eher sicherheitsbewusster, vielleicht auch ängstlicher Mensch, der auf Risiken lieber verzichtete. Ich traute mich einfach nicht, etwas für die Realisierung meiner Träume zu tun.

Mitte 30 stellte sich mir plötzlich die Frage: „Wenn nicht jetzt, wann dann?“ Also jetzt. Endlich wagte ich, allein durch Indien zu reisen. Meine Arbeit als Angestellter hatte mir schon lange keinen Spaß mehr gemacht, also kündigte ich und vollzog den Sprung in die Selbstständigkeit als Coach und Psychotherapeut. 2004 pilgerte ich allein auf dem Jakobsweg in Nordspanien bei Regen und Hitze – mal in Hochstimmung und manchmal am Ende meiner Kräfte und Nerven. Ich lernte, dass ich nur sehr wenig brauche, um glücklich zu sein. Und mir wurde das erste Mal wirklich bewusst, dass ich ein freier Mensch bin. Und diese Erkenntnis, das Gefühl in diesem Moment waren wunderbar!

Seitdem beschäftigte ich mich mit dem Thema Freiheit und der Frage, wie frei wir eigentlich sind und woran es liegt, wenn wir uns unfrei fühlen. Sind es wirklich die äußeren Grenzen, die unsere Freiheit einschränken? Dabei stelle ich in meiner Arbeit als Coach immer wieder fest, dass die Grenzen in unseren Köpfen die Haupthindernisse sind. Und die können überwunden werden, wenn wir es wollen.

Wie sieht es bei Ihnen aus? Haben Sie manchmal Sehnsucht nach einem freieren und unabhängigen Leben – und lassen dann trotzdem alles beim Alten, weil Sie nicht wissen, was Sie tun können? Oder weil die Angst zu groß ist? Oder weil Sie meinen, dass Ihnen mehr Freiheit gar nicht zusteht?

Mit diesem Buch möchte ich Ihnen Mut machen, sich mit Ihren Grenzen und Ihren Träumen auseinanderzusetzen. Ich stelle Ihnen Werkzeuge zum Selbstcoaching vor, die Ihnen helfen, Ihre Freiheit zu vergrößern, die Vielzahl Ihrer Möglichkeiten wahrzunehmen und sich Neuland zu schaffen.

Dazu müssen Sie nicht Ihr Leben auf den Kopf stellen oder gar versuchen, ein anderer Mensch zu werden. Ein kleiner Schritt, den Sie gehen, bringt Sie viel weiter als ein großer, bei dem Sie stolpern.

Gebrauchsanweisung für dieses Buch

In meine Coachingpraxis kommen viele Menschen, die etwas in ihrem Leben verändern möchten – beruflich oder privat. Oft befinden sie sich in folgendem Dilemma: Einerseits wollen sie nicht mehr der sein, der oder wie und wo sie gerade sind. Andererseits scheuen sie vor der Ungewissheit des Neuen zurück. Sie empfinden dann ein gewisses Unbehagen und Druck, weil Sie das Gefühl haben, irgendwie festzuhängen. Das ist in dieser Situation normal und geht wohl den meisten von uns manchmal so. Wenn sich aber jemand für ein Coaching entschieden hat, beginnt er oft mit dem Satz: „Jetzt muss endlich etwas passieren!" Vorher hat er lange und ausgiebig über sein Anliegen nachgedacht, sich anderen mitgeteilt, mögliche Lösungen im Kopf hin und her bewegt oder auch zahlreiche Bücher gelesen – er ist aber keinen Schritt vorangekommen. Von jetzt an ist eine andere, kreative Herangehensweise erforderlich. Dies können Fragen sein, die mir helfen, mein Anliegen aus einer anderen Perspektive zu betrachten, aber vor allem brauche ich Werkzeuge und Methoden, die mir neue Türen öffnen.

Und genau dies biete ich Ihnen an. Selbstverständlich können Sie dieses Buch auch als angenehme Lektüre nutzen, an manchen Stellen nicken, weil Sie sich darin wiedererkennen, und am Ende sagen „Ja, er hat recht, man sollte wirklich mal etwas tun" – und es dann ins Regal stellen.

Aber ich wünsche Ihnen mehr. Wenn Sie von diesem Buch profitieren wollen, sollten Sie es GEBRAUCHEN. Probieren Sie die Techniken aus, die ich Ihnen ans Herz lege, und schreiben Sie Ihre Gedanken und Ideen auf, auch wenn es zunächst für sie ungewohnt ist. Häufig ermöglicht erst das Einlassen auf Neues, Unvertrautes und manchmal auch Unbequemes echte Lösungen und Veränderung. Auf ausgetretenen Wegen gelangen wir immer nur zu bereits bekannten Zielen.

Alle Kapitel enthalten sogenannte **Denk-Checks**. Das sind Fragen, die Ihnen helfen, sich Ihr Denken, Ihre Wünsche und Ziele, aber auch Blockaden und Widerstände bewusst zu machen und zu klären. Ich empfehle Ihnen, sich jeweils schriftlich damit auseinanderzusetzen.

Selbsterkenntnis ist bekanntlich der erste Schritt – der zweite ihre Umsetzung und die Suche nach neuen Lösungen. Zahlreiche **Übungen** werden Ihnen dabei helfen, „Neuland zu gewinnen", mit eingeschliffenen Gewohnheiten aufzuräumen, Ihre Kreativität zu nutzen und sich zu trauen, neue Wege auszuprobieren.

Lesen Sie kreuz und quer, suchen Sie sich heraus, was Ihnen interessant erscheint. Ignorieren Sie, was Sie im Augenblick nicht benötigen. Und nehmen Sie sich vor allem die Zeit, die Sie für ein Thema brauchen. Wenn Sie sich im Moment nur mit einem Kapitel oder einer Frage beschäftigen möchten, ist das völlig okay, denn dieses Buch ist ein sehr geduldiges Buch.

Des Weiteren helfen Ihnen folgende Methoden, um noch besser von diesem Buch zu profitieren:

Meinen Coachingklienten empfehle ich grundsätzlich, ein **Tagebuch** zu führen. Und auch Ihnen lege ich es ganz besonders ans Herz, da viele Übungen einen schriftlichen Teil beinhalten und der Platz im Buch unter Umständen nicht ausreichen wird. Ich weiß, dass Schreiben nicht jedem liegt. Aus Erfahrung weiß ich aber auch, dass es einen großen Unterschied macht, ob ich Gedanken in meinem Kopf nur hin und her bewege oder sie schriftlich festhalte. Wir denken so unendlich viel im Kreis und meist ohne Ergebnis. Gedanken sind unverbindlich, schreibe ich sie aber auf, muss ich mich mit ihnen auseinandersetzen. Dies ist der erste Schritt zum Handeln! Zudem kann Ihr Tagebuch Sie begleiten, während Sie mit dem Buch arbeiten, Projekte entwickeln oder ein größeres Projekt realisieren, das Sie in Angriff nehmen. Sie sollten es immer bei sich tragen, um die Ideen und Gedanken darin festzuhalten, die Ihnen im Laufe des Tages kommen. Noch ein Tipp: Kaufen Sie sich ein Buch, das Ihnen gefällt, das Sie gerne anfassen, denn Ihr Vorhaben ist wichtig! Und in Ihrem Arbeitstagebuch soll es einen würdigen Rahmen finden.

Visualisieren Sie. Besorgen Sie sich bitte einen großen Block, nach Möglichkeit in Din-A3-Format, sowie farbige Stifte, mit denen Sie Ihre Gedanken zusammentragen und dokumentieren. Ideen sind bunt und unterschiedlich und Farben regen unser Denken grundsätzlich an. Und großformatige Blätter signalisieren Ihrem Gehirn: „Hier ist ganz viel Platz, nutze ihn!“ Vielleicht spüren Sie anfangs ein wenig Angst vor dem großen, leeren Bogen Papier. Aber Sie werden merken, dass Sie einfach mehr Möglichkeiten haben und es auch Spaß machen kann, wenn Sie ausreichend Platz zur Verfügung haben.

In einigen Übungen empfehle ich Ihnen die **Mind-Map-Technik**, die für das Sammeln – unterschiedlicher Ideen besonders gut geeignet ist. Sie bildet unser Denken viel besser ab als beispielsweise eine Liste. Sie funktioniert ganz einfach: Nehmen Sie ein möglichst großes Blatt Papier. Schreiben Sie in die Mitte Ihr Thema oder eine Frage, die Sie beantworten möchten. Schreiben Sie Ihre Ideen auf das ganze Blatt verteilt.

Wenn Ihnen zu einem Punkt etwas Neues oder ein Unterpunkt einfällt, notieren Sie ihn darunter oder daneben. So stehen die für einen Themenbereich relevanten Aspekte beieinander und Sie haben – anders als bei einer Liste – immer ausreichend Platz für Ergänzungen. Je nach Geschmack können Sie Farben und Verbindungslinien verwenden.

Sie möchten das Buch erst einmal von vorne bis hinten lesen? Auf diese Weise bekommen Sie ein erstes Bild dessen, was Sie alles erwartet. In einem zweiten Durchlauf können Sie sich dann mit den praktischen Übungen beschäftigen, die Ihnen vielversprechend erscheinen.

Suchen Sie sich die passenden Übungen und Werkzeuge heraus. Die Zahl der Denk-Checks, Techniken, Methoden und Übungen ist bewusst hoch, um Ihnen für möglichst viele Anliegen und Fragen das passende Werkzeug zu bieten. Natürlich müssen Sie nicht alles durcharbeiten, Sie können selbst entscheiden, was Ihnen möglicherweise hilft und Sie weiterbringt. Sie können mit diesem Buch machen, was immer Sie möchten!

Schreiben, kritzeln und malen Sie in dieses Buch! Es soll ein Gebrauchsgegenstand für Sie sein. Also gebrauchen Sie es so, wie Sie es für richtig halten. Halten Sie Ihre Gedanken und Ideen darin fest, bevor sie verschwinden. Ich persönlich finde es sehr hilfreich, mir Notizen in Büchern zu machen und wichtige Stellen anzustreichen – so finde ich sie später leicht wieder. Außerdem macht es mir einfach Spaß und fördert das Verständnis.

Und noch eine Anmerkung, bevor es wirklich losgeht:

Ich wende mich mit diesem Buch selbstverständlich genauso an Frauen wie an Männer. Als ich mit dem Schreiben begann, habe ich entweder versucht, geschlechtsneutral zu formulieren oder, wo es nicht möglich war, die weibliche und männliche Form nebeneinandergestellt. Sie kennen das, wenn von „LeserInnen" oder „Lesern bzw. Leserinnen" gesprochen wird. Ich finde das Lesen solcher Texte ausgesprochen anstrengend. Schließlich fragte ich Kolleginnen und Freundinnen, ob sie großen Wert auf die weibliche Anredeform legen würden. Sie sagten alle, dass sie so sehr an die übliche – männliche – Formen gewöhnt seien, dass sie die von mir ursprünglich angedachten Varianten als störend empfinden würden. Außerdem seien Frauen doch heute hoffentlich selbstbewusst genug, um damit umgehen zu können.

Liebe Leser, ich folge also dieser Tradition und spreche Sie alle gleichermaßen an. Denn ich glaube, dass Freiheit für uns alle, egal ob Mann oder Frau, ein wichtiges Thema ist!

Ich wünsche Ihnen beim Lesen und Arbeiten viel Spaß, viele Ideen und Mut zu neuen Wegen,
Ihr

Kapitel 1

Die innere und die äussere Freiheit

Wir leben in einem Land, das uns in seinem Grundgesetz zahlreiche Freiheiten garantiert. Wir dürfen offen unsere Meinung sagen und schreiben, wohnen, wo, wie und mit wem wir möchten, wir können das Land jederzeit verlassen und uns entscheiden, mit welchem Menschen wir eine Beziehung führen und ob und wann wir diese beenden, und wir dürfen den Beruf erlernen und ausüben, den wir uns aussuchen. Nie zuvor haben so viele Menschen unter so guten Bedingungen gelebt. Neben den Freiheiten, die das Gesetz Ihnen ermöglicht, erlaubt Ihnen unsere Gesellschaft, glücklich zu werden so ziemlich nach jeder Fasson – Deutschland gehört somit sicherlich zu den liberalsten Ländern der Welt. Sie finden, das ist ein bisschen zu optimistisch?

Es stimmt, dass die Zahl der uns gesellschaftlich zur Verfügung stehenden Möglichkeiten partiell sehr unterschiedlich ist, und es ist leider auch wahr, dass manche Bevölkerungsgruppen wirklich wohlhabend sind – ein anderer Teil aber immer weniger Geld zur Verfügung hat. In bestimmten Branchen scheint die Höhe der Bezahlung einfach ungerechtfertigt, und andere Menschen leben wiederum am Existenzminimum.

Wahr ist aber auch, dass die große Mehrheit der Menschen noch nie in der Geschichte so viele Möglichkeiten und Chancen hatte wie wir in Deutschland und Europa momentan. Noch nie sind westliche Gesellschaften so reich gewesen!

Großartige Bedingungen also. Wir müssten folglich auf der Straße fast nur glückliche Gesichter sehen und Menschen antreffen, die ihre vielen Möglichkeiten voll ausschöpfen und ein zufriedenes, selbstbestimmtes Leben führen. Wahrscheinlich denken Bewohner viel ärmerer Länder, die ihnen ungleich weniger Möglichkeiten und Freiheiten gewähren, dass wir in Mitteleuropa auf einer Insel der Seligen leben. So absurd ist dieser Gedanke doch nicht, oder?

Leider sieht es in unseren Köpfen und Herzen aber ganz anders aus. Internationale Untersuchungen beschäftigen sich immer wieder mit der Frage, in welchen Ländern die Menschen besonders glücklich sind. Die Ergebnisse fallen nicht immer gleich aus – aber wir Deutschen gehören nie zu den Spitzenreitern. Und ich nehme mal an, dass Sie das nicht wirklich wundert, oder? In diesen Studien schneiden ärmere Länder, deren Bürger viel größeren politischen und vor allem gesellschaftlichen Zwängen ausgesetzt sind, nämlich besser ab als wir.

Macht uns Freiheit allein gar nicht glücklich?

Stellen Sie sich einmal zwei Menschen vor: Einer von beiden hat durch Geld, Beziehungen, Gesundheit, eine gute Ausbildung etc. objektiv viel mehr Wahlmöglichkeiten als der andere. Würden Sie 1000 Euro darauf setzen, dass er auch der Glücklichere ist? Wahrscheinlich würden Sie zögern – genau wie ich. Die Sache wäre zu unsicher.

Jetzt stellen Sie sich doch einmal zwei Menschen vor, deren äußere Lebensbedingungen sehr ähnlich sind. Allerdings unterscheiden sich die beiden in folgender Hinsicht: Der eine ist fest davon überzeugt, dass er im Rahmen seiner Möglichkeiten unendlich viele Freiheiten hat, um Entscheidungen zu treffen. Der andere fühlt sich dagegen unfrei und ohne Aussicht darauf, sein Leben in die Hand zu nehmen. Würden Sie nicht sofort und ohne zu zögern 1000 Euro darauf setzen, dass der Erste ein viel glücklicherer Mensch ist als der Zweite? Äußere Faktoren sind nicht unbedingt ein Garant für unser Glück – allerdings eine gute Grundlage, wenn wir sie zu nutzen wissen!

Während unsere innere Freiheit, also das Gefühl, eigenverantwortlich zu handeln und frei zu entscheiden, ein wichtiger Glücksfaktor ist, hat unsere äußere Freiheit – Aspekte wie Wohlstand und Bildung viel weniger Einfluss auf unsere generelle Lebenszufriedenheit. Eine US-amerikanische Untersuchung hat ergeben, dass Menschen, die sich innerlich frei fühlen und ihre Entscheidungen selbstbestimmt fällen, eine dreimal höhere Chance haben, ein zufriedenes Leben zu führen als solche, die sich innerlich unfrei fühlen. Liegt es dann nicht auf der Hand, dass wir uns viel mehr um unsere innere Freiheit kümmern müssten als um die äußere? Das Gegenteil ist aber der Fall: In meiner Coachingpraxis treffe ich Menschen, die in ihrem Leben schon viel erreicht haben. Oft haben sie es schon zu beachtlichem Wohlstand gebracht, sie haben einen Partner, Freunde, Kinder, sie erfreuen sich guter Gesundheit und üben einen Beruf aus, der ihnen Geld und Ansehen bringt. Dies sind Faktoren, die ihnen viele Möglichkeiten eröffnen und ihre äußere Freiheit damit erhöhen. In diese äußeren Parameter investieren wir gewöhnlich eine Menge Zeit und Energie. Das ist ja auch gut so. Nur fühlen sich viele trotzdem innerlich zutiefst unfrei, wenn

- die Partnerschaft nur noch aus abgenutzten Ritualen und Alltäglichkeiten besteht und keine neuen Impulse mehr möglich scheinen,
- sie das Gefühl haben, ständig den Erwartungen von Freunden, Kindern, Eltern, Kollegen usw. entsprechen zu müssen,
- sie von Woche zu Woche leben, ohne zu wissen, was ihnen im Leben wirklich wichtig ist,
- sie ihren Job machen, ohne im Geringsten davon erfüllt zu sein – und weil sie keine Alternativen für sich sehen,

- sie Angst vor Ablehnung haben, sollten sie einmal zeigen, wie sie sich wirklich fühlen.

Freiheit wird nie geschenkt – immer nur gewonnen.
Heinrich Böll

Die Liste ließe sich beliebig fortsetzen. Trotz zahlreicher äußerer Möglichkeiten gibt es scheinbar genauso viele innere Zwänge, aus denen wir uns ein inneres Gefängnis bauen können. Das klingt in Ihren Ohren übertrieben? „Frei wie ein Vogel“ oder „lebenslänglich“? Sie haben recht, denn die wenigsten Menschen sehen ihre Situation so extrem – das Empfinden der meisten von uns liegt irgendwo zwischen diesen Polen. Außerdem kann unsere innere Freiheit in verschiedenen Lebensbereichen sehr unterschiedlich sein: Fühle ich mich im Beruf z.B. sehr frei, kann ich trotzdem in meinem Privatleben das Gefühl haben, eingesperrt zu sein.

Genauso wie unsere äußere Freiheit ein hohes Gut ist, das immer wieder erkämpft werden muss, weil es uns nicht auf Dauer geschenkt wird, ist es wichtig, an unserer inneren Freiheit zu arbeiten. Wir können sie erweitern und lernen, sie besser zu nutzen, so dass unser Leben in dem Maße erfüllt ist, wie wir es wollen.

Die innere Unfreiheit

Was aber macht unsere innere Freiheit aus? Wie kann ich erkennen, wie frei ich innerlich wirklich bin? Eine Antwort darauf zu finden ist gar nicht einfach. Von daher macht es Sinn, sich erst einmal das Gegenteil anzusehen: Woran merke ich eigentlich, wenn ich innerlich unfrei bin? Folgende Indizien geben darüber Aufschluss:

- **Der Tunnelblick:** Ich sehe links und rechts von mir keine Möglichkeiten. Es scheint, dass ich etwas nur auf eine Art sehen, denken, lösen, fühlen oder sagen kann. Es gibt für mich offensichtlich keine Alternativen. Frage ich Menschen, die in ihrem Beruf unglücklich sind, was sie denn lieber machen würden, bekomme ich manchmal nur die Antwort: „Ich kann ja auch nicht arbeitslos werden!" Ein klarer Fall von Tunnelblick, denn jedem Menschen stehen neben Arbeitslosigkeit alternative Möglichkeiten offen!
- **Die innerlich empfundene Enge:** Ich fühle mich körperlich eingeengt; mein Hals ist wie zugeschnürt, mein Atem wird flach, ich fühle mich angespannt, mein Herz klopft schneller, meine Haut wird feucht – typische Stresssymptome. Verschiedene Hormone und Botenstoffe versetzen den Körper in einen Alarmzustand. Und damit wir uns auf die potenzielle Gefahrenquelle konzentrieren können, starren wir wie das sprichwörtliche Kaninchen auf die

Schlange – und kommen gar nicht auf die Idee, dass wir ja weglaufen können. Bei einer akuten Gefahr macht dieses Verhalten Sinn, bei schleichendem Stress, wie ihn viele von uns kennen, ist es schlimm, wenn man keinen Ausweg mehr sieht. Dabei kann die gefühlte innerliche Enge sowohl körperlich als auch geistig empfunden werden.

- **Die innere Blockade:** „Zwei Seelen wohnen, ach, in meiner Brust!", klagt Goethes Faust und drückt damit aus, wie hin- und hergerissen er sich fühlt. Ein Teil von mir möchte das eine, andere Anteile wollen aber etwas ganz anderes. So möchte beispielsweise mein freiheitsliebender Teil gern durch Südamerika reisen – mein sicherheitsbewusster Teil hat aber Angst davor und mein vernunftbedachter Teil findet Reisen sowieso zu teuer und völlig unnötig. Im Falle einer Blockade werde ich wahrscheinlich nicht verreisen, mich entweder ärgern oder mir einreden, es ganz sicher im nächsten Jahr nachzuholen. Da innere Blockaden uns viel Energie rauben, schränken sie unsere Freiheit ein und blockieren unser Gehirn. Sie hinterlassen Leere und Frust, weil wir nicht handeln können. (Wie Sie eine Blockade lösen können, finden Sie in Kapitel 6.)
- **Das „Ich-muss"-Syndrom:** Vielleicht haben Sie andere oder sich selbst schon dabei beobachtet, wie Sie häufig „Ich muss …" sagen. „Ich muss noch den Rasen mähen", „Ich muss aufräumen", „Ich muss morgen zum Arzt" usw. Es ist die Sprache, die immer auch unser Denken abbildet. Hat jemand eine Haltung der Unfreiheit eingenommen, ist es kein Zufall, wenn er häufig „muss". Er sagt sich und allen anderen damit immer wieder: „Ich habe ja keine Wahl." Sicherlich gibt es Dinge, die wir tatsächlich tun müssen. Aber meistens sind es nur sehr wenige Dinge, zu denen wir als erwachsene Menschen

wirklich gezwungen sind. Vielleicht hat es negative Konsequenzen, etwas nicht zu tun, dennoch kann ich mich trotzdem dafür oder dagegen entscheiden.

Dies sind nur einige Anzeichen innerer Unfreiheit. Sind Ihnen beim Lesen spontan Menschen in den Sinn gekommen, bei denen Sie eines der Merkmale schon einmal festgestellt haben? Bei anderen fällt es uns ja oft leichter als bei uns selbst, eine selbstbeschränkende Haltung wahrzunehmen, aber vielleicht kam Ihnen der Gedanke: „Stimmt, ja, das kenne ich auch von mir"?

Aber hier geht es ja um Sie! Jetzt ist eine gute Gelegenheit, sich ein paar Gedanken zu den Indizien innerer Unfreiheit zu machen, die Sie an sich beobachten. Was fällt Ihnen ein? Mit welchen Mechanismen schränken Sie Ihre Wahlmöglichkeiten ein?

Denk-Check:

Wie und in welchen Situationen fühle ich mich innerlich unfrei?

____

____

____

____

____

____

Bewahren Sie sich Ihre Gedanken bitte gut auf. Sie werden ausreichend Gelegenheit haben, weiter mit ihnen zu arbeiten.

Innere und äußere Freiheit: Worin unterscheiden sie sich?

Wir haben gesehen, dass die äußere Freiheit keine Garantie für ein glückliches Lebens ist – hingegen ist das Bewusstsein innerer Freiheit ein wichtiger Glücksfaktor. Folgende Definitionen beschreiben diese beiden Formen bzw. Aspekte von Freiheit, wie ich finde, sehr schön:

Meine äußere Freiheit ist die Summe aller Möglichkeiten, die mir die Welt, meine direkte Umgebung, die Menschen, aber auch meine Fähigkeiten, mein Besitz und mein Körper bereitstellen. Ob ich etwas davon nutze, steht auf einem anderen Blatt. Meine äußere Freiheit bestimmt, was ich tun kann – sie lässt sich ohne Wenn und Aber klar definieren.

Die innere Freiheit beschreibt mein Vermögen, meine Möglichkeiten in ihrer Fülle wahrzunehmen und so zu nutzen, dass ich das Bestmögliche daraus ziehe. Dies kann darin bestehen, dass ich immer wieder Neues lerne, mich weiterentwickle, das Leben genieße, Spaß habe, etwas erschaffe, Menschen nahe bin, mir Sicherheit aufbaue – die Summe dessen, was mein Leben erfüllt und es für mich gut macht.

Um meine innere Freiheit zu entwickeln, muss ich also erst einmal lernen, meine äußere Freiheit wahrzunehmen und anzuerkennen – das klingt einfach, ist aber nach meiner Erfahrung keine leichte Übung. Aus den verschiedensten Gründen beschränken Menschen sich selbst und sind sich dessen nur selten bewusst. Sie verhalten sich wie jemand, der am Verhungern ist und dabei direkt vor einem Büffet steht – und fest davon überzeugt ist, dass nichts Essbares für ihn dabei ist. Irgendetwas hindert ihn zu erkennen, was für ihn wichtig ist. In der Psychologie nennen wir den Teil unseres Selbst, den wir nicht wahrnehmen können, einen „blinden Fleck", den bereits Sigmund Freud beschrieb. Wir blenden einen Gedanken, eine Eigenschaft oder ein Gefühl aus, so als würden wir auf einer Landkarte bestimmte Gegenden einfach nicht sehen können. Diese Gegenden werden von anderen Menschen manchmal ohne weiteres wahrgenommen. Beispielsweise kann ich das Bedürfnis haben, einmal ohne meine Kinder zu verreisen. Mein Selbstbild erlaubt es mir aber nicht, weil ich gelernt habe, dass sich ein guter Familienmensch nur mit Partner und Kindern wohl fühlt. Freunde sehen meinen sehnsüchtigen Blick, wenn jemand von einer Reise berichtet – ich bemerke das nicht, denn ich habe an dieser Stelle einen blinden Fleck.

Menschen, die wiederum anders gestrickt sind, sehen zwar das Buffet, trauen sich aber nicht, etwas davon zu nehmen – sie befürchten nämlich, jemand könnte etwas dagegen haben. Oder aber sie glauben, dass sie keine der Speisen mögen oder vertragen. Probieren wollen sie aber auch nicht ... Wir sehen, es gibt viele Wege, vor einem gedeckten Tisch zu verhungern!

Andererseits gibt es Menschen, die in der Wüste überleben können, weil sie das wenige, das die Natur ihnen bietet, sehen und zu nutzen wissen. Sie haben sicher schon von Menschen wie Nelson Mandela oder Mahatma Gandhi gehört und gelesen, die lange Zeit im Gefängnis unter schlimmsten Bedingungen überlebt haben. Sie nutzten die Möglichkeiten ihres Geistes und haben ihre innere Haltung bewahrt, um damit ihre Gefangenschaft zu überleben. Sie sind ein gutes Beispiel dafür, dass Menschen auch in äußerer Unfreiheit ihre innere Freiheit bewahren können!

Innere und äußere Begrenzungen – leicht zu verwechseln!

Menschen neigen dazu, ihre inneren (engen) Grenzen für äußere Beschränkungen zu halten. Sie sind fest davon überzeugt, dass sie unfähig sind, eine Aufgabe viel zu schwer ist, andere Menschen sie aufhalten oder ihnen die Zuneigung entziehen werden. „Man kann doch nicht …“, „Das geht nicht“ oder „Der lässt mich doch nie …“, sind typische Aussagen und Gedanken von Menschen, die sich von außen eingeschränkt fühlen. Natürlich kann das tatsächlich so sein – vielleicht bin ich in einem Bereich nicht kompetent genug oder ein Mensch setzt mir eine wirklich unüberwindbare Grenze. Dann ist es sinnvoll, dies zu akzeptieren und keine Energie darauf zu verschwenden, dagegen anzurennen. Oft ist es aber anders und wir haben in unserem Kopf ein Bild aufgebaut, das den realen Umständen gar nicht entspricht. Vielmehr meinen wir

Grenzen vor unserer Nase zu sehen, die in Wirklichkeit nur in unserem Kopf existieren!

Vielleicht haben Sie schon einmal von dem in der Psychologie so genannten Mechanismus der Projektion gehört: Wie mit einem Diaprojektor werfe ich ein inneres Bild auf die äußeren Gegebenheiten, ohne es zu merken. Stellen Sie sich einmal vor, Ihr „innerer Diaprojektor" wirft das Bild eines Verbotsschilds auf alles, was Sie sehen. So lesen Sie überall: „Halt, das ist nicht erlaubt!" Sie werden glauben, die Welt sei voller Verbote – und sich entsprechend verhalten. Andere Menschen finden das etwas merkwürdig, weil sie Ihre Verbotsschilder nicht sehen können ... Oft investieren wir viel Energie, nur um andere Menschen von der Existenz unserer Verbotsschilder zu überzeugen. „Ich kann doch nicht ...", „Ich darf doch nicht ...". Sinnvoller wäre es, unsere Wahrnehmung zu überprüfen und folglich unsere Energie besser einzusetzen.

Ü Jetzt haben Sie die Chance, etwas über Ihre inneren Verbotsschilder zu lernen. Nehmen Sie sich bitte einen Augenblick Denkzeit. Erinnern Sie sich an Situationen, in denen Sie felsenfest davon überzeugt waren, etwas nicht tun zu können oder zu dürfen? Andere Menschen waren aber gegensätzlicher Auffassung und wollten Sie ermutigen, es trotz Ihrer Zweifel zu tun. Wählen Sie drei Beispiele aus und schreiben Sie sie als Stichwort in die linke Spalte. Jetzt überlegen Sie bitte, was Ihr inneres Verbotsschild Ihnen genau dazu gesagt hat. WARUM können oder dürfen Sie dies nicht tun? Welche Haltung hat Ihr Verbotsschild dazu? Vielleicht steckt eine generelle Lebenshaltung dahinter wie „Du darfst auf keinen Fall egoistisch sein!" oder „Das kannst Du doch sowieso nicht".

Situation 1	Mein Verbotsschild sagt:
Situation 2	Mein Verbotsschild sagt:
Situation 3	Mein Verbotsschild sagt:

Was lernen Sie daraus? Welche Konsequenzen ergeben sich daraus? Was raten Sie sich, wenn Sie auf das nächste innere Verbotsschild entlang Ihres Weges stoßen? Schreiben Sie es auf!

____

____

____

____

____

Der Preis der Freiheit

Je mehr Möglichkeiten ich habe, desto besser für mich, oder nicht? Und bin ich mir der riesigen Menge meiner Möglichkeiten bewusst, brauche ich mir nur noch die schönsten herauszusuchen und alles wird gut. Das ist doch logisch – aber eben nicht psycho-logisch, und zwischen diesen Begriffen liegen leider manchmal Welten.

Die Freiheit der Wahl hat für uns Menschen der westlichen Welt einen großen Stellenwert. Die Selbstverwirklichung des Einzelnen steht ganz oben auf unserer Liste. Etwas zu tun, weil die Tradition es so will oder andere Menschen es von uns verlangen, ist uns dabei ziemlich fremd geworden. In beispielsweise islamisch oder hinduistisch geprägten Gesellschaften verhält es sich ganz anders, denn dort werden soziale Regeln wesentlich strikter eingehalten. Ich selbst habe häufig mit jungen Leuten in Indien gesprochen, für die es selbstverständlich ist, dass ihre Eltern für sie einen Ehepartner aussuchen. Sie sind viel stärker in ihre Familien eingebunden und werden durch ihre Familie geschützt und kontrolliert. Interessanterweise entstand bei mir dabei nicht der Eindruck, dass sie uns in diesem Punkt um unsere relative Freiheit beneiden.

Wir hingegen können unseren Lebenspartner frei wählen, unsere äußere Freiheit ist also ungleich größer. So können die meisten von uns ein selbstbestimmteres Leben führen, wofür wir allerdings auch einen nicht unwesentlichen Preis zahlen: Eine ganze Reihe von Möglichkeiten und ein hoher Druck bedeuten auch einen andauernden Stress, da ich mich ständig für oder gegen etwas entscheiden muss.

Wir schreiben uns zwar den Leitsatz „Sei deines Glückes Schmied" auf unsere Fahnen – nur fehlt uns oft eine Gebrauchsanweisung für das hohe Maß an Freiheit. In traditionelleren Kulturen können die Lebensweisen der Eltern, die Berufe von Vater und Mutter, die herrschende Moral sowie das Wissen und die Denkweisen älterer Generationen wichtige Leitbilder sein. Unser Leben hingegen ist von Schnelllebigkeit geprägt. Das, was für den Arbeitsmarkt vor zehn Jahren galt, ist heute überholt. Das, was für unsere Eltern erstrebenswert gewesen ist, ist für uns schon lange nicht mehr interessant. Und für das Zusammenleben und für zwischenmenschliche Beziehungen gibt es kaum noch verbindliche Regeln.

Verstehen Sie mich nicht falsch, ich plädiere nicht für traditionelle und rigidere Gesellschaftsformen. Ich glaube nur, dass unsere freiheitsorientierte Lebensweise auch eine große Belastung für uns bedeuten kann, die wir nicht übersehen dürfen: Es ist heute nicht mehr damit getan, einen Beruf zu wählen und zu erlernen. Lebenslanges Lernen und Fortbilden werden von uns erwartet und unsere Karrieren bestehen immer häufiger aus einer Folge verschiedener Berufe.

Auch die Vorstellung von dem einen Partner für das ganze Leben ist immer noch sehr beliebt – in der Realität handelt es sich aber eher um Lebensabschnittsgefährten. Und somit begeben wir uns immer wieder erneut auf die Suche.

Die klassische Familie ist natürlich nicht ausgestorben. Neben ihr gibt es aber viele andere Formen des Zusammenlebens, unter denen wir wählen können – und müssen. Heute erfordern ganz simple alltägliche Dinge von uns viel mehr Kompetenz und Verantwortung als noch vor 20 Jahren: So müssen wir uns ständig entscheiden: für einen Telefon-, Strom- und Gasanbieter, für einen von Millionen Handy-Tarifen, die „richtigen" Nährstoffe im Joghurt, die passende Altersvorsorge und, und, und.

Unsere äußere Freiheit verlangt von uns also eine ganze Menge! So gesehen verwundert es wenig, wenn viele Menschen sich mehr oder weniger bewusst weigern, die Vielzahl ihrer Möglichkeiten zur Kenntnis zu nehmen.

Die Kunst, Entscheidungen zu vermeiden

Wenn ich an einer Kreuzung stehe, von der viele Wege abgehen, ist es schwierig, mich für den besten zu entscheiden. So geht es uns allen wohl nicht gerade selten. Es gibt konstruktive und weniger konstruktive Möglichkeiten, um dieses Problem zu lösen. Zu den weniger zielführenden Arten gehören folgende Techniken, durch die Entscheidungen vermieden oder arg vereinfacht werden können:

- **Die Leugnung:** Ich ignoriere ganz einfach den Großteil der Wege und nehme nur die wahr, die ich ohnehin schon kenne.
- **Die Gewohnheit:** Ich entscheide mich automatisch grundsätzlich für die wenigen Wege, die ich schon kenne, auch wenn sie zu Zielen führen, die nicht sehr attraktiv sind.
- **Die rigide Strategie:** Ich verfahre grundsätzlich nach Schema F: Ich nehme z.B. immer den dritten Weg von links. Dies ist sehr einfach, aber ob es Sinn macht, steht auf einem anderen Blatt …
- **Die Blockade:** Ich fühle mich wie gelähmt und entscheide mich gar nicht – so bleibe ich an der Kreuzung stehen und warte und warte und warte.
- **Die Strategie der Abhängigkeit:** Ich halte mich für nicht kompetent, um eine Entscheidung zu treffen, und ich richte mich danach, was andere Menschen tun oder wozu sie mir raten.
- **Das Zufalls-Prinzip:** Ich weigere mich, die Situation ernst zu nehmen, und mache irgendetwas. Ich gehe mal diesen, mal jenen Weg. Mir und allen anderen verkaufe ich diese Strategie als „spielerisch“ und „spontan“. So übernehme ich keine Verantwortung für das, was ich tue, laufe aber ziellos und wirr durch die Welt.
- **Der Mut zum schlechten Weg:** Manche Menschen haben ein Händchen dafür, immer den ungünstigsten Weg zu wählen. Wenn sie mal wieder festgestellt haben, dass sie sich verlaufen haben, geben sie

entweder den Umständen die Schuld, den anderen oder verurteilen sich selbst – und wählen wieder einen für sie schlechten Weg.

Erkennen Sie sich wieder? Neigen Sie dazu, die eine oder andere Strategie anzuwenden? Das wäre nur zu menschlich. Denn würde uns nicht die Erwartung, jede Entscheidung hellwach, selbstverantwortlich und voller Energie und Mut zu treffen, überfordern?

Unser Gehirn: zur Freiheit programmiert

Unsere Vorfahren in der afrikanischen Savanne hatten keinen leichten Stand. Die meisten Tiere waren für den Überlebenskampf viel besser ausgerüstet als sie, da sie viel stärker, schneller oder einfach größer waren. Menschen haben aber einen entscheidenden Vorteil: Sie sind viel anpassungsfähiger als alle anderen Lebewesen. Während Tiere ihr biologisches Programm abspielen und höchstens kleine Veränderungen nach einem recht langen Zeitraum aufweisen, sind wir Menschen hochgradig lernfähig. Je weniger komplex also ein Lebewesen entwickelt ist, desto finaler programmiert kommt es auf die Welt. Wir Menschen brauchen zwar viele Jahre, bis wir als selbstständiges Individuum überlebensfähig sind. Dafür sind wir aber in der Lage, unser Gehirn speziell den Erfordernissen der Situation anzupassen, in die wir hineingeboren werden.

Das Gehirn funktioniert folgendermaßen: Die Bereiche, die häufig gebrauchte Fähigkeiten ermöglichen, sind auch besonders gut entwickelt. Durch die Beanspruchung entstehen zahlreiche und komplexe Verschaltungen. Andere Regionen verkümmern dagegen, wenn sie nicht in Anspruch genommen werden. Mein Gehirn wird also zu dem Instrument, als das ich es benutze – oder anders ausgedrückt: Jeder hat das

Gehirn, das er (ge-)braucht. Stellen Sie sich vor, Sie kaufen sich einen teuren, supermodernen Computer, mit dem Sie alles Mögliche anstellen könnten. Sie arbeiten aber nur mit ihm, um Texte zu schreiben, weil Sie gar nichts von seinen anderen Funktionen wissen. So verhält es sich auch mit unserem Gehirn!

Die große Stärke unseres Gehirns ist also auch ein folgenschwerer Nachteil. Unsere Freiheit, uns für Dinge entscheiden zu können, bestimmt seine Arbeitsweise. Damit haben wir eine große Verantwortung. Wenn ich darauf verzichte, bestimmte Fähigkeiten besonders zu entwickeln, wird mein Gehirn einfach die Programmierung beibehalten, mit der ich geboren und aufgewachsen bin und die in meiner jetzigen Situation gefragt ist. Ich lebe dann quasi mit der „Standardinstallation".

Treffe ich auf meinem Lebensweg eine bestimmte Entscheidung und halte mich bis ans Ende meiner Tage konsequent daran, werden die dafür notwendigen Fähigkeiten immer weiterentwickelt, während alle anderen verkümmern. Ich lebe dann unter meinen Möglichkeiten und bleibe ein Gefangener meiner passiv übernommenen Anlagen und der Verhältnisse, in denen ich aufgewachsen bin.

Wenn ich mich aber entschließe, mich immer wieder auf neue Herausforderungen einzulassen, und mein Leben als ständigen Entwicklungsprozess verstehe, habe ich genau das Gehirn, das ich dafür benötige! Es unterstützt mich dabei, einen Aspekt in meinem Leben, der mich nicht befriedigt, zu ändern und ein Ziel, das mich begeistert, in Angriff zu nehmen. Ist das nicht großartig?

Wir besitzen kein zeitlebens lernfähiges Gehirn, damit wir uns bequem damit im Leben einrichten, sondern damit wir uns mithilfe dieses Gehirns auf den Weg machen können, nicht nur am Anfang, sondern zeitlebens.

Gerald Hüther, Neurobiologe

Momente der inneren Freiheit

Es gibt diese ganz besonderen Augenblicke, in denen ich ganz plötzlich zutiefst zufrieden mit mir selbst und der Welt bin. Meine Grenzen scheinen sich auszudehnen oder ganz zu verschwinden, ich empfinde Weite und Raum. Ich fühle mich frei und bin glücklich.

Viele machen solche Erfahrungen in der Natur, beim Anblick des Meeres oder der Berge. Bei anderen lösen die eigenen Kinder oder ein geliebter Mensch, ein besonderer Erfolg oder eine überstandene körperliche Anstrengung diese Gefühle aus. Als hätte jemand eine Tür in mir geöffnet, scheint mir das Leben auf einmal 1000 Möglichkeiten anzubieten und mich einzuladen, es in vollen Zügen zu genießen. Unser Gehirn scheint in so einem Moment auf einen anderen Modus umzuschalten: weg vom Alltagstrott mit den gewohnten Gefühlen und Gedanken auf ein Erleben der Welt ganz anderer Art. Allerdings scheinen solche Momente genauso schnell und plötzlich zu gehen, wie sie kommen.

Haben Sie solch eine Erfahrung schon einmal gemacht und dabei Ihre innere Freiheit gespürt? Ich möchte Sie zu einem Experiment einladen: Genauso wie wir uns an ein trauriges Ereignis erinnern können und dabei erneut unsere Trauer spüren, können wir gute Gefühle, die wir einmal hatten, abrufen, erneut erleben und nutzen. Unserem Gehirn ist es nämlich egal, ob der Moment schön oder schrecklich gewesen ist oder ob wir uns an eine glückliche oder schlimme Zeit erinnern – seine Reaktion ist nämlich sehr ähnlich.

Ü **Einen Moment innerer Freiheit reaktivieren**
Setzen Sie sich bequem und so entspannt wie möglich hin und schließen Sie die Augen, wenn Sie mögen. Bitte suchen Sie vor Ihrem inneren Auge nach einem Moment, in dem Sie sich frei, offen, voller Möglichkeiten und glücklich gefühlt haben. Versuchen Sie jetzt, sich an möglichst viele Details zu erinnern. Was nehmen Sie wahr? Was hören, sehen, fühlen, schmecken und riechen Sie? Sind Sie unter Menschen? Wird gesprochen oder ist es still? Wie fühlt sich Ihr Körper an?

Versuchen Sie, so gut es Ihnen möglich ist, diese Situation in Ihrer Fantasie erneut zu erleben – wie ein Schauspieler, der in eine Rolle schlüpft. Schalten Sie vom Erinnern der Vergangenheit auf die Gegenwart um und nehmen Sie all Ihre Eindrücke so wahr, als würden sie sich in diesem Moment einstellen. Holen Sie sich die vergangene Situation ins Jetzt und erleben Sie sie noch einmal. Wichtig ist, dass Sie sie ganz real und körperlich, mit all Ihren Sinnen, erleben und fühlen.

Sobald Sie den Eindruck haben, die Intensität dieses Moments nicht mehr steigern zu können, genießen Sie ihn noch einen Augenblick und geben ihm dann einen Namen, wie Sie etwa einem Bild eine Überschrift geben. *Ich am Meer, Ich bin frei, Meine Kraft* usw. könnten dafür in Frage kommen, Hauptsache, es erscheint Ihnen stimmig. Erleben Sie die Situation noch einen Augenblick unter dem Titel, den Sie ihr gegeben haben, und kommen Sie dann zurück in die Gegenwart.

Wie hat sich diese kleine „Reise" für Sie angefühlt? Ist es Ihnen gelungen, die damalige Situation ein wenig nachzuempfinden? Natürlich ist es unwahrscheinlich, dass sie sich genauso gut und stark angefühlt hat, aber selbst wenn Sie nur 20 Prozent dieses Gefühls von

Freiheit aktivieren können, ist das eine große Hilfe. Diese guten Gefühle, Ihren Moment der inneren Freiheit, konnten Sie sich nämlich jederzeit holen. Und je häufiger Sie üben, desto leichter wird es Ihnen fallen, diesen Moment herzustellen. Sie können sich auch den Namen, den Sie Ihrer Situation gegeben haben, auf eine Karte schreiben oder sich ein Symbol wie ein inneres Bild oder einen Stein suchen, der für diesen Moment steht. In der Psychologie nennen wir solch einen Gegenstand einen „Anker", weil er ein gutes Gefühl und einen kraftvollen Zustand „ankert" und uns somit immer zur Verfügung steht.

Wenn Sie diese Übung einige Male gemacht haben, wird es Ihnen auch in alltäglichen Situationen oder wenn Sie sich innerlich eingeengt fühlen, gelingen, sich in den Zustand innerer Freiheit zu versetzen.

Kapitel 2

Regisseur oder Komparse – welche Rolle spielen Sie in Ihrem Leben?

„Okay, Ruhe auf dem Set. Alle auf ihre Plätze. Licht! Action!“ Alles hört auf sein Kommando, er hält alle Fäden in der Hand und wenn das Endergebnis über die Leinwände flimmert, so ist es SEIN Film. Ein Regisseur ist der kreative Kopf, der einem Film seinen Stempel aufdrückt. Auf der anderen Seite ist er aber von vielen Faktoren abhängig wie etwa dem Budget, das der Produzent zur Verfügung stellt, vielen Helfern und natürlich den Schauspielern. Er muss aus alldem das Beste machen, damit am Ende der bestmögliche Film herauskommt. Regisseure sind meist ganz unterschiedliche Persönlichkeiten – es gibt cholerische Despoten, Teamplayer und solche, die eher psychologisch vorgehen. Entscheidend ist nur, dass er seine Führungsrolle wahrnimmt, weil sonst alles aus dem Ruder läuft.

Dem Komparsen kann das alles völlig schnuppe sein. Er ist ein so kleines Rädchen im Filmgetriebe und seine Rolle ist so winzig, dass er kaum wahrgenommen wird. Vielleicht ist er im fertigen Film für eine Sekunde zu sehen, vielleicht aber auch nicht. Er kümmert keinen, denn er ist sofort ersetzbar. Er könnte einfach verschwinden und niemand würde es bemerken. Am Ende bleibt ihm nur das Gefühl, ein ganz kleiner Teil von etwas ganz Großem gewesen zu sein, auf das er nicht einmal nur einen klitzekleinen Einfluss nehmen konnte.

Stellen Sie sich vor, dass der Film, um den es hier geht, Ihr Leben ist. Dabei handelt es sich um ein sehr komplexes Ereignis mit vielen Mitspielern, einigen Abhängigkeiten und zahlreichen Unbekannten. Vielleicht ist es eher eine Komödie, ein Ein-Personen-Stück, das x-te Remake eines alten Schinkens, ein Actionfilm, ein Kostümfilm oder eine Tragödie. Egal, denn wir sind letzten Endes diejenigen, die mehr oder weniger bewusst entscheiden, was für ein Film unser Leben ist.

Wie viel Regie übernehmen Sie in Ihrem Leben? Haben Sie die Fäden in der Hand, sind Sie Gestalter und bestimmen? Oder sitzen bei Ihnen andere Menschen auf dem Regiestuhl? Und fühlen Sie sich eher wie ein Komparse in Ihrem eigenen Film, während andere Ihnen sagen, was Sie zu tun, zu denken, zu fühlen und zu lassen haben? Wenn Sie Ihre Freiheit aber bewusst nutzen und leben wollen, brauchen Sie die Haltung des Regisseurs, denn der Komparse hat sich dafür entschieden, seine Freiheit weder wahrzunehmen noch zu leben. Er hat beschlossen, dass er nicht entscheiden kann!

Die meisten Menschen sehen sich irgendwo zwischen diesen beiden Extremen, sie verstehen sich weder als Regisseur noch als Komparse, so wie sie sich weder ganz frei noch völlig unfrei fühlen (-> Kap. 1). Oder sie haben das Ruder in einigen Lebensbereichen fest in der Hand, in anderen fühlen sie sich eher fremdbestimmt.

Regisseur und Komparse – zwei unterschiedliche Lebenshaltungen

Lassen wir den Regisseur und den Komparsen einmal zu Wort kommen. Was würden die beiden über ihr Leben sagen? Wie, glauben Sie, nehmen sie ihr Leben jeweils wahr und welche generelle Lebenshaltung haben sie?

Der Regisseur: „Mein Leben ist einfach klasse, denn ich führe die Regie darin. Wie mein Film am Ende aussehen wird, weiß ich natürlich nicht im Detail. Aber ich tue alles dafür, dass es ein guter Film wird, und ich bin bereit, meine ganze Energie dafür einzusetzen. Ich fühle mich stark und meinen Aufgaben gewachsen; grundsätzlich bin ich ein optimistischer Mensch, der glaubt, dass am Ende immer etwas Gutes herauskommt. Auch wenn ich vieles nicht beeinflussen kann, so nutze ich meinen verfügbaren Spielraum immer voll aus und gestalte das, was ich gestalten kann. Dafür bin ich auch bereit, Risiken einzugehen. Und ab und zu habe ich natürlich auch die Hosen voll …

Es fällt mir nicht schwer, Hilfe und Rat bei anderen zu holen, wenn es einmal hakt. Ich glaube, dass andere generell ein gutes Bild von mir haben und bereit sind, mich zu unterstützen. Für andere bin ich auch ein guter Partner.

Ich denke grundsätzlich eher an meine Erfolge als an die Fehlschläge. Wenn etwas schiefgeht, kann ich auch damit leben, denn auch daraus lerne ich und kann es dann beim nächsten Mal besser machen. Selbstbewusstsein heißt für mich, dass ich meine Stärken, aber auch meine Grenzen und Schwächen sehr genau kenne. Mir ist nicht wichtig, ob mein Lebensfilm eine 200-Millionen-Dollar-Produktion oder ein Low-Budget-Film wird, sondern dass ich am Ende sagen kann ‚Es ist MEIN Film!'"

Der Komparse: „Was kann ich schon ausrichten? Ich bin doch nur ein kleines Rädchen im großen Getriebe. Denen da oben ist es doch völlig egal, wie sich unsereins fühlt. Man kann tun und lassen, was man will – am Ende kriegen immer andere die großen Kuchenstücke. Man selbst geht leer aus. So war es immer und so wird es auch immer bleiben. Und im Nachspann des Films werde ich ja doch nicht erwähnt. Warum sollte ich mich deshalb anstrengen? Dies hier soll mein Film sein? Wer's glaubt, wird selig!

Ehrlich gesagt verstehe ich die da oben ja – ich würde mir auch keine größere Rolle geben, dazu bin ich einfach nicht gut genug. Wer bin ich denn schon? Ein Niemand. Und das wird auch ganz sicher so bleiben. Vielleicht werde ich ja irgendwann einmal entdeckt. Oft träume ich davon, ganz oben mitzuspielen und im Scheinwerferlicht zu stehen. Aber ich weiß ja, dass das nur ein Traum ist.

Indem ich mich ruhig verhalte und tue, was andere von mir verlangen – oder was ich denke, was andere von mir wollen –, habe ich meine Ruhe und bringe mich nicht in Gefahr. Denn glauben Sie mir: Die Welt ist ein sehr gefährlicher Ort und es ist nicht mein Ding, Risiken einzugehen. Okay, das Leben als Komparse macht nicht gerade Spaß. Aber man muss schließlich wissen, wo man hingehört."

Unverkennbar sind es zwei sehr unterschiedliche Arten, das Leben und den eigenen Platz darin zu sehen. Fallen Ihnen zu diesen Charakteren Menschen aus Ihrem Bekanntenkreis ein? Kennen Sie Vertreter des typischen

Regisseurs oder des typischen Komparsen? Und wie sieht es mit Ihnen aus? Hand aufs Herz: So ein bisschen Komparse steckt doch in den meisten von uns – aber hoffentlich auch eine Portion Regisseur!

Nehmen Sie sich doch vor dem Weiterlesen ein paar Minuten Zeit und überlegen Sie einmal, in welchen Situationen Ihr innerer Regisseur und in welchen Ihr innerer Komparse das Steuer in der Hand hatte:

Denk-Check:

Ich fühlte mich als Regisseur, als …

____

____

____

____

____

Ich fühlte mich als Komparse, als …

____

____

____

____

____

Der Faktor Selbstwirksamkeit

Für eine Haltung zum Leben, wie sie der Regisseur vertritt, benutzt die Psychologie den Begriff der Selbstwirksamkeit (englisch „self-efficacy", wörtlich übersetzt Selbst-Effizienz), der auf den kanadischen Psychologen

Albert Bandura zurückgeht. Das Gegenteil davon ist die gelernte Hilflosigkeit, wie sie in der Haltung des Komparsen zum Ausdruck kommt. Warum sie gelernt ist, sehen wir gleich.

Je stärker sich meine Haltung durch Selbstwirksamkeit auszeichnet, desto eher bin ich davon überzeugt, mit schwierigen Situationen umgehen zu können. Ich fühle mich Herausforderungen gewachsen, weil ich an meine Fähigkeiten glaube und weil ich weiß, dass ich etwas bewegen kann. Man könnte jetzt einwerfen, dass der Glaube allein ja noch nicht viel bewirken kann. Das stimmt aber nicht: Der Glaube, insbesondere der an mich selbst, kann nämlich so einige Berge versetzen. Jemand, der von sich und seinen Möglichkeiten überzeugt ist, ist nachweislich motivierter und strengt sich mehr an als jemand, der für sich wenig Handlungsspielraum sieht. So ist ein Mensch mit einem hohen Selbstwirksamkeits-Faktor erfolgreicher – ganz unabhängig von seinen tatsächlichen Fähigkeiten.

In dem Comic *Asterix bei den Briten* schlagen die Bewohner des uns allen bekannten kleinen gallischen Dorfes eine römische Armee, weil sie meinen, einen Zaubertrank zu sich genommen zu haben – dabei ist es nur Tee gewesen. Aber ihr Glaube, unbesiegbar zu sein, hat ihre Selbstwirksamkeit derart erhöht, dass sie tatsächlich über große Kräfte verfügen und die Römer schlagen.

Okay, das ist nicht gerade ein Beispiel aus unserem täglichen Leben, der Selbstwirksamkeits-Faktor funktioniert aber tatsächlich auf diese Weise. Dabei unterstützt uns ein Mechanismus unseres Gehirns: Wenn ich an etwas glaube oder von etwas fest überzeugt bin, suche ich unbewusst nach Anhaltspunkten, die diese Annahme belegen. Ich werde also eher auf etwas aufmerksam, das meinen Glauben bestätigt, als auf Fakten, die ihn widerlegen. Sie kennen das ganz sicher:

Sie fühlen sich so richtig gut, die Frisur sitzt und die neue Klamotte auch. In dieser Situation fallen Ihnen mehr Menschen auf, die Sie anlächeln und Sie darin bestärken, dass Sie heute klasse aussehen. Umgekehrt nehmen Sie eher kritische Blicke wahr, wenn Sie sich selbst gerade gar nicht gefallen. Wir nehmen also immer die Ausschnitte der Wirklichkeit wahr, die unsere Haltung bestätigen. Wir selektieren unbewusst.

Folglich verstärkt sich auf diese Weise eine bestimmte Haltung ganz automatisch. Und genau das geschieht auch einem Menschen mit einem hohen Selbstwirksamkeits-Faktor. Er glaubt an sich und ist viel offener für alles, was ihn darin bestärkt. Erfolge haben deshalb eine viel höhere Wirkung auf ihn als Misserfolge, weil sie einfach nicht in sein Weltbild passen. Das bedeutet nicht, dass er blind für Fehlschläge ist, er wertet sie nur nicht so hoch. Andere Menschen spielen das Spiel meistens mit: Jemandem, der von seinen Fähigkeiten überzeugt ist, wird – wenn er nicht gerade arrogant daherkommt! – meistens erst einmal geglaubt. Es gelingt mir leichter, andere Menschen mitzuziehen und zu motivieren, wenn ich an mich und meine Sache glaube. Deshalb hat jemand mit einem hohen Selbstwirksamkeits-Faktor das Zeug zu einem guten Teamleiter und Meinungsführer.

Ein Regisseur findet also überall Belege dafür, dass er ein Regisseur ist – leider geht es dem Komparsen ganz genauso, alles deutet darauf hin, dass er nur Komparse ist. Er glaubt felsenfest daran, dass seine Fähigkeiten nie ausreichen werden, um etwas bewirken zu können. Da er kaum etwas riskiert, bekommt er keine Gelegenheit, vom Gegenteil überzeugt zu werden. Während der Regisseur immer neue Erfahrungen macht, aus ihnen lernt und sich weiterentwickelt, geht der Komparse immer nur auf seinen ausgetretenen Pfaden. Da er nicht an sich glaubt, nimmt er seine

Chancen gar nicht wahr – ihm entgehen so die Erfahrungen, die der Regisseur macht.

Es ist eine Strategie der Vermeidung, ein Teufelskreis, der den Grundstein für die Ohnmachtsfalle legt.

Test:

Regisseur oder Komparse?
Mit dem folgenden kurzen Test können Sie überprüfen, wie stark Ihr Selbstwirksamkeits-Faktor ist. Überlegen Sie bei jeder der folgenden zehn Aussagen, wie stark sie auf Sie zutrifft. Seien Sie ehrlich und wählen Sie die Antwort, die Ihnen am meisten entspricht. Nur so bekommen Sie ein aussagekräftiges Ergebnis. Vergeben Sie folgende Punkte: stimmt nicht = 1 Punkt, stimmt kaum = 2 Punkte, stimmt eher = 3 Punkte, stimmt genau = 4 Punkte.

Wenn sich Widerstände auftun, finde ich Mittel und Wege, mich durchzusetzen.

☐

Die Lösung schwieriger Probleme gelingt mir immer, wenn ich mich darum bemühe.

☐

Es bereitet mir keine Schwierigkeiten, meine Absichten und Ziele zu verwirklichen.

☐

In unerwarteten Situationen weiß ich immer, wie ich mich verhalten soll.

☐

Auch bei überraschenden Ereignissen glaube ich, dass ich gut mit ihnen zurechtkommen kann.

☐

Schwierigkeiten sehe ich gelassen entgegen, weil ich meinen Fähigkeiten immer vertrauen kann. ☐

Was auch immer passiert, ich werde schon klarkommen. ☐

Für jedes Problem kann ich eine Lösung finden. ☐

Wenn eine neue Sache auf mich zukommt, weiß ich, wie ich damit umgehen kann. ☐

Wenn ein Problem auftaucht, kann ich es aus eigener Kraft meistern. ☐

Zählen Sie jetzt bitte die Punktzahlen aller Antworten zusammen.

Meine Gesamtpunktzahl beträgt ________ Punkte.

Matthias Jerusalem & Ralf Schwarzer, 1981

Sicherlich interessiert es Sie, wie Ihr Ergebnis im Vergleich zum Bevölkerungsdurchschnitt aussieht: Ein knappes Viertel der Menschen erzielt zwischen 24 und 28, gut ein Viertel der Menschen zwischen 29 und 31 Punkte und 36 Prozent haben ein höheres Ergebnis.

Je größer Ihr Wert also ist, desto stärker sind Sie davon überzeugt, Ihr Schicksal selbst in der Hand zu haben. Je weniger Punkte Sie haben, desto eher neigen Sie dazu, sich hilf- und machtlos zu fühlen.

Die Ohnmachtsfalle – wie und warum fallen wir hinein?

Die Ohnmachtsfalle ist der Ort, an dem sich unser Komparse aufgrund seines niedrigen Selbstwirksamkeits-Faktors befindet. Wie kommt es aber, dass er immer wieder in sie hineinfällt?

Der US-amerikanische Sozialpsychologe Martin Seligman führte 1975 ein Experiment mit Hunden durch, dessen Ergebnis immer wieder durch andere Versuche mit Tieren und Menschen bestätigt worden ist: Er setzte zwei Gruppen von Hunden wiederholt unangenehmen Stromreizen aus, nachdem ein akustisches Signal ertönt war. Die Tiere lernten schnell, dass ihnen nach dem Ton Schmerzen zugefügt wurden.

Eine der Gruppen hatte die Möglichkeit, in einen anderen Käfig zu springen und so dem Stromschlag zu entkommen. Auf die Art entzogen sie sich schnell dem Reiz. Die andere Gruppe konnte nicht ausweichen: Diese Hunde kauerten sich auf den Boden und winselten – sie zeigten Symptome von Hilflosigkeit.

Im zweiten Teil des Experiments hatten auch diese Hunde die Möglichkeit, durch einen Sprung in einen zweiten Käfig vor dem Stromreiz zu fliehen. Aber nur ein Teil der Tiere tat dies auch – der Rest reagierte auch weiterhin hilflos. Die Hunde hatten anscheinend gelernt, dass es keinen Ausweg gab. Daher rührt also der Begriff gelernte Hilflosigkeit.

Menschen reagieren in Experimenten ähnlich, in denen sie die Erfahrung machen, in einer unangenehmen Situation keine Handlungsmöglichkeiten zu haben: Ein Teil verhält sich weiterhin hilflos, wenn sie in einer darauf folgenden Situation durchaus handeln könnten, um die eigene Lage zu verbessern. Haben sie einmal hilfloses Verhalten gelernt, ist die Wahrscheinlichkeit hoch, dass sie es auch in anderen Situationen beibehalten werden. Die Lernpsychologie spricht dann von „Generalisierung".

Der Komparse denkt beispielsweise Folgendes: „Ich spiele sicher ganz schlecht Fußball, Basketball und Volleyball – da werde ich doch nicht versuchen, Handball zu spielen!“ Allerdings hat er nichts davon jemals ausprobiert. So entsteht ein sehr stabiler Teufelskreis aus schlechter Selbstbewertung und Vermeidung.

Bei der Ohnmachtsfalle spielen drei Mechanismen eine Rolle:

1. Da anscheinend nichts Positives bewirkt werden kann, sinken die allgemeine Motivation und die Bereitschaft, spontan zu handeln.
2. Nach innen empfundene und nach außen gezeigte Gefühle werden flacher bis hin zur Niedergeschlagenheit und Depression.
3. Die Lernfähigkeit lässt nach, da durch Lernen die eigene Situation ja vermeintlich nicht verbessert werden kann.

Ein Mensch, der in der Ohnmachtsfalle sitzt, ist also nicht glücklich mit seiner Situation, sieht sich aber nicht in der Lage, daran etwas zu ändern. Er unternimmt demzufolge nichts, kann also keine positiven

Erfahrungen machen und kann so auch nicht lernen, die Ohnmachtsfalle zu verlassen. Sie sehen, ein sehr stabiler Teufelskreis.

Die meisten von Ihnen werden wissen, wovon ich hier spreche. Obwohl wir natürlich nicht ausschließlich und immer Regisseur oder Komparse, selbstwirksam oder hilflos sind, haben wir jedoch eine dieser Haltungen stärker verinnerlicht als die andere. Außerdem kann die jeweilige Einstellung zeitlich und situationsbezogen schwanken. Wir durchleben immer wieder Phasen, in denen wir uns eher hilflos oder blockiert fühlen und in denen wir das Gefühl haben, in einer Sackgasse festzuhängen. Das bedeutet also, dass wir zu anderer Zeit oder in anderen Lebensbereichen durchaus die Regie übernehmen können!

Mir geht es darum, Ihnen zu vermitteln, was Sie tun können, um die Ohnmachtsfalle zu erkennen und aus eigener Kraft wieder zu verlassen. Dazu ist es hilfreich, die beiden Extreme zu verstehen – auch wenn sie jeweils nur in Anteilen in Ihnen existieren.

Eine Frage der Perspektive

Wir haben gesehen, dass Regisseur und Komparse Teil eines Films und derselben Welt sind. Sehen wir aber nur mit den Augen des einen oder des anderen, so scheint dies ausgeschlossen: Der eine versteht die Welt als Ort voller Möglichkeiten und Herausforderungen, der andere als einen Platz, wo er anscheinend gar nicht mitspielen darf. Der eine lebt in Freiheit, der andere nicht.

Das, was die beiden trennt, ist ihre Perspektive, die Art der Wahrnehmung der Wirklichkeit. Oder anders ausgedrückt: Sie interpretieren die Welt und sich selbst auf unterschiedlichste Weise.

Die New Yorker Psychologin Carol Dweck hat untersucht, wie hilflose und wie selbstwirksame Kinder mit Misserfolgen umgehen. Der Großteil der ersten Gruppe erklärte seinen Misserfolg mit der eigenen Unfähigkeit. Hingegen gab kein Kind der zweiten Gruppe diese Erklärung ab: Die Mehrzahl sah eher unzureichende Anstrengung oder andere Faktoren als Grund ihres Scheiterns. Während sie ihren Misserfolg als ersten Schritt zur besseren Lösung interpretierten und motiviert blieben, gab die Gruppe der Hilflosen auf, weil sie überzeugt war, weiterhin zu scheitern.

In der Ohnmachtsfalle habe ich also gelernt, ein bestimmtes Interpretationsmuster immer wieder anzuwenden und damit mein Scheitern letzten Endes zu begründen: Hat beispielsweise eine Frau schon als Kind immer wieder zu hören bekommen, dass Mädchen grundsätzlich schlechter rechnen können als Jungen, bestätigt natürlich jede nicht so gute Mathematiknote diese vermeintliche Wahrheit. Eine schwierige Rechenaufgabe wird sie schnell blockieren, da sie ja davon ausgeht, sie nicht lösen zu können. Natürlich wird sie die Mathematik auf diese Weise niemals beherrschen, geschweige denn Freude daran haben.

Die Ohnmachtsfalle folgt überspitzt formuliert folgenden Grundregeln:

1. „Ich bin grundsätzlich nicht gut genug."
2. „Andere sind grundsätzlich besser als ich."
3. „Wenn etwas schlecht läuft, liegt das an mir und Regel 1."
4. „Läuft etwas gut, ist das eine Ausnahme und bestätigt die Regel 1."
5. „Ich kann grundsätzlich nichts tun, um mein Leben zu verbessern."
6. „Solange ich nichts tue, kann es auch nicht schlimmer werden."

Sie finden, dass das absurd klingt? Ich stimme Ihnen vollkommen zu – nur leider sind die meisten von uns mehr oder weniger häufig Anhänger dieses Denkmusters und schränken damit ihre Möglichkeiten und ihre innere Freiheit stark ein.

Stellen Sie sich vor, Sie haben vor langer Zeit eine Brille mit grünen Gläsern aufgesetzt. Seitdem sieht Ihre Welt natürlich grün aus, und alles Grüne leuchtet für Sie besonders stark. Andere Farben nehmen Sie gar nicht mehr wahr, vieles ist einfach nur schwarz. Weil Sie irgendwann nicht mehr merken, dass Sie eine Brille tragen, können Sie nicht glauben, dass die Welt viel bunter ist. Wenn Ihnen dann jemand vorschlägt, doch einmal Ihre Brille abzunehmen, werden Sie dies empört zurückweisen. „Welche Brille? Ich sehe doch, dass die Welt grün ist!“ Wenn wir ein bestimmtes Denk- und Wahrnehmungsmuster erst einmal eingeübt haben, scheint es für uns also keine Alternative mehr zu geben.

Fragen Sie sich vielleicht, wann im Leben wir das Denkmuster der Hilflosigkeit oder das der Selbstwirksamkeit lernen und wann wir zum Regisseur und zum Komparsen werden? Martin Seligman fand heraus, dass Menschen anscheinend unterschiedlich anfällig dafür sind, eine hilflose Haltung zu entwickeln. In wissenschaftlichen Experimenten gibt es immer Teilnehmer, die sich das Hilflosigkeits-Muster unter gar keinen Umständen zu eigen machen. Folglich scheint es teilweise an unserer Persönlichkeit zu liegen, ob wir eine hilflose oder eine eher selbstwirksame Haltung einnehmen.

Welche Einstellung wir uns dann langfristig zu eigen machen, ist abhängig von unseren Erfahrungen. Einen großen Einfluss haben natürlich die Menschen, mit denen wir aufwachsen. Hilflos strukturierte Menschen geben dieses Lebensgefühl an andere weiter. Es kann aber auch sein, dass wir in jungen Jahren immer wieder an unserer Umgebung scheitern und so lernen, dass wir keinen Einfluss auf diese haben. Wie wir schon gesehen haben, kann sich unsere Haltung im Laufe des Lebens verstärken und festigen, indem wir dieselbe Erfahrung immer wieder herbeiführen und andere vermeiden: Dies ist ein aktiver Vorgang und wir sind kein Opfer ungünstiger Umstände! Man muss die Dinge nur aus der richtigen Perspektive sehen. *Als Goliath den Israeliten entgegentrat, dachten alle Soldaten: „Er ist so groß, den können wir niemals überwältigen." Auch David sah sich den Riesen genau an und sagte sich: „Der ist so groß, den kann ich gar nicht verfehlen."* (Unbekannt)

Was Hänschen nicht lernt, kann Hans etwas später lernen

Die gute Nachricht zuerst: Wir wissen heute, dass wir nicht an einem bestimmten Punkt im Leben die Fähigkeit zu lernen verlieren. Unser Gehirn ist bis ins hohe Alter in der Lage, sich zu verändern und an neue Bedingungen anzupassen – wenn es denn dazu aufgefordert wird. Selbst eingeschliffene Denkmuster wie die gelernte Hilflosigkeit kann ich jederzeit modifizieren. Dies setzt allerdings die nötige Entschlossenheit voraus.

„Neuroplastizität" heißt die Fähigkeit unseres Gehirns, zwischen seinen Nervenzellen ständig neue Verknüpfungen herzustellen. Damit ist es in der Lage, sich lebenslang auf neue Anforderungen einzustellen. Somit ist die Vorstellung, dass wir uns ab einem gewissen Alter nicht mehr verändern können, widerlegt.

Der Neurobiologe Gerald Hüther vergleicht ein uns scheinbar beherrschendes Denkmuster mit einer Autobahn. Entsprechend laufen unsere Gedanken immer in denselben Bahnen. Wenn ich mich aber entscheide, mir ein neues Denkmuster zuzulegen, so handelt es sich am Anfang um eine Art Trampelpfad, der von meiner Autobahn abgeht. Wenn ich nicht sehr aufpasse, fahre ich schon beim nächsten Mal an der neuen Abzweigung vorbei. Es erfordert viel Übung und Training, um mich jedes Mal für mein neues Muster zu entscheiden, also den Trampelpfad zu nehmen. Im Laufe der Zeit legt mein Gehirn eine richtige Autobahnabfahrt an und irgendwann nehme ich die neue Strecke, ohne es zu merken. Bis dahin hat mein Gehirn aber viel Arbeit zu leisten!

Wirkliche Veränderungen erreichen wir deshalb nicht durch „ein wenig positives Denken“ oder gelegentliche gute Vorsätze. Aus diesem Grund lege ich Ihnen erneut ans Herz, dieses Buch als Arbeitsbuch zu nutzen. Noch so ein Ratgeber, der als „Nebenbei-Lektüre“ konsumiert wird, bewegt gar nichts.

Auch wenn jeder Veränderungsprozess eine Menge Schweiß und Disziplin erfordert: Ich kann jederzeit die Entscheidung treffen, ab sofort eine neue Geisteshaltung zu entwickeln und zu trainieren. Ich muss nicht in meinen alten, selbstsabotierenden Mechanismen verharren!

Die eigentlichen Geheimnisse auf dem Weg zum Glück sind Entschlossenheit, Anstrengung und Zeit.

Der XIV. Dalai Lama

Wie übernehme ich die Regie in meinem Leben?

Lassen Sie uns mit einem Beispiel für die Ohnmachtsfalle starten:

Katrin hatte sich große Mühe gegeben, ein Essen für ihre Freunde auszurichten. Sie hatte sich so richtig ins Zeug gelegt und in der Küche Stunden mit den

Vorbereitungen zugebracht. Der Abend verlief sehr gut, ihren Freunden schien es zu schmecken. Beim Dessert bemerkte ein Gast, die Mascarpone-Creme sei ihm zu fett. Katrin reagierte innerlich mit Bestürzung: „Die Creme ist ja wirklich viel zu fett. Wer isst denn heute noch so etwas? Meine Menüzusammenstellung war völlig falsch. Der Hauptgang war auch nicht gerade kalorienarm. Wahrscheinlich haben sie nur aus Höflichkeit gegessen. Ich denke eben nie genug nach und deshalb besuchen mich auch so selten Menschen – ich bin einfach keine gute Gastgeberin. Die werden natürlich nicht so schnell wiederkommen und sich hinterher bestimmt kaputtlachen über meine lächerlichen Bemühungen. Ich bin doch das Letzte ..." Dabei spürte sie, wie ihr heiß wurde und sich ihre Schultern verkrampften. Sie beteiligte sich kaum noch am Gespräch, verkroch sich in der Küche, so dass ihre Gäste sich tatsächlich irgendwann unwohl fühlten und bald gingen.

Mit Sicherheit sind Katrin ihre abwertenden Gedanken sehr vertraut. Dabei hat nur ein Gast das Dessert kritisiert – ausgelöst hat diese eine Bemerkung aber eine Kaskade der Selbstentwertung. Katrin hat die Wirklichkeit für sich stark verzerrt interpretiert, ein Detail generalisiert und daraus vernichtende Schlüsse für ihr Selbstbild abgeleitet.

Sie finden das Beispiel zu extrem? In meiner Coachingpraxis erlebe ich täglich, wie destruktiv und entwertend sich Menschen sich selbst gegenüber äußern und verhalten und wie hart sie mit sich ins Gericht gehen. Ich glaube, wir würden uns das, was sich viele von uns tagtäglich selbst an den Kopf werfen, von niemandem gefallen lassen!

Kommen Ihnen jetzt eigene Erfahrungen in den Sinn? Geht es Ihnen manchmal genauso wie Katrin aus unserem Beispiel? Dann kann Ihnen die folgende Übung helfen, Ihre Ohnmachtsfallen besser kennenzulernen und damit wieder Handlungsfreiheit zu gewinnen:

Ü Bitte überlegen Sie doch zuerst einmal, wo Ihre Ohnmachtsfallen lauern: In welchen Situationen, mit welchen Menschen, bei welchen Entscheidungen spüren Sie Symptome der Ohnmacht und Hilflosigkeit? Welche Projekte wollen Sie schon länger angehen, vermeiden dies aber bisher konsequent? Was würden Sie gerne tun, trauen es sich aber nicht zu?
Schritt 1: Nehmen Sie sich ein Blatt Papier und notieren Sie alle Ohnmachtsfallen, für die Sie die Regie übernehmen möchten.
Schritt 2: Bringen Sie die Situationen in eine Reihenfolge und tragen Sie die wichtigsten fünf in die Liste ein. Beginnen Sie mit der Ohnmachtsfalle, die Sie als Erstes angehen möchten.

1. ____________________

2. ____________________

3. ____________________

4. ____________________

5. ____________________

Schritt 3: Nehmen Sie sich für jedes der fünf Themen ein Blatt Papier und teilen es in der Mitte von oben nach unten mit einer Linie in zwei Hälften. Schreiben Sie oben in die linke Spalte „mein Komparse“ und in die rechte „mein Regisseur“. Betrachten Sie nun jedes Thema zuerst mit den Augen Ihres inneren hilflosen Komparsen und schreiben Sie alles auf, was er zu diesem Thema zu sagen hat. Jetzt machen Sie eine kurze Pause und stellen sich vor, wie Ihr innerer selbstwirksamer Regisseur die Sache sieht. Schreiben Sie auch das auf.

Schritt 4: Als Letztes fassen Sie für jedes der fünf Themen die zentrale Aussage des Regisseurs zusammen und formulieren Sie daraus jeweils einen Satz. Für Katrin könnten gute Regieanweisungen lauten: „Ich bin eine richtig gute Köchin“, „Ich werde von meinen Freunden geliebt, so wie ich bin“ oder „Ich muss nicht immer alles perfekt machen“. Lesen Sie sich Ihre Sätze bitte einmal laut vor. Ich weiß, das ist ungewohnt – aber trauen Sie sich doch bitte. Lösen diese Sätze ein gutes Gefühl in Ihnen aus? Dann schreiben Sie sie doch auf fünf farbige Karten oder Papierblätter und hängen Sie diese an einer Stelle auf, an der Sie möglichst häufig vorbeikommen. Sie werden merken, dass von ihnen eine positive Wirkung ausgeht.

Bei dieser Übung haben wir uns mit der Haltung unseres inneren Regisseurs beschäftigt und diese bewusst verstärkt, um uns damit Rückenwind zu verschaffen. Natürlich haben wir unseren inneren Komparsen damit nicht aus dem Spiel geworfen – das können und wollen wir auch nicht. Bei der folgenden Technik ist er am Zug.

Ü

Die ABC-Technik

Martin Seligman hat diese Technik entwickelt, um destruktive Denkmuster zu erkennen und zu entschärfen. Sie benötigen diesmal nur ein Blatt Papier und eine Beispielsituation, mit der Sie sich auseinandersetzen möchten. Geeignet ist jede Situation, in der Sie Kritik oder ein Misserfolg eine Haltung der Ohnmacht und Hilflosigkeit einnehmen ließ. Es bietet sich an, dass Sie ein Beispiel aus der letzten Übung nehmen. Analysieren Sie jetzt schriftlich und Schritt für Schritt, was in Ihnen genau abgelaufen ist:

Das negative Ereignis: Was ist objektiv passiert und was war der Auslöser Ihrer inneren Reaktion? Achten Sie darauf, was Fakten und was Ihre Interpretation ist: „Er hat mich herablassend angesehen“ ist schon eine Deutung. „Ich erlebte seinen Blick als herablassend“ macht hingegen deutlich, dass es Ihre Empfindung ist und nicht unbedingt die Realität (in Katrins Fall mochte lediglich ein Gast das Dessert nicht)!

Meine Überzeugung: Notieren Sie in der Ich-Form alle Gedanken, die das Ereignis in Ihnen ausgelöst hat. (Bei Katrin waren das: „Ich bin eine schlechte Gastgeberin. Ich denke nie genug über andere nach. Meine Bemühungen sind lächerlich. Ich bin das Letzte.“) Welche Überzeugungen und negativen Glaubenssätze über Sie selbst kamen zum Vorschein? Halten Sie hier nur Ihre Gedanken fest.

Die Konsequenzen: Überlegen Sie jetzt, welche Gefühle durch Ihre Überzeugungen ausgelöst worden sind. Was genau haben Sie in dieser Situation in sich wahrgenommen? Wie haben Sie aufgrund Ihrer Gefühle nach außen und nach innen reagiert? (Katrin hat Hitze und körperliche Verspannung wahrgenommen und sich beschämt gefühlt. Der bis zu diesem Zeitpunkt schöne Abend war dahin.)

Der Disput: Setzen Sie sich wie mit einem Freund schriftlich mit dem Ereignis und Ihrer Reaktion auseinander. Analysieren Sie, wie angemessen Sie die Situation und sich selbst eingeschätzt haben, und versuchen Sie dabei, sie wie ein Außenstehender zu beurteilen. (Katrin würde hier feststellen, dass ihre innere Reaktion nur wenig mit dem Auslöser zu tun hatte.)

Das Ergebnis: Überlegen Sie, was Sie aus dem Geschehenen lernen können und wie Sie in Zukunft handeln möchten. Welche Glaubenssätze und Denkmuster sind für Sie konstruktiver, wie lauten diese? Formulieren Sie sie wie eine Gebrauchsanweisung und schreiben Sie sie auf ein Blatt Papier, das Sie gut sichtbar als Erinnerungshilfe aufhängen.

Je häufiger Sie diese Technik anwenden, desto mehr werden Sie lernen, hilflose und pessimistische Denkmuster durch eine selbstwirksame Haltung zu ersetzen. Setzen Sie die „ABC-Brille" in möglichst vielen Situationen auf und nehmen Sie sich immer wieder die Zeit, diese Technik schriftlich durchzuführen. Der Nutzen wird dadurch nämlich viel größer.

Unfreiheit im Affekt

Obwohl Sie mit der ABC-Technik lernen können, destruktive Denkmuster zu erkennen, ist es nicht vollends befriedigend, immer erst im Nachhinein zu verstehen, warum Sie in welche Falle getappt sind. Ich möchte Ihnen jetzt zeigen, wie Sie in einer schwierigen Situation, in der also eine alte Denkfalle droht, Ihre Handlungsfreiheit erhalten oder schnell wiedergewinnen können. Ein wichtiger Aspekt der inneren Freiheit ist nämlich die Fähigkeit, nicht aus einem Gefühl oder Gedanken der Ohnmacht, der Angst oder der eigenen Inkompetenz heraus automatisch zu handeln, da wir in dieser Affektsituation nur bedingt zurechnungsfähig sind!

Stellen Sie sich vor, jemand trifft bei Ihnen einen wunden Punkt: Vielleicht sind Sie ohnehin gerade dünnhäutig und Ihr Chef kritisiert ausgerechnet jetzt Ihre Arbeit. In Ihnen kocht blanke Wut hoch. Ihrem ersten Impuls zu folgen hieße, dem Chef Ihren Zorn um die Ohren zu hauen. Vielleicht hätte er es ja verdient – aber: Sie würden nicht aus freier Entscheidung handeln, sondern einem inneren Zwang folgen – und das ist selten konstruktiv. Ein aggressiver erster Impuls kann natürlich eine befreiende Wirkung haben, ist aber nicht immer hilfreich. Oft geht der erste Impuls auch in die entgegengesetzte Richtung: Ich ziehe mich instinktiv zurück, fühle mich gekränkt und vielleicht sogar gedemütigt – und bleibe passiv. Dies ist mindestens genauso destruktiv wie ein aggressiver Ausbruch.

Sie kennen sicherlich die Redewendung, dass man erst einmal „den Kopf frei bekommen“ muss. Und genau darum geht es mir: Die Unfreiheit im Affekt wird gegen einen klaren Kopf ausgetauscht und erst dann wird gehandelt.

Der entscheidende Stein, der uns stolpern lässt, heißt Stress. In dem Augenblick, wenn ein negatives Ereignis die innere Kettenreaktion auslöst, befindet sich der Körper im Ausnahmezustand. Man fühlt sich innerlich blockiert, das Herz rast, es wird einem heiß und kalt, Muskeln spannen sich an und im Kopf wird es so eng, dass man nur noch dem einfachsten – und meist destruktiven – Gedanken folgen kann. Stress läuft wie eine Welle durch Körper und Geist. In diesem Moment hat das Stresssystem alles vollkommen im Griff. Und bis es abebbt, sollten Sie unbedingt NICHT handeln. Dies ist nämlich der Augenblick, in dem während eines Streits die Teller fliegen und wir Dinge sagen, die wir anschließend bereuen – oder uns selbst in die Ohnmachtsfalle katapultieren. Was können wir also tun, um aus dem Stress heraus zur Handlungsfreiheit zu kommen?

Die STOPP-Technik

Die STOPP-Technik ist einfach und doch sehr wirkungsvoll, wenn sie konsequent eingesetzt wird. Auf den Punkt gebracht müssen Sie lediglich „STOPP“ zu sich selbst sagen.

Die Beispielsituation wäre mit dem STOPP anders verlaufen: Als der Freund meint, das Dessert sei ihm zu fett, spürt Katrin, wie sich Stress in ihr breitmacht. Ihr wird heiß und ihre Schultern verspannen sich. Da sie diese Reaktionen kennt und sie die ABC-Methode oft geübt hat, weiß sie, dass sie jetzt in ihre vertrauten entwertenden Denkmuster abrutschen könnte.

Deshalb sagt sie zu sich selbst „STOPP". Vielleicht geht Katrin dafür kurz in die Küche und atmet einige Male bewusst ein und aus. Damit entspannt sie ihren Körper und der Stresspegel sinkt. Die Stresswelle geht vorüber. Wahrscheinlich hält das Echo noch eine Weile an, aber Katrin kann wieder frei und mit kühlem Kopf denken und handeln. Sie weiß ja, dass ihre spontanen Gefühle nichts mit dem zu tun haben, was ihr Gast gerade gesagt hat.

Können Sie sich vorstellen, dass dies auch bei Ihnen klappt? Ich kenne die Reaktion „Das hört sich bei Ihnen alles so einfach an!". Ich weiß, dass dies keine einfache Übung ist. Aber wir können wirklich lernen, mit destruktiven Impulsen umzugehen.

Mit dem STOPP-Signal unterbrechen Sie also einen scheinbar automatisch ablaufenden inneren Vorgang. Lassen Sie uns die einzelnen Schritte einmal etwas genauer anschauen. Vielleicht stimmen Sie mir anschießend zu, dass destruktive Impulse durchaus in den Griff zu bekommen sind.

Schritt 1: Ich nehme anhand meiner inneren Reaktion wahr, dass ich mich in einer bedrohlichen Situation befinde, die Stresswelle erfasst mich (ich spüre z.B. Anspannung, Hitze im Kopf, Lähmung, mir stockt der Atem).

Schritt 2: Ich werde mir meiner Gefühle bewusst (ich fühle mich gekränkt, beleidigt, angegriffen, unverstanden etc.). Ich spüre den mir vertrauten Impuls, anzugreifen, zu fliehen oder wie gelähmt zu verharren.

Schritt 3: Ich sage mir „STOPP" und ziehe mich innerlich zurück. Ich nehme mir die Zeit, die ich brauche, um mich zu entspannen, durchzuatmen und meine Wahrnehmung zu entzerren (z.B. was genau ist

eigentlich gerade passiert? Ist dies eine Situation, die ich gut kenne? Wie möchte ich reagieren?). Vielleicht sage ich meinem Gegenüber: „Ich brauche mal eben ein paar Sekunden."
Schritt 4: Erst wenn ich das Gefühl habe, wieder klar zu denken, einen halbwegs freien Kopf zu haben und handlungsfähig zu sein, reagiere ich auf das Ereignis.

Bedenken Sie: Sie haben immer und jederzeit das Recht, sich eine Auszeit zu nehmen! Selbst wenn ich vor 1000 Menschen einen Vortrag halte und ein Blackout droht: Es ist völlig okay für meine Zuhörer, wenn ich mich einige Sekunden sammele. Diese Zeit hilft mir, wieder zu mir zu kommen.

Bitte überlegen Sie einmal, in welchen Situationen Sie die STOPP-Technik gut ausprobieren können:

____

____

____

____

____

____

Bevor Sie die STOPP-Technik anwenden, sollten Sie vorher mithilfe der ABC-Technik analysieren, was in einer derartigen Situation in Ihnen passiert. Je genauer Sie nämlich Ihre innere Reaktion verstehen und einordnen können, desto leichter wird es Ihnen fallen, in der STOPP-Phase wieder zu sich zu kommen. In den „Standardsituationen", um die es hier geht, hat unser Gegenüber meist nur die Rolle des Auslösers. Wir sehen dann nur noch Rot – und nicht mehr den Menschen, auf den wir reagieren.

Insgesamt dient die STOPP-Technik dazu, einen eingeschliffenen gedanklichen Teufelskreis zu durchbrechen. Wenn Sie erst einmal durchschaut haben, wie Sie sich selbst immer wieder in die innere Haltung der Hilflosigkeit bringen, besteht der nächste Schritt darin, einen Handlungsspielraum zu schaffen. Denn Teufelskreise haben die Eigenschaft, sehr schnell und anscheinend ganz automatisch abzulaufen – der Betroffene kann dann nur noch zuschauen, wie ein destruktiver Gedanke dem anderen folgt und er immer mehr in die Ohnmacht rutscht.

Der Regie-Vertrag

Sie haben sich in diesem Kapitel mit Ihrer Lebenshaltung beschäftigt und untersucht, wie stark diese von dem Prinzip der Selbstwirksamkeit geprägt ist. Vielleicht ist Ihnen deutlich geworden, wie Sie sich selbst in eine innere Haltung von Ohnmacht und Hilflosigkeit bringen. Haben Sie mithilfe der Übungen und Techniken beschlossen, sich in bestimmten Situationen anders zu verhalten? Dann möchte ich Ihrem Projekt zum Schluss noch etwas Rückenwind verschaffen.

Mein Vorschlag lautet: Schließen Sie einen Vertrag mit sich selbst über die Umsetzung Ihres Vorhabens. Auch wenn Sie diese Idee vielleicht merkwürdig finden – sie macht durchaus Sinn. Denn es ist ein Riesenunterschied, ob Sie einen neuen Weg „nur mal unverbindlich ausprobieren“ oder sich bewusst dafür entscheiden, ihn tatsächlich auch zu gehen. Eine Entscheidung ohne Wenn und Aber – oder neudeutsch: ein klares Commitment – verleiht Ihrem Projekt Nachdruck und Ihnen die nötige Entschlossenheit! Wenn Sie etwas nur VERSUCHEN, investieren Sie nicht dieselbe Energie, als wenn Sie sich entscheiden, etwas zu TUN. Mit einem Vertrag wird Ihr Vorhaben verbindlich und zu einer Frage des Selbstrespekts. Und wenn es nicht klappt – was haben Sie dann schon verloren?

Es ist gar nicht so wichtig, um welchen Schritt es Ihnen geht. Wichtig ist, dass Sie ihn mit Entschiedenheit und ohne zu zögern vollziehen.

Ist Ihnen unwohl bei diesem Gedanken? Sagt etwas in Ihnen „Das muss doch nicht sein"? Achtung: Dieser innere Widerstand bereitet Sie darauf vor, dass es nicht klappen wird. „Lass dich lieber nicht mit ganzer Kraft darauf ein, dann tut es nicht so weh, wenn du scheiterst." Es ist ja nett gemeint von Ihrem Widerstand – nur so werden Sie einfach nicht die Energie und die Entschlossenheit aufbringen, die die Realisierung Ihres Projektes erfordert!

Eine Selbstverpflichtung dokumentiert, dass Sie es ernst meinen und bereit sind, etwas in Ihr Ziel zu investieren. Klingt das plausibel? Dann schlage ich Ihnen vor, folgenden Vertrag abzuschließen:

Ich, ________________________________, entscheide mich heute, am __.__.200_, ab sofort die Regie in meinem Leben zu übernehmen.

Ich verpflichte mich, bis zum __.__.200_ folgende Vorhaben umzusetzen, die mir dabei helfen werden, meine Selbstwirksamkeit zu erhöhen und eine Haltung von Ohnmacht und Hilflosigkeit schrittweise abzubauen. Die einzelnen Projekte sind:

Mein Ziel ist es, ______________________________

____

Ich werde mir während des Vorhabens ausreichend Zeit nehmen und gut für mich sorgen.

Unterschrift ________________________________

Kapitel 3

Die positive Freiheit und der Weg zum Ziel

Bevor wir in dieses Kapitel einsteigen, möchte ich Sie bitten, zehn Dinge zu notieren, die Sie in Ihrem Leben gerne ändern würden. Nehmen Sie sich dafür einen Augenblick Zeit und suchen sich bitte nur die Punkte aus, auf die Sie auch einen gewissen Einfluss haben.

1. ______________________________ ❑
2. ______________________________ ❑
3. ______________________________ ❑
4. ______________________________ ❑
5. ______________________________ ❑
6. ______________________________ ❑
7. ______________________________ ❑
8. ______________________________ ❑
9. ______________________________ ❑
10. ______________________________ ❑

Fiel es Ihnen schwer, zehn Dinge zu finden? Oder hätten Sie noch mehr auf Lager? Dann ist es sinnvoll, Ihre Liste auf einem separaten Blatt fortzusetzen.

Die positive und die negative Freiheit

Sicher fragen Sie sich, was an Freiheit überhaupt negativ sein kann. Die Bezeichnung von positiver und negativer Freiheit schließt aber keine Wertung ein. Der politische Philosoph Isaiah Berlin unterschied erstmals zwischen diesen beiden Arten von Freiheit. Die Differenzierung und die Begriffe dafür spielen eine wesentliche Rolle, wenn wir uns der Frage widmen, wie wir unsere Freiheit nutzen können, um Ziele zu erreichen.

Wie wir wissen, gibt es viele Dinge, die meine Freiheit einschränken können: Dazu zählen äußere Faktoren wie z.B. meine Arbeitsbedingungen, andere Menschen, der Staat usw. sowie innere Faktoren wie beispielsweise Ängste, beeinträchtigende Glaubenssätze, innere Zwänge o.Ä. Ist meine äußere Freiheit stark eingeschränkt wie etwa durch eine Krankheit, Geldmangel oder gar einen Gefängnisaufenthalt, wird meine Aufmerksamkeit darauf gerichtet sein, diese Situation so schnell wie möglich zu verlassen. Meine Unfreiheit lässt mich leiden, also reagiere ich mit Fluchtgedanken und konzentriere mich auf die Dinge, die mich einschränken. Die Freiheit, die ich folglich anstrebe, nennt sich negative Freiheit, denn sie richtet sich gegen einen Zustand der Unfreiheit. Ich habe dabei kein konkretes Ziel vor Augen, das ich stattdessen ansteuern möchte. Der Impuls der negativen Freiheit ist „Ich will weg von …“.

Ich möchte nicht mehr arbeitslos sein, mich langweilt mein Leben oder ich ertrage meinen Partner nicht mehr. Deshalb nehme ich mir die Freiheit, mir einen Job zu suchen, der mir Spaß macht, Hobbys und Tätigkeiten, die mir einen Sinn geben, und einen Partner, mit dem ich auf einer Wellenlänge liege. Hierbei begnüge ich mich nicht mehr damit, zu erklären, was ich nicht mehr will (negative Freiheit), sondern ich definiere, was ich lieber möchte. Die Freiheit, ein Ziel anzustreben und zu verwirklichen, ist die positive Freiheit. Wenn unser Grundgesetz z.B. sagt, dass in Deutschland keine Zensur stattfindet, ist das eine negative Freiheit. Wenn eine freie Religionsausübung garantiert wird, ist es hingegen eine positive Freiheit. Negative und positive Freiheit unterscheiden sich also nur in der Blickrichtung – dieser Unterschied kann für uns allerdings ganz erheblich sein.

Zwei Freiheiten – zwei Schritte

Je unangenehmer und beengender eine Situation für mich ist, desto stärker ist mein Impuls, sie so schnell wie möglich zu verlassen. Wenn mein Haus gerade über mir brennt, werde ich nur daran denken, so schnell wie möglich hinauszukommen und mich in Sicherheit zu bringen. Durch welche Tür ich das brennende Haus verlasse und wohin ich laufe, ist mir natürlich völlig egal. Ich will nur schnellstmöglich wegkommen – hier zählt also ausschließlich die negative Freiheit.

Viele Menschen hängen allerdings in unangenehmen Situationen fest und billigen sich nicht das Recht zu, diese zu verlassen. Bei ihnen brennt das Haus und sie sagen sich: „Ich bleib lieber hier, ich kann doch nicht einfach weglaufen."

Wären sie sich ihrer negativen Freiheit bewusst, so wüssten sie, dass sie wegkönnen, und würden sagen: „Ich brauche das nicht länger auszuhalten – ich darf gehen!" Für sie wäre es im Augenblick gar nicht so wichtig, wohin sie gehen wollen. Das, was wichtig ist, ist die Einsicht, dass sie etwas ändern können und dürfen. Und dies ist der erste Schritt. Habe ich also erkannt, dass ich gehen möchte, weil es mir dort, wo ich bin, nicht gefällt, muss ich mich anschließend entscheiden, welches Ziel ich anstrebe und welchen Weg ich dahin nehmen möchte. Das ist der zweite Schritt.

Ohne einen Sinn für unsere positive Freiheit nützt uns die negative Freiheit auf Dauer also wenig. Wenn ich mir nicht zubillige, Ziele zu suchen oder zu schaffen, bleibt mein Leben nämlich ohne Richtung. Die negative und die positive Freiheit sind die zwei Seiten einer Münze, die die Grundlage eines erfüllten Lebens ist.

Der Langsamste, der sein Ziel nicht aus den Augen verliert, geht immer noch geschwinder, als der ohne Ziel umherirrt.
Gotthold Ephraim Lessing

Vom Weg-von- zum Hin-zu-Ziel

Wenn Menschen in meine Coachingpraxis kommen, so sind sie sich in der Regel einer Sache sicher: Sie wollen nicht der bleiben, der sie sind oder wo oder wie sie sind. Sie wissen, dass sie mit ihrer beruflichen und/ oder privaten Situation unzufrieden sind und etwas verändern möchten. Manchmal müssen sie sogar etwas verändern, weil ihr Leiden oder der Druck unerträglich geworden ist. Allerdings ist die Zahl derer, die ähnlich unzufrieden sind und sich keine Unterstützung besorgen, weil sie glauben, sie müssten ihr Leben so ertragen, wie es ist, oder dass es keinen Ausweg gibt, sehr hoch. Diese Menschen geben sich selbst nicht einmal das Recht (oder die Freiheit) zu gehen.

Die, die sich Hilfe bei Freunden, einem professionellen Berater, Therapeuten oder Coach holen oder ein Buch wie dieses lesen und durcharbeiten, sind einen wichtigen Schritt weiter: Sie nehmen sich die Freiheit, etwas in ihrem Leben zu verändern. Wenn Sie dieses Buch zur Hand genommen haben, interessiert Sie wahrscheinlich der Gedanke, Ihre persönliche Freiheit zu vergrößern. Vielleicht haben Sie ja am Ende des zweiten Kapitels einen Vertrag mit sich geschlossen. Folglich sind Sie sich Ihrer negativen Freiheit auf jeden Fall bewusst. Und es setzt eine gewisse Portion Mut und Engagement voraus, wenn Sie Ihre positive Freiheit wirklich nutzen wollen!

Wenn ich Menschen frage, was sie denn gerne verändern möchten – wie ich es auch Sie am Anfang des Kapitels gefragt habe –, bekomme ich oft Antworten wie:

- Ich will mich meiner Familie nicht mehr anpassen.
- Ich will mein langweiliges Leben so nicht mehr fortsetzen.
- Ich will mich von meinem Chef nicht mehr gängeln lassen.
- Ich kann meinen Job nicht mehr ertragen.
- Ich will nicht mehr, dass meine Zuhörer sich langweilen.
- Ich will nicht mehr mit Unbehagen in die Firma gehen.
- Ich will mich nicht mehr nur um die anderen kümmern.

Wir könnten diese Liste mit Dingen, die uns unzufrieden machen, fast beliebig verlängern. Fällt Ihnen bei diesen Antworten etwas auf? Genau, sie sagen nur darüber etwas aus, was sie NICHT möchten. Sie konzentrieren sich dabei ausschließlich auf das, was sie loswerden oder beenden möchten. Ich nenne diesen Blickwinkel ein „Weg-von-Ziel".

Ein klares Weg-von-Ziel wie vorhin das brennende Haus ist ein guter Ausgangspunkt. Um mich aber in Bewegung zu setzen, brauche ich natürlich eine Vorstellung dessen, wohin ich gehen möchte. Das Bewusstsein, dass ich gehen möchte, gibt mir zwar die dafür nötige Energie, allerdings keine Richtung. Ich brauche also auch ein „Hin-zu-Ziel". Das sollte ein möglichst positives, kraftvolles und vor allem anziehendes Ziel sein. Und wenn ich weiß, wohin ich will, geht von meinem Ziel eine große Anziehungskraft aus. Das ist gut, denn sie macht es mir viel leichter, mein Ziel zu erreichen. Es ruft mir dann zu: „Komm her zu mir, hier ist es viel besser!"

Nehmen wir einmal das erste Beispiel: „Ich will mich meiner Familie nicht mehr anpassen." Was sage ich damit über mein Hin-zu-Ziel? Wie möchte ich sein, wenn ich nicht mehr angepasst bin? Wie möchte ich in Zukunft meiner Familie entgegentreten? Wie wird es sich anfühlen? Welches Lebensgefühl will ich damit ermöglichen? Vielleicht könnte ich stattdessen sagen: „Ich möchte mich selbstständig und stark fühlen und entsprechend verhalten.“ Dies ist zwar sehr allgemein formuliert, doch kann ich jetzt weiterfragen: Was genau werde ich als selbstständiger Mensch tun und fühlen? Woran werde ich meine neue Stärke erkennen? Wie wird mich meine Familie dann wahrnehmen?

Sehen Sie, wie sich ein gutes Ziel immer weiter konkretisieren und in kleinere Schritte unterteilen lässt? Dies ist die wesentliche Eigenschaft eines Hin-zu-Ziels, die für unser Vorankommen sehr wichtig ist. Ein Weg-von-Ziel lässt dies nämlich nicht zu. Ein „Ich will hier weg!“ ist einfach unkonkret und bringt nicht weiter. Von daher ist es unerlässlich, aus einem Weg-von-Ziel ein Hin-zu-Ziel zu machen!

Bitte sehen Sie sich jetzt einmal Ihre Liste der Dinge an, die Sie verändern möchten. Hinterfragen Sie dabei jeden einzelnen Punkt und kennzeichnen Sie die Weg-von-Ziele und die Hin-zu-Ziele jeweils mit einem Symbol, einem Plus- oder Minuszeichen.

Wie ist das Verhältnis der beiden Arten von Ziel? Sie haben fast nur Hin-zu-Ziele? Herzlichen Glückwunsch! Bei Ihnen herrscht Ausgewogenheit oder überwiegt die Zahl der Weg-von-Ziele? Um Ihren Zielen näherzukommen, sollten Sie aus den Weg-von-Zielen Hin-zu-Ziele machen. Wie das geht, erzähle ich Ihnen gleich. Vorher möchte ich Ihnen aber noch erklären, warum unser Gehirn gute Ziele braucht.

Das Gehirn und die Sache mit dem roten Elefanten

Ich bitte Sie, ein kleines Experiment zu machen:

Alles, was Sie tun müssen, ist jetzt NICHT an einen roten Elefanten zu denken. Denken Sie meinetwegen an alles, aber NICHT an einen roten Elefanten. Stellen Sie sich einen roten Elefanten auch KEINESFALLS bildlich vor. Weder seine rote Haut, seine großen roten Ohren noch seinen roten Rüssel. Verbannen Sie alle Gedanken an einen roten Elefanten aus Ihrem Kopf! Sie denken immer noch an einen roten Elefanten? Geben Sie sich Mühe! Konzentrieren Sie sich mit Ihrer ganzen Energie darauf, NICHT an einen roten Elefanten zu denken.

Haben Sie sich auch bemüht? Ist es Ihnen gelungen, die Aufgabe zu erfüllen? Sehr wahrscheinlich haben Sie an nichts anderes gedacht als an rote Elefanten. Vielleicht haben Sie tatsächlich rote Tiere vor Ihrem inneren Auge gesehen. Das ist völlig normal, denn unser Gehirn ist nicht in der Lage, einer Aufgabe nachzugehen, die ihm sagt, was es NICHT tun soll. Woran liegt das?

Das menschliche Gehirn ist aufgebaut wie ein Schrank mit unendlich vielen Schubladen, in denen es Informationen aufbewahrt. Bekommen wir die Aufgabe gestellt, an etwas Bestimmtes zu denken, so ruft es alle dafür relevanten Informationen ab, die es im Laufe seines Lebens gespeichert und verknüpft hat. Das gilt allerdings nur für die Informationen, für die es einen Verweis hat, denn speichern ist nicht gleich abrufen. Es verhält sich wie in einer großen Bibliothek, in der ich ein Buch nur dann finden kann, wenn ich weiß, wo es steht. Habe ich den Verweis für ein Buch verloren, werde ich es nicht mehr finden können – selbst wenn es noch an seinem Platz steht. Lesen Sie z.B. das Wort Apfelbaum, so ruft Ihr Gehirn ganz verschiedene Informationen und Assoziationen dazu ab: Sie sehen vor Ihrem inneren Auge vielleicht das Bild eines Apfelbaums, Sie nehmen den Geschmack eines Apfels wahr oder hören das Rauschen des Windes in den Ästen. Aus vielen unterschiedlichen Details entsteht in

Ihrem Gehirn die Information „Apfelbaum“, zusammengesetzt als ein komplexes Gesamtbild.

Dieser wunderbare Mechanismus vergegenwärtigt uns jedes Thema im Bruchteil einer Sekunde und stellt uns die gewünschten und abrufbaren Informationen zur Verfügung. Je bedeutender und vielschichtiger ein Thema für uns ist, desto facettenreicher ist das Bild, das unser Gehirn liefert.

Nur eines kann das Gehirn nicht: Es unterscheidet nicht zwischen dem Input „roter Elefant“ und „NICHT roter Elefant". Auf einen Schlüsselbegriff liefert es uns immer nur die zur Verfügung stehenden Assoziationen. Die Aufforderung „Denken Sie nicht an einen roten Elefanten" beantwortet es genauso, als würde ich Sie bitten, an einen roten Elefanten zu denken.

Warum erzähle ich Ihnen das? Berücksichtigen Sie diese Eigenart Ihres Gehirns, so wird es Ihnen viel leichter fallen, Ihre Ziele zu erreichen! Denn bei einem Weg-von-Ziel verhält es sich wie mit dem roten Elefanten!

Ein weiteres Beispiel: Die Situation an Ihrem Arbeitsplatz ist für Sie ein sehr wichtiges und emotionales Thema. Sie denken häufig darüber nach und für Sie steht fest: „Ich möchte mich nicht mehr von meinem Chef gängeln lassen." Ihr Gehirn bemüht sich also, möglichst viele Erinnerungen und Bilder hervorzuholen, die zeigen, wie Sie von Ihrem Chef schlecht behandelt werden. Dabei liefert es all die negativen Gefühle, die Sie dabei schon hatten, gleich mit. Natürlich sinkt so Ihre Stimmung, denn Sie betrachten Ihr Leiden wie durch ein Vergrößerungsglas. Ihr Gehirn macht aber nur seinen Job und müht sich, so gut es kann, alle Details Ihrer miesen Situation hervorzukramen. Und Sie hängen währenddessen im Teufelskreis Ihrer unproduktiven Gedanken. Keine gute Ausgangsbasis für die Lösung eines Problems, nicht wahr?

Indem Sie aber Ihrem Gehirn andere Informationen wie ein Hin-zu-Ziel bieten, nutzen Sie es viel sinnvoller. Bleiben wir bei dem Beispiel mit dem gängelnden Chef: Sie formulieren Ihr Ziel aus der Hin-zu-Perspektive, z.B. „Ich will meinem Chef ab sofort selbstbewusst gegenübertreten, indem ich ihm in die Augen sehe und jederzeit zu meiner Meinung stehe". Ihr Gehirn wird jetzt ganz andere Informationen abrufen: Vielleicht frühere Situationen, in denen Sie sich selbstbewusst verhalten haben, und das gute Gefühl, das Sie damals dabei hatten. So kommen Ihnen viele Gründe in den Sinn, warum es Ihnen tatsächlich gelingen kann, selbstbewusst aufzutreten. Vielleicht fällt Ihnen wieder ein, wie Sie von einem früheren Chef gelobt wurden oder Ähnliches. Jetzt kann ein positiver „Gedankenkreis“ entstehen, denn Sie beschäftigen sich zunehmend mit Lösungen und weniger mit dem Problem.

Ihre Freiheit braucht gute Ziele!

Ein Mensch, der sich angewöhnt hat, in einer Weg-von-Haltung zu denken, wird es wahrscheinlich erst einmal ungewohnt finden, Weg-von-Gedanken in Hin-zu-Gedanken zu übersetzen. Ihr Gehirn ist aber immer in der Lage, sich neue Denkweisen anzueignen, wenn Sie es wirklich wollen. Von daher schlage ich Ihnen vor, dies einmal für sich auszuprobieren, denn es lohnt sich!

Ü Nehmen Sie sich Ihre Liste, die Sie am Anfang des Kapitels erstellt haben. Schreiben Sie Ihre Weg-von-Ziele ab und überlegen Sie für jedes einzelne, welche Hin-zu-Ziele darin stecken könnten. Formulieren Sie diese Ziele möglichst genau und ebenfalls schriftlich. Bitte lassen Sie sich Zeit dabei und geben Sie sich nicht mit der erstbesten Idee zufrieden. Vielleicht helfen Ihnen ja auch folgende Anhaltspunkte:

Die Formulierung eines guten Ziels

- ist immer positiv und spart Verneinungen wie „nicht“ oder „kein“ aus;
- beginnt mit „Ich“ anstelle von Verallgemeinerungen wie „man“ oder „wir“;

- sagt etwas darüber aus, was ich „tun“ werde, anstatt es zu „versuchen“;
- ist möglichst detailreich und konkret und beschreibt genau das, was ich erreichen möchte. „Ich werde selbstbewusst sein“ ist weniger gut als „Ich vertrete ab sofort in Gesprächen meinen Standpunkt so deutlich wie möglich“;
- enthält einen konkreten Zeitpunkt, wann ich mein Ziel erreichen möchte, anstatt es offen zu lassen. Optimal sind Ausführungen im Präsens;
- gibt mir „Rückenwind“: Es fühlt sich gut an, wenn ich meinen Zielsatz laut ausspreche;
- macht sich unabhängig von anderen und Eventualitäten, indem es auf „wenn“ und „falls“ verzichtet.

Berücksichtigen Sie diese Punkte bitte konsequent bei Ihrer Zielformulierung. Vielleicht fallen Ihnen darüber hinaus noch andere Weg-von-Gedanken auf, mit denen Sie sich schon herumgeschlagen haben? Nehmen Sie sie in Ihre Liste auf. Und für Ihren Erfolg ist immer wieder die Frage wichtig, ob Sie einen Aspekt nicht noch weiter konkretisieren können. Denn je schärfer Ihr Ziel umrissen ist, desto leichter lässt es sich schrittweise erreichen. Hilfreich sind Fragen wie:

- Was genau meine ich damit?
- Wie könnte es sich noch besser anfühlen?
- Was kann ich konkret dafür tun?
- Was ist noch wichtig für mich?
- Gibt es wirklich keine weiteren Möglichkeiten?
- Woran werden ich und andere merken, dass ich mein Ziel erreicht habe?

Schritt für Schritt vom Ziel angezogen

Sie sitzen jetzt vor einem Berg von Zielen oder einem richtig großen, das wichtig und weitreichend ist? Das kann ganz schön beängstigend sein – muss es aber nicht, denn es liegt an Ihnen, wie viel Zeit Sie sich geben, um ein Ziel zu erreichen. Ein zu großer Druck ist nämlich wenig produktiv und führt in der Regel dazu, dass Sie sich gar nicht erst auf den Weg machen. Sie gehen Ihrem Ziel viel leichtfüßiger entgegen, wenn Sie stattdessen kleine Zwischenziele, Etappen vor Augen haben.

Wenn Sie die Anziehungskraft eines Ziels steigern möchten, sollten Sie es einmal auf folgende Weise versuchen:

Ü

Lernen Sie Ihr Zielbild kennen!
Sie haben in Kapitel 1 bereits die Anker-Technik kennengelernt (-> S. 35), mit der Sie einen besonderen Augenblick der Vergangenheit für die Gegenwart nutzbar machen. Mit der folgenden Übung „verankern" wir eine positive Vision der Zukunft im Hier und Jetzt.
Nehmen Sie sich ausreichend Zeit. Wichtig ist, dass Sie sich frei, entspannt und von nichts eingeschränkt fühlen. Suchen Sie sich einen Ort, an dem Sie gern allein sind – das kann Ihr Lieblingssessel, eine Parkbank oder ein Platz entlang eines Spazierwegs sein. Sie sollten sich unbedingt Ihre bisherigen Aufzeichnungen zu Ihren Hin-zu-Zielen mitnehmen. Konzentrieren Sie sich bitte auf EIN Ziel, das Sie gerne erreichen möchten. Sind Sie so weit? Dann legen Sie erst einmal alles beiseite und machen es sich bequem.
Schritt 1: Lassen Sie Ihrer Fantasie freien Lauf: Stellen Sie sich vor, wie es sein wird, wenn Sie Ihr Ziel erreicht haben. Was und wie fühlen Sie sich dann? Wie wird sich

Ihr Körper anfühlen? Wer oder was wird Sie umgeben? Was werden Sie sehen, hören, schmecken und riechen? Was werden andere Menschen sagen, wenn Sie Ihr Ziel erreicht haben? Lassen Sie dieses Bild vor Ihrem inneren Auge so bunt und plastisch werden, wie es geht. Stellen Sie sich jetzt vor, Sie selbst befinden sich als fester Bestandteil mitten in diesem Bild. Schlüpfen Sie hinein wie ein Schauspieler in eine Theaterrolle oder machen Sie es wie Mary Poppins in dem gleichnamigen Spielfilm, die sich in ein Straßenbild begibt. Sehen Sie sich in Ihrer Vorstellung alle Details an. Und je genauer Sie hinsehen, desto mehr Einzelheiten werden Sie bei jedem Mal in Ihrem Zielbild entdecken. Lassen Sie sich Zeit und genießen Sie den Anblick eine Weile.

Schritt 2: Jetzt geben Sie Ihrem Zielbild bitte einen Namen, genauso wie Sie ein selbst gemaltes Bild oder ein Foto im Album betiteln. Welches Wort oder welcher Satz beschreibt Ihr Bild für Sie zutreffend, so dass beide eine stimmige Einheit ergeben? Wenn der Name nicht optimal passt, so nehmen Sie einfach einen zweiten, denn es ist wichtig, dass Sie einen Titel finden. Vergegenwärtigen Sie sich Ihre Zielsituation noch einen Augenblick so deutlich wie möglich und „blenden“ Sie nun den zugehörigen Namen ein. Stellen Sie sich vor, Sie machen jetzt einen Schnappschuss, der Ihnen als Erinnerung bleibt und den Sie immer wieder hervorholen können.

Schritt 3: Nehmen Sie jetzt ein Blatt Papier und schreiben oben den Titel Ihres Bildes als Überschrift auf. Dann beschreiben Sie alles, was Sie in Ihrem Zielbild wahrgenommen haben. Achten Sie auf jedes Detail. Verwenden Sie das Präsens wie etwa „Ich stehe vor meinem Haus. Es ist Sommer. Andere Menschen sind um mich herum“. Oder was halten Sie davon, Ihr Zielbild alternativ oder zusätzlich zu zeichnen?

In dieser Übung haben Sie Ihr Ziel mit Leben, sinnlichen Eindrücken und guten Gefühlen angereichert. Mit Sicherheit ist es dadurch noch konkreter geworden, und das ist sehr gut! Gibt Ihnen Ihr Zielbild Kraft und Energie? Dann haben Sie einen Motor gefunden, der Sie an Ihr Ziel bringen wird. Vergegenwärtigen Sie sich Ihr Zielbild so oft wie möglich und hängen Sie Ihre Beschreibung am besten dort auf, wo Sie sie häufig sehen. Je mehr dieses Bild zum Teil Ihres Lebens wird, desto leichter werden Sie Ihr Ziel erreichen.

Es ist möglich, dass Sie einen inneren Widerstand spüren, je mehr Sie sich mit Ihren Zielbildern beschäftigen. Das geht vielen Menschen so und er ist leider eine Ursache dafür, dass wir ein Ziel nicht erreichen, obwohl es eigentlich attraktiv ist. Widerstand macht sich in Form von unangenehmen Gefühlen wie etwa Druck oder innerer Leere bemerkbar, aber auch Gedanken, die Ihnen sagen, dass Ihr Ziel unerreichbar oder falsch ist, lassen auf einen Widerstand schließen. Er ist ein Teil einer inneren Blockade. Was es damit auf sich hat und wie Sie damit umgehen, erfahren Sie in Kapitel 6.

Gut. Haben wir Ihren Motor ins Laufen gebracht? Dann geht es weiter Richtung Ziel.

Gehen Sie schrittweise!

Sie sind sich Ihrer positiven Freiheit bewusst? Ihr Hinzu-Ziel ist deutlich formuliert und Ihr Zielbild ist attraktiv? Dann kann's ja losgehen. Aber halt – bevor Sie sich auf den Weg machen, möchte ich Sie noch auf einen Stolperstein hinweisen, den viele Menschen nicht beachten: Es ist der Faktor Zeit. Viele Menschen geben sich zu wenig Zeit und wollen ihr Ziel am liebsten mit einem großen Schritt erreichen. Das geht meistens in die Hose, insbesondere wenn das Ziel zu groß ist.

Wenn ich aber einen kleinen Schritt auf meinem Weg Richtung Ziel vorangekommen bin, gibt mir der Erfolg ein gutes Gefühl und motiviert mich, den nächsten Schritt zu tun. Nehme ich mir dagegen zu viel vor und scheitere an einem zu großen Schritt, so nimmt mir mein Misserfolg den Schwung, um weiterzumachen. Ich erlebe häufig, dass Menschen sich auf diese Weise überfordern und letzten Endes frustriert sind. Manchen von ihnen ist ein vermeintlich zu kleiner Schritt peinlich – sie glauben viel schneller sein zu müssen, weil andere beispielweise schlecht von ihnen denken könnten. Ich ermutige sie dann, ihr eigenes Tempo zu gehen und so mit größerer Sicherheit und Wahrscheinlichkeit anzukommen. Zudem schreckt ein zu großes Ziel viele Menschen davon ab, überhaupt erst loszugehen. Deshalb ist es hilfreich, den langen Weg in kleine Schritte zu unterteilen. Ich schlage Ihnen daher vor, mit Ihren Zielen wie ein Projektmanager umzugehen.

Wer das Ziel kennt, kann entscheiden; wer entscheidet, findet Ruhe; wer Ruhe findet, ist sicher; wer sicher ist, kann überlegen; wer überlegt, kann verbessern.
Konfuzius

Ü Entscheiden Sie sich für eines der Ziele, mit denen Sie sich bereits in diesem Kapitel auseinandergesetzt haben. Sie sollten ein möglichst klares Zielbild vor Augen haben. Und formulieren Sie Ihr Ziel bitte so kurz und prägnant wie möglich:

Ich ____

Schritt 1: Überlegen Sie, bis wann Sie dieses Ziel erreicht haben wollen. Seien Sie bei der Einschätzung realistisch und gehen Sie nicht von optimalen Bedingungen aus! Denken Sie immer daran, dass es gut ist, gefordert zu sein, aber niemals überfordert.

Ich werde mein Ziel bis____________________erreicht haben.

Schritt 2: Werfen Sie noch einmal einen Blick auf das Bild Ihres Ziels. Woran werden Sie und andere Menschen erkennen, dass Sie Ihr Ziel erreicht haben?

1. ____
2. ____
3. ____
4. ____
5. ____

Schritt 3: Nehmen Sie sich bitte ein großes Blatt Papier und legen es quer vor sich hin. Zeichnen Sie eine dicke waagerechte Linie ein. Dann tragen Sie am linken Ende des Strichs das heutige Datum ein und am rechten Ende das Datum, an dem Sie das Ziel erreichen möchten. Auf dieser Zeitachse tragen Sie die Zwischenziele Ihres Vorhabens ein. Sie gehen am besten rückwärts vor und überlegen sich, welcher Schritt unmittelbar vor dem Ziel ausgeführt wird. Tragen Sie dieses Teilziel im angemessenen zeitlichen Abstand zum Endziel auf der Zeitachse ein. Gehen Sie jetzt Schritt für Schritt weiter rückwärts und formulieren Sie alle Teilziele, die Ihnen im Moment einfallen, bis Sie bei Ihrer jetzigen Ausgangsposition angekommen sind. Jetzt wissen Sie, welchen Schritt Sie als Erstes tun werden. Hängen Sie auch Ihre Zeitachse gut sichtbar auf – am besten neben Ihr Zielbild. Es kann also losgehen.

Vielleicht zeigen Sie Ihren Plan auch Freunden oder Ihrem Partner. Outen Sie sich, denn es gibt Ihnen

Rückenwind, wenn Sie sich zu einem Ziel offen bekannt haben (-> Vertrag, Seite 64).

Schritt 4: Überprüfen Sie möglichst häufig, ob Sie Ihre Zwischenziele erreicht haben. Vielleicht stellen Sie fest, dass Ihr Plan zu ehrgeizig ist – oder aber Sie sind schneller als erwartet. In jedem Fall sollten Sie Ihren Plan unbedingt der neuen Situation anpassen, denn sonst könnte die Ernsthaftigkeit, mit der Sie ihn verfolgen, abnehmen und Sie verlaufen und verzetteln sich auf dem Weg zu Ihrem Ziel.

Feiern Sie Ihre erreichten Zwischenziele, denn Belohnungen sind eine tolle Motivation, um weiterzumachen.

Entscheidungen auf dem Weg zum Ziel

Soll ich lieber noch ein Praktikum machen oder mir gleich einen Job suchen? Möchte ich in meiner jetzigen Lebenssituation ein Kind bekommen? Will ich wirklich mit meinem Partner zusammenziehen? Würde eine Beförderung mein Leben verbessern oder mich nur stärker belasten? Soll ich einer Freundin gegenüber das Problem, das ich mit ihr habe, offen ansprechen? Will ich ernsthaft mit dem Rauchen aufhören?

Häufiger als uns lieb ist, sind wir uns nicht im Klaren darüber, welches Ziel wir eigentlich ansteuern wollen. Entweder haben wir mehrere, die ähnlich attraktiv sind, oder mögliche Ziele befinden sich in einer Art diffusem Nebel und wollen einfach nicht konkret werden.

Um meinen Coaching-Klienten die Entscheidungsfindung zu erleichtern, habe ich ein Modell entwickelt, das ich Ihnen hier vorstelle. Vielleicht hilft es ja auch Ihnen weiter?

Ü **In sieben Schritten zu einer guten Entscheidung**
Die folgende Übung können Sie allein, aber auch mit Unterstützung eines anderen Menschen machen, der an den entscheidenden Stellen nachfragt, Ihnen unter die Arme greift und alles aufschreibt.

1. Schritt: Zeit und Raum
Sie wollen oder müssen eine Entscheidung treffen? Fühlen Sie sich unter Zeitdruck und hätten sich eigentlich schon gestern entschieden haben müssen? Auch wenn es Ihnen nicht gefällt: Sie werden unter großem Druck keine gute Entscheidung treffen, weil Ihr Blick für mögliche Alternativen eingeschränkt ist! Jeder Versuch ist Verschwendung Ihrer meist knappen Zeit und bereitet Ihnen eine Niederlage, die Sie nicht gerade motivieren wird. Außerdem ist Zeitdruck der natürliche Feind der Kreativität. Auch wenn für andere Arbeitsprozesse ein mittlerer Druck hilfreich sein kann, dies gilt nicht für eine kreative Herangehensweise! Hoher Druck schadet immer, jedem, grundsätzlich. Um dies zu vermeiden, machen Sie diese Übung bitte nicht zwischen Tür und Angel. Sie werden sich sonst nur darin bestätigt sehen, dass Ihnen eben doch nichts und niemand helfen kann! Nehmen Sie sich eine Stunde Zeit. Wenn Sie die im Augenblick nicht haben, vereinbaren Sie jetzt einen Termin mit sich selbst – und sorgen Sie dafür, dass Sie Zeit und Ruhe haben, wenn es so weit ist. Auf diese Weise begegnen Sie Ihrem Anliegen mit der gebührenden Ernsthaftigkeit, was sehr wichtig für jeden Problemlösungsprozess ist. Wenn Sie Ihr Anliegen schon nicht ernst nehmen und ihm nicht genügend Aufmerksamkeit widmen – wer sollte es dann tun?

2. Schritt: Visualisieren von Alternativen

Nehmen Sie sich bitte ein Blatt Papier und schreiben Sie in die Mitte die Frage, über die Sie jetzt entscheiden wollen. Wichtig ist, dass Sie diese ausformulieren – Stichworte sind zwar bequemer, bringen Ihre Gedanken aber nicht wirklich auf den Punkt.

Lassen Sie sich Zeit, damit Ihnen alle potentiellen Antworten bzw. Möglichkeiten einfallen, und schreiben diese dann um die Frage herum auf. Wichtig ist, dass Sie ALLE Ideen, die Ihnen spontan in den Sinn kommen, notieren, denn die, die auf den ersten Blick unsinnig erscheinen, könnten auf den zweiten ein Teil der Lösung sein. Auch wenn Sie für gewöhnlich Ihre Gedanken kritisch hinterfragen, so ist dies ist der falsche Zeitpunkt für Ihren inneren Kritiker. Jeder kreative Prozess braucht nämlich eine Ideenphase, in der alle Einfälle gleich wichtig und erwünscht sind – selbst wenn sie Ihnen in dem Moment auch als noch so blöd, verrückt, teuer oder umständlich erscheinen. Kritisiert und ausgewählt wird erst, wenn alle möglichen Ideen notiert sind. Wertung hat in der Ideenphase auch deshalb nichts zu suchen, weil sie nur zu Selbstzensur und Blockade führt (-> Kapitel 10).

Wenn Sie glauben, alle möglichen Lösungen aufgeschrieben zu haben, lassen Sie sich bitte noch fünf Minuten Zeit, um auch „Nachzügler“ mitzunehmen, wichtige Ideen stellen sich oft später ein. Dabei ist es unerheblich, ob jetzt zwei oder zwanzig Alternativen auf Ihrem Blatt stehen.

3. Schritt: Brainstorming

Schauen Sie sich bitte Ihre Lösungen nacheinander an und notieren Sie dabei alles, was Ihnen jeweils einfällt, um die einzelne Notiz herum. Argumente pro und kontra sind genauso geeignet wie Gefühle, Gedanken, Negatives und Positives sowie Assoziationen usw. Je mehr, desto besser! Lassen Sie sich wieder ausreichend Zeit und hören Sie erst auf, wenn Ihnen partout nichts mehr einfällt.

4. Schritt: Bedingungen und Konsequenzen

Nehmen Sie sich bitte ein zweites Blatt Papier. Gehen Sie Ihre Lösungen sowie die jeweiligen Anmerkungen nacheinander durch. Überlegen Sie, welche Konsequenzen es hätte, wenn Sie sich für die eine oder andere Lösung entscheiden würden. Denken Sie auch darüber nach, welche Bedingungen für Ihre Entscheidung wichtig sind und gegeben sein sollten. Ziehen Sie beide in Erwägung, denn für einen Entscheidungsprozess ist es unerlässlich, beides genau zu kennen. Das Ganze könnte etwa folgendermaßen aussehen:

„Wenn ich mich für A entscheide, würde das bedeuten, dass …“ oder: „Ich könnte mich für C entscheiden, wenn …“ oder: „Um mich für B zu entscheiden, bräuchte ich …“

Formulieren Sie bitte für jede Lösung einen Satz, aus dem die jeweilige Konsequenz und die entsprechende Bedingung klar hervorgehen. Lassen Sie nichts aus.

Fertig? Schauen Sie sich an, was Sie bisher aufgeschrieben haben: Sind Lösungen darunter, die für Sie jetzt kaum noch infrage kommen? Kennzeichnen Sie diese bitte mit einem Symbol. Gibt es komplementär dazu Lösungen, die Ihnen besonders gut gefallen? Diese sollten Sie ebenfalls mit einem entsprechenden Zeichen versehen.

5. Schritt: Innere Zeugen

An diesem Punkt werden die inneren Glaubenssätze in den Prozess einbezogen. Sie sind zwar oft nicht gerade konstruktiv, haben aber einen großen Einfluss auf uns. Deshalb ist es gut, sie zu berücksichtigen, denn sonst arbeiten sie im Hintergrund, ohne dass es uns bewusst ist.

Sehen Sie sich jetzt bitte die Lösungen an, die Sie favorisieren. Welche inneren Überzeugungen und Glaubenssätze melden sich bei Ihnen? Glaubenssätze erkennen Sie daran, dass sie entweder mit starken Gefühlen verbunden sind wie ein Druck im Bauch oder auf der Brust, Niedergeschlagenheit oder Energielosigkeit oder für sich in Anspruch nehmen, unumstößlich zu gelten wie z.B. „Das geht doch nicht", „Das ist viel zu unsicher", „Damit mache ich mich lächerlich" oder „Das ist viel zu teuer für mich". Haben Sie vielleicht den einen oder anderen schon in der Brainstorming-Phase aufgeschrieben?

Meistens fallen uns Glaubenssätze bei anderen stärker auf als bei uns selbst. – Wir stellen ihre Gültigkeit nur selten infrage, weil sie uns als so selbstverständlich erscheinen. Indem wir nicht wagen, sie zu hinterfragen, begrenzen sie unsere innere Freiheit.

Okay, welche Glaubenssätze entdecken Sie unter Ihren versammelten Lösungsvorschlägen? Schreiben Sie sie bitte untereinander auf die linke Seite eines neuen Blattes. Überprüfen Sie vor allem die Gedanken, die mit „Ich muss ...", „Ich darf nicht ...", „Ich kann nicht ..." beginnen, und solche, in denen es darum geht, was andere Menschen wohl über Sie denken könnten, wenn Sie sich tatsächlich für diese Alternative entscheiden.

Nennen wir diese Glaubenssätze doch einmal Ihre „inneren Zeugen". Gehen wir weiterhin davon aus, dass hinter jedem von ihnen eine eigene Persönlichkeit steckt, die felsenfest vom Inhalt des Glaubenssatzes überzeugt ist.

Untersuchen Sie jetzt jeden Glaubenssatz darauf hin, welcher innere Zeuge sich dahinter verbergen mag. Was für einen Charakter könnte er haben? Geben Sie ihm einen Namen wie „mein innerer Bedenkenträger", „der Pessimist", „der Sicherheitsliebende", „mein

Abenteurer", „der Leistungsträger" usw. Es ist egal, ob Sie einen oder mehrere innere Zeugen entdecken – in jedem Fall werden sie Ihnen viel über Ihr Entscheidungsproblem verraten. Lernen Sie also von ihnen.

Auch wenn es Ihnen vielleicht schwerfällt, dies zu glauben: Jeder innere Zeuge verfolgt eine gute Absicht, auch wenn seine Haltung nicht unbedingt darauf schließen lässt! Und selbst wenn seine Glaubenssätze Sie in Ihrer Freiheit einschränken, er weiß es einfach nicht besser.

Fragen Sie jetzt bitte jeden Ihrer inneren Zeugen, wie er Ihnen mit seiner Haltung helfen will. Wozu möchte er Sie veranlassen? Was rät er Ihnen? Schreiben Sie die Antworten bitte rechts neben die inneren Zeugen. Und denken Sie daran: Das, was Sie Ihnen sagen, mag Ihnen übertrieben ängstlich, pessimistisch oder einfach falsch erscheinen, sie sind aber ein Teil von Ihnen, ob es Ihnen gefällt oder nicht. Deshalb sollten Sie Ihre inneren Zeugen lieber ins Boot holen, als sie zu verdrängen und zu beschimpfen, denn das würde sie nur umso mächtiger machen.

6. Schritt: Entscheidungskonferenz

Sie haben jetzt alle Entscheidungsmöglichkeiten, sämtliche Argumente und die Aussagen Ihrer inneren Zeugen vor sich liegen. Fragen Sie Letztere nacheinander, welche Lösungen sie am sinnvollsten finden, mit welcher sie leben könnten und welche für sie ausgeschlossen ist. Benutzen Sie bitte dieselben Symbole wie für die Lösungen oben. Die, die negativ beschieden werden, haben keine Chance und fliegen raus.

In den meisten Fällen dürfte die Entscheidung jetzt klar sein. Haben Sie einen Entschluss gefasst? Wie geht es Ihnen damit? Spüren Sie noch Widerstände oder denken Sie „Ja, aber ..."? Nehmen Sie sich dann Ihre Lieblingslösung noch einmal vor und schreiben Sie alles auf, was gegen sie spricht. Notieren Sie dann, was nötig ist, um diese Widerstände aufzulösen, zu klären und akzeptieren. Was ist also zu tun?

Wenn Sie noch unschlüssig sind, sollten Sie einen nahestehenden Menschen bitten, Sie bei Ihrer Entscheidung zu unterstützen. Tragen Sie ihm Ihre Überlegung vor und bitten Sie ihn um ein Feedback. Ein Außenstehender kann oft viel klarer erkennen, wo und wie wir festhängen.

Für ganz Unentschlossene:
Sie können in diesem Augenblick mit bestem Gewissen keine Entscheidung treffen? In Ordnung, dann beschließen Sie jetzt, WANN Sie diese Entscheidung treffen werden. Setzen Sie sich eine Frist und tragen den Zeitpunkt, an dem sie abläuft, in Ihren Kalender ein. Für Ihren Selbstrespekt ist es dabei unerlässlich, dass Sie sich auch daran halten. Das Aufschieben von Entscheidungen und Unentschlossenheit können außerdem zur Gewohnheit und zum Teil Ihrer Persönlichkeit werden, wenn Sie einerseits sich selbst nicht motivieren, eine Position zu beziehen, und andererseits Ihr Gehirn nicht entsprechend fordern.

Haben Sie ein Auge für gute Ziele!

Am Ende dieses Kapitels haben Sie vielleicht einen anderen, neuen Blick auf Ihre Zielvorstellungen. Sie haben sich mit wichtigen Lebenszielen beschäftigt – es lohnt sich aber auch, darauf zu achten, wie Sie kleine, alltägliche Ziele und Wünsche formulieren. Wie kommunizieren Sie mit anderen Menschen, wie drücken Sie Ihre Vorstellungen, Wünsche, Anliegen und Bedürfnisse aus? Je klarer Sie sich äußern und je stärker Sie dabei eine Hinzu-Perspektive formulieren, desto eher werden Sie auch verstanden und Ihre Wünsche berücksichtigt.

Kapitel 4

Kann Freiheit grenzenlos sein?

Die Welt unserer Vorfahren unterschied sich deutlich von der unsrigen: Noch vor 100 Jahren gab es viel mehr Grenzen und die meisten Menschen hatten kaum Bewegungsfreiheit – sie reichte oft nur bis ins nächste Dorf oder vielleicht bis in die „große Stadt". Nur wenige kamen bis in eines der angrenzenden Nachbarländer, geschweige denn darüber hinaus. Der berufliche Werdegang war vorgezeichnet durch den sozialen Status, ein Aufstieg nur schwer möglich. Es galt die Devise „Schuster, bleib bei deinem Leisten". Aus der gesellschaftlichen Position, in die jemand hineingeboren wurde, gab es kaum ein Entrinnen. Somit entschied die Geburt quasi darüber, welchen Grenzen ein Mensch sein Leben lang unterworfen sein würde.

Unsere heutige Welt sieht ganz anders aus: Geografische Grenzen haben – zumindest für uns westliche Menschen – kaum noch eine Bedeutung. Und selbst wenn der familiäre Hintergrund unsere Möglichkeiten immer noch mitbestimmt, so sind unsere Grenzen nicht mehr ganz so undurchlässig wie einst. Daneben stehen uns so viele und für fast jeden zugängliche Informationsquellen zur Verfügung wie noch nie. Und zumindest in den Großstädten kann eigentlich jeder sein Leben leben und nach seiner eigenen Fasson glücklich werden. Es sieht so aus, dass uns immer weniger einschränkt.

Kann also unsere Freiheit gemessen an diesen Voraussetzungen wirklich grenzenlos sein? Und ist grenzenlose Freiheit folglich ein erstrebenswertes Ziel?

Genau mit diesen Fragen werden wir uns in diesem Kapitel beschäftigen. Zunächst wird es darum gehen, wie wir unsere Grenzen überhaupt kennenlernen und dass wir uns von ihnen manchmal ganz schön einschüchtern lassen. Insgesamt sind Grenzen sehr spannende Orte: Sie zeigen uns nämlich, wie weit unser eigenes Territorium reicht, sie geben uns die Möglichkeit, mit anderen Menschen in Kontakt zu treten, und sie sind schließlich die Regionen, in denen unser Wachstum stattfindet, denn nur an unseren Grenzen können wir Neuland gewinnen! Manchmal begrenzen wir uns allerdings auch selbst und schieben dies anderen in die Schuhe. Wir behaupten dann, wir würden für sie verantwortlich sein und deshalb unsere eigenen Bedürfnisse zurückstellen. Und zum Schluss geht es in diesem Kapitel um die manchmal „grenzenlosen Verheißungen" des positiven Denkens.

Über Grenzen beschweren ist nicht genug

„Wie gern hätte ich 500 mehr auf meinem Gehaltskonto!" Ich kann über diesen Wunsch endlos reden und ich kann mich darüber beklagen, hoffnungslos unterbezahlt zu sein – aber bedeutet das ständige Auslassen darüber automatisch, dass ich auch dafür sorge, dass mein Gehalt erhöht wird? Nicht unbedingt, denn das Beklagen eines Umstandes, einer Ein- und Beschränkung, motiviert nicht jeden Menschen, auch aktiv zu werden. Ganz im Gegenteil! Zu enge Grenzen und begrenzte Möglichkeiten erzeugen zwar Unzufriedenheit und Druck, nur ist das laute und häufige Jammern auch eine Möglichkeit, um den Druck zu reduzieren. Dieses Verhalten ist wie ein Dampfkochtopf: Innen steigt der Druck, aber anstatt zu explodieren, wird immer nur so viel Druck abgelassen, wie der Topf gerade noch aushalten kann. Und es geschieht: Nichts!
Zu enge Grenzen erzeugen grundsätzlich Druck und wenn ich mich zu stark eingeschränkt fühle, steigt mein innerer Druck permanent an, bis ich irgendwann „platze". Spätestens dann ist es für mich und die Welt offensichtlich, dass etwas nicht stimmt. Funktioniere ich aber wie ein Dampfkochtopf, klage ich also gern und regelmäßig über meine Situation und beschwere

ich mich über mein Schicksal, so lasse ich ständig ausreichend Druck ab, um ihn nicht zu deutlich zu spüren und womöglich irgendwann einmal zu explodieren. Der Vorteil liegt darin, dass ich alles lassen kann, wie es ist – eben so richtig schön begrenzt.

Funktionieren Sie auch manchmal wie ein Dampfkochtopf? Klagen Sie gern über mangelnde Möglichkeiten und darüber, dass man Ihnen zu enge Grenzen setzt? Auf die Gefahr hin, dass es Ihnen vielleicht nicht

Wer kriecht, kann nicht stolpern.
Alf

gefällt: Es besteht Handlungsbedarf! Es ist ja völlig okay, wenn Sie sich ab und zu ein bisschen beklagen und etwas Selbstmitleid pflegen – Sie befinden sich in bester Gesellschaft, denn das macht wohl jeder gelegentlich. Wenn Sie aber deutlich einen Veränderungsdruck spüren – und der hat immer mit Grenzen zu tun –, dabei aber passiv bleiben, ist das nicht gut. Sie zahlen nämlich einen hohen Preis. Und irgendwann verlieren Sie auf Dauer auch die Lust daran, sich immer nur als Opfer zu sehen ... Also: Beschäftigen Sie sich mit Ihren Grenzen!

Grenzen sind, wenn es nicht mehr weitergeht

„Du willst den Chef um eine Gehaltserhöhung bitten? Bist du wahnsinnig? Der zahlt doch seit Jahren keinem mehr als allen anderen! Das brauchst du gar nicht erst zu versuchen, der wirft dich nur achtkantig raus!" Würden Sie jetzt aufgeben, wenn Sie von einem Kollegen diesen Rat bekommen? Sie könnten darin eine unüberwindbare Grenze sehen – warum sollte gerade Ihnen gelingen, was seit Jahren keiner mehr geschafft hat? Oder aber Sie entscheiden sich, es zu versuchen, vielleicht hat diese Grenze doch noch ein Schlupfloch? Sie würden sich folglich eine Strategie überlegen, Argumente sammeln und Punkt für Punkt das Gespräch mit dem Chef vorbereiten. Vielleicht erreichen Sie bei ihm auch nichts und müssen akzeptieren, dass diese Grenze für Sie im Moment wirklich unüberwindbar ist. Oder aber Sie haben Erfolg – und würden diese Grenze tatsächlich hinter sich lassen und so Neuland betreten, denn Sie haben sich neben einem höheren Gehalt auch ein besseres Selbstwertgefühl verschafft und die Erfahrung gemacht, dass Sie Menschen überzeugen können.

Natürlich erzeugt eine Grenze in uns nicht nur Druck und Unzufriedenheit. Grenzerfahrungen sind nämlich auch immer positive Erfahrungen, weil sie uns die Chance geben, über eine Grenze, über uns selbst hinauszuwachsen. Damit mir dies gelingt, muss ich wissen, wo genau diese Grenze verläuft. Wage ich mich aber nie bis zu einem Hindernis vor, werde ich weder erfahren, wie groß mein Freiraum tatsächlich ist, noch wo die Hindernisse liegen.

Stellen Sie sich vor, Sie bewegen sich in einem vollkommen dunklen Raum, den Sie gerne verlassen möchten. Sie wissen, dass der Raum verwinkelt ist und dass es nur eine Tür gibt. Haben Sie Angst davor, mit Grenzen konfrontiert zu werden, so werden Sie sich wohl gar nicht bewegen und es vorziehen, den Raum nicht zu verlassen. Als Mensch, der Grenzerfahrungen sucht, würden Sie sich so lange vortasten, bis Sie auf eine Wand treffen. Vielleicht stoßen Sie sich dabei den Kopf oder stolpern auch mal – aber wenn Sie erst einmal auf eine Wand gestoßen sind, haben Sie die besten Chancen, auch eine Tür zu finden.

Es liegt an mir, ob ich eine Grenze als persönliche Herausforderung betrachte oder nur als ein unüberwindbares Hindernis. Menschen mit einem hohen Selbstwirksamkeits-Faktor (-> Kapitel 3) fühlen sich von Grenzen eher herausgefordert. Menschen hingegen, die zur Hilflosigkeit neigen, lassen sich dagegen schnell entmutigen und akzeptieren das scheinbar Unvermeidbare.

Wer aus dem Rahmen fällt, ist seine Grenzen los.

Peter E. Schumacher

Was wäre, wenn?

Denken Sie auch manchmal darüber nach, wie es wäre, im Lotto eine Menge Geld zu gewinnen? Was könnten Sie dann erst alles machen? Die meisten Menschen nehmen wohl an, sie würden mit einem vollen Bankkonto ein viel besseres Leben führen, weil sie dann unendlich viel mehr Möglichkeiten haben und ihnen dadurch weniger Grenzen gesetzt sind. Ihre äußere Freiheit würde wahrscheinlich wirklich größer werden. Aber was würde tatsächlich geschehen, wenn Sie plötzlich viel Geld zur Verfügung hätten? Wie sähe Ihr Leben ohne die Grenzen aus, mit denen Sie tagtäglich zu tun haben?

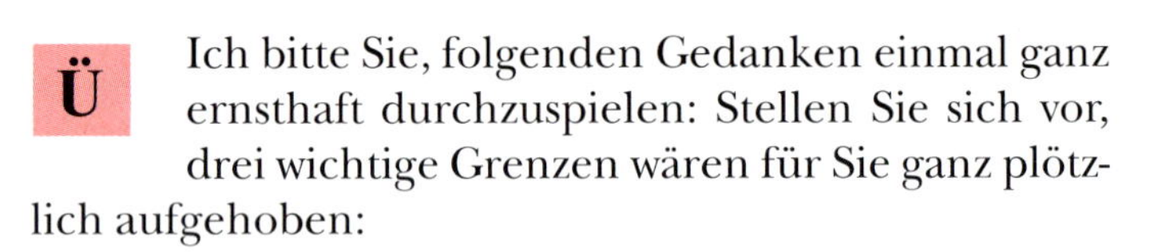

Ü Ich bitte Sie, folgenden Gedanken einmal ganz ernsthaft durchzuspielen: Stellen Sie sich vor, drei wichtige Grenzen wären für Sie ganz plötzlich aufgehoben:

- die Grenze der finanziellen Möglichkeiten
- die Grenze des Alters
- die Grenze der individuellen Fähigkeiten

Nehmen Sie sich bitte eine halbe Stunde Zeit, um die folgenden Fragen schriftlich zu beantworten:

Sie bekommen 20 Millionen € geschenkt. Was fangen Sie damit an?

____

____

____

____

____

Sie sind noch einmal 18 Jahre alt, verfügen aber über Ihren jetzigen Erfahrungshorizont, Sie beherrschen sämtliche bis heute erworbenen Fähigkeiten und besitzen ein Gehirn mit derselben Struktur wie zum jetzigen Zeitpunkt. Wie gestalten Sie Ihr Leben?

Wählen Sie eine Fähigkeit, die Sie ab sofort in Vollendung beherrschen. Für welche entscheiden Sie sich? Was würden Sie daraus machen?

Ist Ihnen diese Aufgabe schwergefallen? Die meisten Menschen reagieren erst einmal gar nicht, sie blockieren regelrecht, wenn Sie über einen Punkt hinaus denken sollen und ein Limit plötzlich infrage gestellt und aufgehoben wird. Woran liegt das? In all der Zeit sind uns unsere Grenzen schließlich sehr vertraut geworden; sie sind gute, alte Bekannte, mit denen wir uns ganz oft ganz gut arrangiert haben ...

Aber schauen wir uns Ihre Antworten auf die drei Fragen einmal genauer an. Sie sind nämlich mehr als bloße Fantasie mit Schneegestöber, da in ihrem Kern immer Potential für realistische Möglichkeiten enthalten ist. Überrascht Sie dieser Gedanke, weil Sie leider NICHT jung, reich und begnadet sind? Das sind wohl die wenigsten von uns! Aber wie wäre es, wenn Sie die Talente und Möglichkeiten nutzen, die Ihnen zur Verfügung stehen? Glauben Sie etwa, dass Sie gar nichts dessen, was Sie ohne die drei Grenzen tun würden, heute umsetzen können? Gut, wir sollten vielleicht von einem bescheideneren Ausmaß ausgehen, aber generell wird es Wege geben, um Ähnliches zu erreichen – gehen wir also zunächst von der kleinen Ausgabe aus.

Ü

Von der bloßen Vorstellung zur konkreten Idee
Lesen Sie bitte noch einmal Ihre Antworten auf meine drei Fragen der vorherigen Übung. Nehmen Sie sich dann mehrere große Bögen Papier (am besten DIN A3). Beginnen Sie mit der Vorstellung, die Ihnen im Moment am besten gefällt und am meisten zusagt. Schreiben Sie diese stichwortartig oder als Satz in die Mitte eines der leeren Blätter. Benutzen Sie bitte die Mind-Map-Technik, die ich auf Seite 11 erklärt habe. Sammeln Sie alles, was Ihnen zu dieser Idee einfällt. Hilfreich können dabei folgende Fragen sein:

- Was genau gefällt Ihnen an dieser Fantasie so gut?
- Welche Gefühle löst sie in Ihnen aus?
- Wodurch können Sie diese guten Gefühle in Ihrem Leben erzeugen?
- Wie könnte der kleine Bruder Ihrer Fantasie aussehen?
- Was brauchen Sie für die Realisierung?
- Welche Stolpersteine liegen noch im Weg?
- Was wäre der erste Schritt auf diesem Weg?

Bearbeiten Sie – wenn Sie mögen – auf diese Weise Ihre drei Fantasien von Seite 98. Benutzen Sie jeweils einen Bogen Papier für ein Mind Map. Wenn Sie damit fertig sind, können Sie alle Mind Maps vor sich ausbreiten oder aufhängen. Eine Leine mit Wäscheklammern kann dabei gute Dienste leisten. Sehen Sie sich genau an, was Sie aufgeschrieben haben: Welche konkreten Schritte und Projekte fallen Ihnen auf? Was würde Ihre Lebensqualität, Ihr Glück und Ihre Freiheit verbessern und vergrößern? Was können und wollen Sie alles umsetzen? Machen Sie einen Plan, in dem Sie festhalten, welche Schritte Sie wann umsetzen wollen (-> „Gehen Sie schrittweise", Seite 80).

Folgende Beispiele kommen Ihren Vorstellungen und Wünschen vielleicht recht nahe:

Als 18-Jährige(r) würden Sie eine Weltreise mit dem Motorrad machen? Was ist toll daran? Das Gefühl von Freiheit? Die Neugier und die Abenteuerlust, die Welt zu entdecken? Die Coolness? Was käme Ihrer Fantasie am nächsten, wenn Sie nur vier Wochen Urlaub zur Verfügung haben? Was brauchen Sie, um die kleinere Ausgabe Ihres Traums umzusetzen? Was steht Ihnen im Weg?

Sie würden mit einem Vermögen von 20 Mio. € Projekte in armen Ländern finanzieren? Was würden Sie damit für die Menschen gerne erreichen? Wie viel finanzielle Unterstützung können Sie jetzt leisten? Welche ehrenamtliche Tätigkeit kommt für Sie infrage? Gibt es andere Wege, benachteiligte Menschen zu unterstützen? Woran liegt es, wenn Sie bisher noch nichts getan haben?

Sie hätten eine wunderschöne Stimme und würden auf den großen Bühnen dieser Welt singen wollen? Was genau reizt Sie an dieser Vorstellung? Warum würde es Ihnen Freude machen? Vielleicht fallen Ihnen ja andere musikalische Betätigungen ein, die Ihnen auch Spaß machen könnten. Oder ist es möglich, in einem kleineren Rahmen zu singen? Können Sie sich auf andere Weise auf diesem Gebiet betätigen, sollten Sie keinen Ton treffen?

Ich persönlich bin davon überzeugt, dass es keine Grenzen gibt, an denen wir nicht eine Menge lernen können. Auch wenn eine Grenze unüberwindbar scheint – meistens gibt es zumindest eine kleine Tür (-> WENN-Falle, Seite 159).

Neuland beginnt an der Grenze

Diesseits einer Grenze liegt immer das Bekannte, Gewohnte und Vertraute – Dinge, die wir kennen, die wir beherrschen und die zu uns gehören. Auf der anderen Seite befindet sich das Unbekannte und wenig Vertraute; das, was wir nicht können, uns nicht zutrauen und was nicht Teil von uns ist. Nähern wir uns unseren persönlichen Grenzen aus der psychologischen Perspektive, so trennen sie das, was wir als zu uns gehörig betrachten, und jenes, was wir nicht sind – es ist etwas, das „anders" oder „der andere" ist. Über meine Seite sage ich „So bin ich", „Das steht mir zu" oder „Das kann ich" – über die andere „Das bin ich nicht", „Darauf habe ich kein Recht" oder „Das kann ich nicht".

Grundsätzlich ist es wichtig, dass ich weiß, wo meine Grenzen liegen, denn sie sind ein Teil meiner Identität. Junge Menschen sind sich naturgemäß ihrer Grenzen noch nicht so bewusst – sie zu entdecken und zu festigen ist ein wichtiger Entwicklungsprozess, der für alle in diesem Alter schwierig ist. Es ist problematisch, wenn meine Grenzen als Erwachsener undeutlich sind oder ich sie anderen gegenüber nicht vertreten und schützen kann. Wie wir in Kapitel 8 noch sehen werden, braucht eine gesunde Beziehung klare Grenzen. Dasselbe gilt für eine gesunde Psyche: Wenn ich nicht weiß, wie und wer ich bin, wird es mir schwerfallen, für meine Bedürfnisse zu sorgen und mich für meine Ziele einzusetzen.

Deutliche Grenzen sind für uns also besonders wichtig. Allerdings kann es auch zu viel des Guten sein, wenn mir meine Grenzen als völlig undurchlässig und unverrückbar erscheinen: Mein Selbstbild ist dann zwar stabil, gleichzeitig aber auch sehr statisch und verhindert weitere Entwicklung. „So bin ich und so bleibe ich." Problematisch wird es, wenn sich Lebensfaktoren ändern und Druck auf mich ausüben – etwa wenn eine neue Situation von mir verlangt, anders zu handeln, zu denken oder zu fühlen, als ich es bisher gewohnt bin. Stellen Sie sich vor, Sie haben bisher alle Probleme mit einem Hammer gelöst und plötzlich müssen Sie mit Schrauben anstatt mit Nägeln umgehen. Einfach stur weiter den Hammer benutzen? Oder doch lieber einsehen, dass die Zeit für ein neues Werkzeug gekommen ist?

Das Insel-Modell

Gehen Sie einmal davon aus, dass alles, was Sie sind – Ihre Erfahrungen, Ihr Bewusstsein und Ihre Identität –, eine Insel ist. Sie hat Gegenden, die Sie sehr gut kennen, Sonnenseiten, die Sie besonders mögen, und wiederum andere, die Sie kaum kennen. Es gibt sumpfiges Terrain, das Sie eher meiden, aber auch fruchtbare, bebaute, kultivierte und wilde Gegenden.

Ihre Insel ist eingeschlossen von Wasser – wie sollte es auch anders sein. Nehmen wir einmal an, Sie können nicht schwimmen und haben kein Boot, so dass Ihre Bewegungsfreiheit am Strand endet. Irgendwann ist die schönste Insel erschlossen und es wird langweilig. Sie brauchen etwas Neues, nämlich Neuland. Dann gibt es nur einen Ort, an dem Sie Neuland gewinnen können:

an der Grenze Ihrer Insel, am Strand. Dort haben Sie die Chance, mit viel Zeit, Beharrlichkeit und einiger Mühe neues Land zu schaffen.

Ich lebe in Hamburg und verbringe gern Zeit an der Küste. Dort, hinter dem Deich, wo das Land endet, versuchen die Menschen seit Ewigkeiten, dem Meer Land abzutrotzen. Indem sie Zäune aus Weiden ins Watt setzen, bleibt jedes Mal, wenn das Wasser kommt und geht, etwas Schlick an ihnen hängen. Irgendwann wird der Boden fester, es wächst Gras oben drauf und das Neuland ist gewonnen. Es ist ein langsamer und mühsamer Prozess, aber im Laufe der Zeit entstehen so weite Flächen, die landwirtschaftlich genutzt werden können. Warum erzähle ich Ihnen das? Weil auch wir Neuland gewinnen können – und das funktioniert sehr ähnlich. Einzige Voraussetzung dafür ist, dass wir uns wie die Menschen am Meer an unsere Grenzen begeben!

Für viele Menschen ist das gar nicht selbstverständlich. Sie fühlen sich an ihren Grenzen nicht sehr wohl, denn dort passiert etwas mit ihnen, das ich als „Grenzphänomene“ bezeichne:

- Wir spüren oft Angst, die ein guter Indikator dafür ist, dass wir uns in unserer Grenzregion befinden.
- Wir fühlen uns angespannt, aufgeregt, vielleicht auch energievoll und verwirrt, da etwas Neues vor uns liegt.
- Möglicherweise sind wir als Zeichen eines inneren Konflikts innerlich blockiert – ein Teil von uns möchte die Grenze überwinden, ein anderer ist dagegen.
- Unsere Wahrnehmung kann sich bis zu einem Tunnelblick verengen. Wir sehen nicht mehr, was links oder rechts von uns liegt.

- Oft rationalisieren wir, d.h., ich rede mir und anderen „ganz vernünftig“ ein, dass es gar keine Grenze oder es keinen Grund gibt, Neuland zu gewinnen.

Kennen Sie diese Phänomene aus eigener Erfahrung? Gehen Sie häufiger so weit, dass Sie Ihre Grenze spüren? Wie reagieren dann bei Ihnen Körper und Geist? Oder biegen Sie meistens vorher ab, wenn mögliche Grenzen in Sicht kommen? Machen Sie sich doch bitte ein paar Stichworte zu Ihren Gedanken – wie immer gern in Ihrem Tagebuch, wenn Sie mehr Platz benötigen:

Denk-Check:

Welche Grenzphänomene kennen Sie?

____

____

____

Grenzphänomene sind gleichzeitig etwas ganz Normales und Wichtiges. Ich komme an ihnen nicht vorbei, wenn ich wirklich etwas Neues machen und erreichen möchte. Manche Menschen gehen ihnen lieber aus dem Weg, weil sich diese Phänomene nicht unbedingt gut anfühlen. Für sie ist Lampenfieber ein Grund, gar nicht erst auf die Bühne zu wollen. Oder sie behalten eine gute Idee lieber für sich, weil sie sich damit lächerlich machen könnten. Viele gestehen ihrem Geliebten ihre Liebe nicht, weil der Nein sagen könnte.

Jemand, der seine Grenzen schon häufiger erweitert hat, weiß, dass diese Phänomene einfach dazugehören. Nur lässt er sich von ihnen nicht mehr abschrecken, denn er geht davon aus, dass dahinter etwas Kostbares auf ihn wartet. Ich bin nicht mehr derselbe Mensch, wenn ich mich getraut und etwas Neues erfahren habe – ich bin gewachsen! Und meine Insel ist wieder ein Stück größer geworden. Dabei halten sich einige Menschen viel häufiger in ihrem Grenzland auf als andere. Sie gehen immer so weit, bis sie an eine Grenze stoßen, die nicht mehr verrückbar ist. Können Sie sich vorstellen, dass diese Menschen viel mehr erreichen als jemand, der seine Grenzen lieber gar nicht erst kennenlernen und austesten mag?

Menschen, die ihre Grenzen scheuen, würden sich vielleicht auch gerne Neuland schaffen – nur sie versuchen es in der Mitte ihrer Insel – dort, wo es

vertraut, sicher und kuschelig ist. Sie können dort denselben Boden immer wieder aufs Neue umgraben Auf diese Weise vermeiden sie es, mit unangenehmen Gefühlen und einem Nein von außen konfrontiert zu werden. Neuland kann so natürlich niemals entstehen! Ich habe einmal eine schöne Geschichte aus dem Zen-Buddhismus gehört: Eine weise alte Frau kriecht nachts im Schein des Mondes vor ihrer Hütte auf dem Boden. Menschen fragen sie, was sie dort mache. Sie antwortet, sie habe ihre beste Nähnadel verloren. Natürlich helfen ihr alle, die Nadel zu finden – erfolglos. Jemand fragt die Frau, ob sie nicht ungefähr wüsste, wo sie sie verloren hätte. Darauf antwortet sie: Ich habe sie in meiner Hütte verloren, aber da ist es zu dunkel, um sie zu suchen. Als die Leute sie für vollkommen verrückt erklären, sagt sie ihnen: Wer ist hier verrückter? Auch ihr seid auf der Suche, aber ihr sucht nur dort, wo es hell und bequem ist.

Wenn ich also meine Freiheit wirklich erweitern möchte, komme ich an einer Auseinandersetzung mit meinen Grenzen nicht vorbei.

Wenn Grenzen ständig übertreten werden

So wie es Menschen gibt, die ihren Grenzen lieber nicht zu nahe kommen wollen, gibt es auch solche, die diese, solange es geht, einfach ignorieren. Während die erste Gruppe von Grenzphänomenen abgeschreckt wird, nimmt die zweite diese gar nicht wahr. Es erscheint manchem ganz attraktiv, vor Herausforderungen keine Angst zu spüren, nicht blockiert oder aufgeregt zu sein, und mit Energie und Geschwindigkeit jedes Hindernis zu nehmen. Gerade in der Berufswelt bringen es solche Menschen oft viel weiter als die, bei denen häufiger die Warnlämpchen aufleuchten.

Das Orakel von Delphi weissagte dem König Krösus, dass er ein großes Reich zerstören würde, wenn er den Grenzfluss Halys überschreitet. So geschah es – und er zerstörte sein eigenes Reich.

Unsere Vorstellungen von „dem Manager“ oder „dem Vorstandschef“ sind doch geprägt von grenzenlosem Verhalten und von Menschen, denen Bedenken ganz fremd sind. Auch wenn sie es auf diese Weise weit bringen können, gesund ist es weder für sie noch für das Unternehmen, das sie beschäftigt. Unsere Warnlämpchen – die Grenzphänomene – haben wir nämlich nicht ohne Grund mitbekommen: Sie machen uns darauf aufmerksam, dass wir uns einer Grenze nähern und eine neue Herausforderung auf uns wartet. So können wir uns vorbereiten, prüfen und abwägen, ob wir den nächsten Schritt wirklich tun wollen und können. Auch wenn vieles dafür spricht, Grenzen zu überschreiten – wir zahlen auch einen Preis dafür. Deshalb will jede Grenzüberschreitung wohl überlegt sein.

Unsere Warnlämpchen werden von unterbewussten und emotionalen Instanzen gesteuert, die nur schwer zugänglich sind. Dieses vielbeschworene Bauchgefühl verbessert die Qualität unserer Entscheidungen. Manch einer hingegen ist davon überzeugt, dass ein kühler Kopf und eine möglichst rationale Herangehensweise ihn am weitesten bringen. Aber das ist falsch: Menschen, die aufgrund einer Erkrankung vollkommen emotionslos handeln, treffen unvernünftige und falsche Entscheidungen. Es hat also durchaus seinen Sinn, dass wir mit Intuition und einem Bauchgefühl ausgestattet sind (-> Seite 175)!

Für jemanden, der keinen Kontakt mehr zu seinen inneren Grenzen hat, besteht also die erhöhte Gefahr, sich zu verlaufen und zu überfordern. Die zunehmende Zahl von Burn-out-Fällen bei Menschen mit erhöhter beruflicher Verantwortung ist sicherlich ein Indiz für das mangelnde Bewusstsein eigener Grenzen.

Nur wer weiß, wo seine Grenzen sind, ist wirklich frei.

Volker Stolz

„Ich bin nicht frei, denn ich habe Verantwortung.“

In Gesprächen habe ich oft den Eindruck, dass Menschen genauso denken. Besonders stark ist der Eindruck dann, wenn sie sich gegenüber vielen Menschen und Dingen verantwortlich fühlen. An erster Stelle kommt natürlich die Familie: Ich bin verantwortlich für mein Kind, meine Eltern, meine nahen Verwandten und für meinen Partner. Dann trage ich Verantwortung für meinen Arbeitgeber, das Unternehmen, die Kollegen, Vereine, die Gemeinde, den Staat, die Allgemeinheit, die Umwelt, die Zukunft unserer Kinder, die Rentenkasse usw. Endet meine Freiheit wirklich dort, wo meine Verantwortung beginnt?

Mit jeder Verantwortung, die ich übernehme, definiere ich für mich eine Rolle und ein entsprechendes Verhaltens- und Denkmuster. Ich übernehme in der Rolle des Elternteils, Arbeitnehmers und -gebers, der Freundin und des Staatsbürgers eine spezifische Verantwortung. Allerdings ist meine jeweilige Verantwortung selten klar formuliert. Im Job ist sie noch relativ deutlich umrissen, meistens folge ich aber unausgesprochenen Regeln. Welche und wie viel Verantwortung sind denn eigentlich „normal“?

Die Antworten, die Menschen auf diese Frage geben, sind sehr, sehr unterschiedlich: Ich kenne Leute, die sich für alles und jeden verantwortlich fühlen – vielleicht sogar für das schlechte Wetter, würde es ihnen jemand einreden. Sie können nicht glücklich sein, solange es nicht wirklich alle anderen auch sind. Sie beschäftigen sich hauptsächlich damit, was sie für andere tun können, und fühlen jedes Unglück in dem Maße, als seien sie selbst betroffen. Natürlich gibt es auch das Gegenteil: Manche Menschen übernehmen für nichts und niemanden Verantwortung – nicht einmal für das, was sie selbst tun. Ich muss allerdings sagen, dass ich fast nur Menschen der ersten Gruppe kenne. Und davon eine ganze Menge!

Verantwortung zu übernehmen ist doch eine prima Sache – vor allem in einer Welt, in der die Leute an der Spitze eigentlich nie für einen Schlamassel geradestehen müssen, sondern immer nur die anderen. Natürlich ist es richtig, für sich und das eigene Handeln die Verantwortung zu (er-)tragen. Wenn wir uns aber ständig für andere Menschen und Dinge verantwortlich fühlen und erklären, wird es schwierig.

Eine Verantwortung, die ich für jemanden übernehme, nehme ich ihm nämlich auch weg. Den für alles und jeden verantwortlichen Menschen kommt nicht in den Sinn, dass es unsere persönliche Entscheidung ist, welche Verantwortung wir übernehmen und welche nicht. Wir haben grundsätzlich eine Wahl! Fühlen wir uns unseren kleinen Kindern, den Eltern oder kranken Freunden gegenüber verantwortlich, folgen wir unserem moralischen oder ethischen Empfinden, und das ist natürlich sehr wichtig. Nur haben wir auch hier die Wahl, uns gegen unsere Moral zu entscheiden. Unsere Entscheidungsfreiheit macht uns zu freien Menschen.

Die wirksamste Art, sich seiner Verantwortung zu entziehen, ist zu sagen: „Ich habe Verpflichtungen."
Richard Bach, *Illusionen*

Überverantwortliche Menschen argumentieren gern mit der Moral wie „Man muss ihm doch helfen" oder „Ich kann sie doch nicht einfach machen lassen". Dabei ist es unerheblich, ob das Kind, das sie bevormunden, fünf oder 25 Jahre alt ist. Stellt man den Sinn dieser Moral infrage, so wird man schnell als Egoist abgestempelt, als jemand, der sich ja nur um sich selbst kümmert. So erhält der Überverantwortliche eine gewisse moralische Größe, denn er gibt seine Freiheit ja gerne für das Wohl anderer auf. Nicht umsonst gilt Selbstlosigkeit als eine Tugend. Und Egoismus ist in den Augen des Überverantwortlichen etwas zutiefst Verwerfliches. In meiner Praxis erlebe ich häufig, dass Menschen, die gerade dabei sind, einen wichtigen

Schritt nach vorn zu gehen, sich plötzlich blockiert fühlen. Der Glaubenssatz „Ich darf nicht egoistisch sein“ stellt sich dann als innere Bremse heraus – sie haben nämlich gelernt, dass es egoistisch ist, etwas aus eigenem Bedürfnis heraus zu tun.

Je mehr ich mich innerlich gezwungen fühle, Verantwortung für andere zu übernehmen, desto mehr entziehe ich mich meiner Selbstverantwortung, der Verantwortung für mich selbst. Und mit jeder Verantwortung, die ich abgebe, verzichte ich auf ein Stück meiner Freiheit. Darin offenbart sich, dass es oft weit schwieriger ist, etwas für das eigene Glück zu tun als für das – vermeintliche – Glück anderer.

Dies ist kein Plädoyer für ungezügelten Egoismus, sondern die Aufforderung, Verantwortung nur aus freier Entscheidung zu übernehmen!

Denk-Check zur Verantwortung:

Für wen oder was haben/empfinden Sie Verantwortung?

____

____

____

____

Für welche Ihrer Verantwortungen haben Sie sich freiwillig entschieden? Und zu welchen fühlen Sie sich verpflichtet?

____

____

____

____

„Du musst es nur wollen …“ – die Schattenseiten des positiven Denkens

Eine grundsätzlich positive und optimistische Haltung ist eine gute Sache. Optimistische Menschen sind erfolgreicher und glücklicher. Die Überzeugung, in jeder Situation eine Wahl und ausreichend Handlungsspielraum zu haben, erweitert unsere Freiheit. So weit, so gut.

Es gibt aber eine „Weltanschauung“, die weit darüber hinausgeht. Sie hat ungemein viele Anhänger, insbesondere Autoren und Vordenker der New-Age-Szene. Sie sind davon überzeugt, dass der Mensch alles verändern und erreichen kann, wenn er nur positiv genug denke. Des Weiteren heile der „richtige“ und feste Glaube alle Krankheiten und erfüllt alle Wünsche, wenn wir es nur wollen. Man könnte diese Haltung auch als „Über-Selbstwirksamkeit“ (-> Kapitel 2) bezeichnen.

Ich persönlich habe auch schon an Seminaren teilgenommen, die vorgaben zu vermitteln, dass wir uns selbst entsprechend unseren Wünschen verändern können, indem wir unser Gehirn beliebig neu programmieren wie einen Computer. Dafür müssten wir nur alte Glaubenssätze und Überzeugungen über Bord werfen und neue auf unsere „innere Festplatte“ spielen. Klingt das nicht wunderbar? Am Freitag bin ich noch ein ängstlicher und pessimistischer Mensch – am Montag (nach dem Seminar) bin ich ausschließlich erfüllt von Optimismus und einem unerschütterlichen Glauben an mich selbst. Bücher und Seminare mit solchen Versprechungen verkaufen sich seit Langem wie geschnitten Brot.

Ich weiß nicht, wie es Ihnen geht – ich jedenfalls beobachte keine auffällige und nennenswerte Zunahme von glücklichen und erfolgreichen Menschen. Bei den hohen Auflagenzahlen und dem riesigen Seminarangebot müsste doch eine Wirkung sichtbar sein, oder nicht? Es sei denn, das Ganze funktioniert doch nicht so einfach ... Will sich die schöne neue Freiheit durch diese Herangehensweisen einfach nicht einstellen? Wird uns vielleicht zu viel versprochen? Ich glaube ja. Meiner Erfahrung nach und nach dem, was ich weiß, geht die Rechnung deswegen nicht auf, weil uns grundlegende Funktionsweisen unseres Gehirns einen Strich durch die Rechnung machen.

Das konservative Gehirn

Unser Gehirn funktioniert eben nicht wie ein Computer, auf den wir beliebig neue Programme und Daten laden und Unliebsames einfach löschen können. Und es ist gut so, dass es anders arbeitet, denn wir sind mit einem recht konservativen Gehirn ausgestattet, das die Grundtendenz hat, am Bewährten festzuhalten. Neues behält es nur bei, wenn es über längere Zeit immer wieder erfolgreich angewendet worden ist. So kann sich nur das wirklich Bessere dem Alten gegenüber durchsetzen. Diesem Grundprinzip entsprechend muss sich Neues erst einmal bewähren – sonst läuft gar nichts! Und das macht auch wirklich Sinn, denn stellen Sie sich einmal vor, Sie könnten sich täglich neu erfinden, Ihre Haltungen, Ihre Persönlichkeit, Ihren Glauben und Ihre Wertvorstellungen eingeschlossen. Sie ändern sich, wenn es Ihnen in einem Moment richtig erscheint. Wer wären Sie dann? Was würde Sie dann zu einer unverwechselbaren Persönlichkeit machen? Wahrscheinlich würden wir durch unser Leben taumeln und im Endeffekt nichts lernen und uns überhaupt nicht nachhaltig entwickeln können.

Auch wenn es uns nicht gefällt: Um uns wirklich zu verändern, müssen wir Schritt um Schritt zurücklegen,

Zeit und Energie aufwenden und das neu Gelernte immer wieder üben und anwenden. Dann haben wir die Chance, davon auch dauerhaft zu profitieren. Die scheinbare Abkürzung über das flotte neue Denken ohne viel Anstrengung bleibt uns vorenthalten (-> „Was Hänschen nicht lernt …“, Seite 53).

„Ich will, aber ich will auch nicht“

Wenn ich mich bemühe, „positiv zu denken“, so versuche ich aus einer bestimmten Perspektive heraus zu denken: Ich möchte optimistischer sein, eher das Gute als das Schlechte sehen, mich selbst und vielleicht auch andere stärker wertschätzen usw. Ich bin also auf eine bestimmte Denkweise fokussiert, die mir bisher weniger vertraut gewesen ist. Neige ich beispielsweise dazu, mich selbst eher abzuwerten, möchte ich lernen, mir gegenüber eine freundlichere und positivere Haltung einzunehmen. Eine gute Idee!

Also versuche ich, mich neu zu programmieren, indem ich mir möglichst oft Sätze sage wie „Ich liebe und akzeptiere mich so, wie ich bin“. Das fühlt sich erst einmal gut an. Mit dem Rückenwind einer begeisterten Seminargruppe stellt sich vielleicht sogar ein euphorisches Gefühl ein. Es erscheint plötzlich so leicht, mich selbst zu lieben! Ich brauche mich offensichtlich nur weiterhin auf diese guten, neuen Glaubenssätze zu konzentrieren, dann werde ich ein ganz neuer Mensch. Leider fängt die schöne positive Sichtweise meistens nach ein paar Tagen an zu bröckeln: Alte, negative Gedanken, die ich ja schon überwunden glaubte, schleichen sich wieder in meinen Alltag und Enttäuschung macht sich in mir breit.

Warum ist das so? Warum meldet sich beispielsweise unser innerer Kritiker mit so viel Ausdauer immer wieder zurück, obwohl wir ihn doch gar nicht mehr wollen?

Wie wir in Kapitel 6 noch genauer sehen werden, ist unser ICH eine nicht ganz so einheitliche Instanz, wie wir normalerweise annehmen. Ich bemühe noch einmal den Ausspruch von Goethes Faust – „Zwei Seelen wohnen, ach, in meiner Brust“. Solche zwei oder mehrere Seelen – oder besser gesagt ICH-Anteile – haben wir auch zu fast allem und jedem, das oder der uns wichtig ist. Dabei hat jeder Anteil eine eigene Meinung und löst bestimmte Gefühle aus. Wenn ich etwa beschließe, einen attraktiven Menschen einfach anzusprechen, will das ein mutiger und kontaktfreudiger Teil in mir. Mein innerer Hasenfuß hingegen reagiert sofort panisch und ruft mich zurück. Schon stecke ich in einem inneren Konflikt.

Zurück zum positiven Denken: Wenn ich beschließe, nur noch eine positive Haltung einzunehmen, und diese Gedanken bewusst verstärke, trete ich damit dem inneren Gegenspieler ordentlich auf die Füße. „Ich soll plötzlich ein wertvoller und liebenswerter Mensch sein?“ Mein innerer Kritiker sieht das aber völlig anders und schlägt Alarm. Und schon wendet sich das Blatt – eben noch voller guter Gedanken, rutsche ich zurück und hege alte Selbstzweifel. Das ist völlig normal, denn ich habe mich ja nur auf meine Sonnenseite konzentriert. Und die Schattenseiten habe ich unbearbeitet gelassen – vielleicht glaube ich ja sogar, sie damit ganz verdrängen und abschaffen zu können. Wir können aber einen ICH-Anteil nicht loswerden, weil er zu uns gehört!

Leider wirkt sich die einseitige Betonung meiner Sonnenseiten wie ein Bumerang aus. Ich habe die Erfahrung gemacht, dass sich viele Teilnehmer von Positiv-denken-Seminaren hinterher schlechter fühlten als vorher. Das liegt meiner Meinung nach daran, dass sie Schuldgefühle plagen: Meldet sich beispielsweise der innere Kritiker zurück, so empfinden sie das als persönliches Versagen, denn es hat doch anscheinend mit dem positiven Denken so hervorragend geklappt. Dabei werden die Hochgefühle während des Seminars als Beweis gewertet, dass die Methode funktioniert. Dass es hinterher wieder bergab geht, muss also an der eigenen Dummheit oder Faulheit liegen! Folglich bleibt nur der Weg, sich noch mehr anzustrengen, positiv zu denken, das nächste Seminar zu buchen und ein weiteres Buch zu lesen. Und natürlich sind dann die inneren Gegenspieler auch wieder mit von der Partie ... und der Kreislauf geht von vorne los bzw. setzt sich fort. Wirkliche Veränderungen erreichen wir aber nur, wenn wir alle unsere inneren Anteile mit ins Boot holen.

Wir haben in diesem Kapitel gesehen, wie wichtig es ist, dass wir uns mit unseren Grenzen auseinandersetzen – auch wenn es manchmal unangenehm ist. Mein Anliegen ist nicht, Sie zum „Grenzstürmer" zu bekehren. Wie Sie ja gemerkt haben, bin ich ein Freund der kleinen Schritte. Deshalb liegt es mir eher am Herzen, Ihnen Mut zu machen, Ihre inneren und äußeren Grenzen sowie Ihre Grenzphänomene erst einmal bewusst wahrzunehmen. Und vielleicht hat sich Ihr Blick auf Ihre Grenzen ja schon etwas verändert? Es liegt dann ganz in Ihrer Entscheidung und in Ihrem Tempo, wann und wo Sie sich Neuland schaffen und welche Grenze Sie akzeptieren wollen. Wenn unsere Freiheit auch ihre Grenzen hat, stellt sich doch die spannende Frage, ob wir unsere Grenzen schon erreicht haben. Oder sind sie vielleicht noch gar nicht in Sichtweite?

Kapitel 5

Methoden des Freiheitsentzugs 1. Teil: Angst, Vermeidung, Gewohnheiten und Impulslosigkeit

Wenn jemandem seine Freiheit entzogen wird, hat er normalerweise etwas ausgefressen und wird auf diese Weise bestraft. Die Maßregelung übernehmen gewöhnlich andere Menschen. Hingegen verhält es sich bei den Methoden des Freiheitsentzugs, um die es in diesem Kapitel geht, etwas anders. Oft sind wir es selbst, die unsere Freiheit einschränken oder entziehen. Dies geschieht freiwillig und ohne dass wir uns etwas haben zuschulden kommen lassen. Wir könnten uns auch selbst in unserer Wohnung einsperren, den Schlüssel aus dem Fenster werfen und sagen „Das geschieht mir recht!", denn genau so gehen wir dabei vor.

Das ist ziemlich verrückt, oder? Leider ist es genau das Verhalten, das wir oft und in vielen Lebensbereichen an den Tag legen – allerdings sind wir uns dessen nicht immer bewusst.

Bitte beantworten Sie für sich ganz ehrlich die Frage, wie subjektiv frei Sie sich in den folgenden Lebensbereichen fühlen. Vergeben Sie Punkte auf einer Skala von 0 (total unfrei) bis 10 (frei ohne jede Einschränkung) und machen Sie jeweils ein Kreuz.

Denk-Check:

Wie frei fühlen Sie sich:

in Ihrer Partnerschaft	0———5———10 ( )%
in Ihrer Familie	0———5———10 ( )%
in Ihrem Freundeskreis	0———5———10 ( )%
in Ihrem Beruf	0———5———10 ( )%
in Ihrer Freizeit	0———5———10 ( )%
in Ihrer langfristigen Lebensplanung	0———5———10 (–)%

Dort, wo Sie keine 10 angekreuzt haben, fühlen Sie sich folglich mehr oder weniger unfrei. Wahrscheinlich wird der Grad Ihrer Unfreiheit in den verschiedenen Lebensbereichen unterschiedlich sein. Jetzt bitte ich Sie, darüber nachzudenken, wer oder was Sie eigentlich so unfrei macht: Sind es eher die äußeren Bedingungen und andere Menschen? Oder liegt es eher in Ihrer eigenen Verantwortung? Geben Sie doch bitte für jeden Bereich eine Einschätzung ab und schreiben Sie die prozentuale Verteilung jeweils hinter die einzelnen Bereiche in die Tabelle ein. Wie viel Prozent Ihrer Unfreiheit wird von Ihnen selbst verursacht? Ist es ungefähr die Hälfte? Mehr als 50%? Oder treffen Sie ganz allein die Entscheidung, wo und wie Sie Ihre Freiheit einschränken (lassen)? Was meinen Sie?

Wenn uns von außen, also von anderen Menschen, Institutionen oder durch Gesetze, Grenzen gesetzt sind, gegen die wir nichts oder nur wenig tun können, ist das eine Sache. Stellen wir aber fest, dass der allergrößte Teil unserer Unfreiheit von uns selbst verursacht ist, müssen wir uns fragen, was uns dazu veranlasst. Viele Menschen äußern beispielsweise ihre Wünsche, Bedürfnisse oder Gefühle viel seltener, als sie es könnten. Zudem stellen sich nicht wenige von uns unter einen so großen Zeit- oder Leistungsdruck, dass Muße und Entspannung Fremdwörter für sie sind. Und wie viele trauen sich nicht, sich ihre Herzenswünsche zu erfüllen, weil sie meinen, es stünde ihnen nicht zu?

Es steht uns vieles im Weg, auch wenn wir noch so gerne freier fühlen, denken und handeln wollen. Und obwohl unsere Freiheit uns sicherlich wichtig ist, scheinen uns die Gründe, sie NICHT zu nutzen, manchmal noch wichtiger zu sein!

Manchmal scheinen auch Mechanismen wie etwa Gewohnheiten, Vermeidung oder Anpassung einfach stärker zu sein als unser freier Wille. Sie wirken gegen unseren Drang nach Freiheit. Und es sind diese Mechanismen, die in diesem und im nächsten Kapitel eine ganz zentrale Rolle spielen.

Die Angst und die Vermeidungsfalle

Philosophen und politisch denkende Menschen verstehen Freiheit als wichtiges menschliches Gut. Und wie wir gesehen haben, erscheint unser Leben ohne innere und äußere Freiheit wenig lebenswert. Aber andererseits nutzen wir meistens nur einen kleinen Teil unserer Möglichkeiten. Wir verharren lieber im alten Trott, als uns Wegen zu öffnen, die uns glücklicher machen können. Wenn uns mehr Freiheit ein reicheres Leben bescheren kann – warum tun wir nicht alles, um uns mehr Freiheit zu verschaffen? Der vielleicht wichtigste Grund dafür heißt: Angst.

Eine zu komplexe Welt löst Angst aus

Lassen Sie mich ein bisschen ausholen. Wir wissen heute so viel mehr über unsere Welt als jemals eine Generation zuvor. Ebenso ist auch die Zahl unserer individuellen Möglichkeiten, unser Leben frei zu gestalten, gewachsen. Gleichzeitig wird die Welt immer komplexer und unübersichtlicher. Wir wissen immer mehr und verstehen immer weniger. Nehmen wir als Beispiel unsere Arbeitswelt: Während immer mehr Selbstverantwortung von uns gefordert ist, verändern sich genauso schnell die Bedingungen und das, was für die Arbeitsmarktsituation gilt. Vor 20 Jahren war es noch selbstverständlich, einen Beruf zu erlernen und ein Leben lang auszuüben – womöglich noch im selben Unternehmen. Heute kann kaum noch jemand sagen, wie sein Job in voraussichtlich fünf Jahren aussehen wird oder ob es ihn dann überhaupt noch gibt. Sicherlich wachsen auch unsere Chancen, da stetig neue Berufsfelder entstehen, aber die damit einhergehende Unsicherheit ist für viele Menschen kaum zu ertragen. Scheinbares, d.h. subjektiv wahrgenommenes Chaos löst nämlich immer Angst in uns aus.

Früher boten die Kirche und der Glaube der großen Mehrheit der Menschen Halt und Orientierung. Sie trugen maßgeblich zum Verständnis der Welt bei und waren so eine Hilfe. Heute hingegen sieht das ganz anders aus – es gibt keine vergleichbare Instanz, die diese Aufgabe erfüllt. Wissenschaft und Politik erhöhen eher die Komplexität dessen, was uns umgibt, und tragen wenig dazu bei, dass wir uns in einer chaotischen Welt geborgen fühlen. Traditionen und Erfahrungen früherer Generationen können so gesehen für unser Leben nur noch bedingt relevant sein, da vieles einfach überholt ist, nicht mehr zutrifft. Allein die Umstände und Lebensbedingungen unserer Eltern vor dreißig, vierzig Jahren weichen von unseren stark ab – unsere Welt ist eine andere und wir müssen selbst herausfinden, wie wir in ihr leben wollen und können. Das bedeutet sehr viel Verantwortung für jeden Einzelnen von uns. Es überrascht kaum, dass sich immer mehr Menschen ganz offensichtlich hilflos und ausgeliefert fühlen. Die Zunahme von Angsterkrankungen und Depressionen in den westlichen Gesellschaften deuten ganz stark darauf hin.

Ich bin der Meinung, dass unter anderem die gestiegene Attraktivität rigider Glaubens- und Moralsysteme darauf zurückzuführen ist. Die Welt wurde in sieben Tagen erschaffen und ist erst einige tausend Jahre alt? Ein Gott, der uns in die Schlafzimmer schaut? Und jeder Glaube an Gott und diese Welt soll der einzig wahre sein und alle anderen lästerlich und falsch? Es scheint offenbar erträglicher, sich strengen und sehr reduzierten Vorstellungen der Welt zu unterwerfen, als den eigenen Kopf zu benutzen und sich dem riesigen Angebot zu stellen. Die Angst vor Leere und Chaos scheint den „aufgeklärten" Menschen arg in Bedrängnis zu bringen!

Wenn Angst die universelle Antwort des Menschen auf eine komplexe und widersprüchliche Welt ist, kann es gegen diese Angst natürlich keine einfachen Rezepte geben – das wäre absurd. Angst ist erst mal eine psychische Tatsache, an der wir nicht vorbeikommen – die Frage ist nur, wie wir auf sie reagieren und mit ihr umgehen.

Eine defensive Strategie, mit der Angst vor dem Unbekannten umzugehen, besteht darin, ihr aus dem Weg zu gehen und lieber an Vertrautem festzuhalten, solange es irgendwie geht. Und immer, wenn Angst vor irgendetwas am Horizont auftaucht, schlagen wir eine andere Richtung ein. Diese Strategie schränkt uns allerdings innerlich ein, wir fühlen uns irgendwann immer eingeengter, weil wir immer mehr Angst vor unserer Angst entwickeln! Konsequenterweise begegnen wir ihr immer häufiger und trauen uns folglich immer weniger … Wie wir noch sehen werden, führt die Vermeidung von Angstauslösern in einen Teufelskreis.

Wenn wir uns mit unserer Freiheit beschäftigen wollen, kommen wir an unseren Ängsten aber nicht vorbei! Ein offensiver Umgang mit ihnen bringt uns viel weiter. Und genau das ist es, wozu ich Sie hier ermutigen möchte.

Es macht keinen Sinn, ein totes Pferd zu reiten

Ja, es macht Angst, alte Denk- und Verhaltensmuster über Bord zu werfen und Neues auszuprobieren. Angst ist der Preis, den wir dafür zahlen müssen. Zunächst ist es für mich hilfreich, wenn ich mir vor Augen führe, dass es wirklich nicht leicht ist, in dieser Welt ein freier und selbstverantwortlicher Mensch zu sein. Darüber hinaus haben wohl die meisten Menschen Angst vor der Erweiterung ihrer Freiheit. Erst wenn ich bereit bin, mir meine Angst einzugestehen, habe ich auch eine Chance, mich ihr zu stellen.

Es ist doch allemal besser, meinen Keller sturmsicher zu machen, wenn ich weiß, dass bald ein heftiger Sturm aufzieht, als die Gewissheit zu ignorieren. Eben weil sie so unangenehm ist akzeptiert zu werden neigen sicher viele Menschen dazu und würden wohl im Garten noch Wäsche aufhängen – weil sie das immer so machen und Gewohnheiten so schön beruhigen. Das klingt übertrieben? Wie viele Menschen halten an Jobs fest, die sie quälen, an Beziehungen, die nur noch leeres Ritual sind, und an vielen anderen Verhaltensmustern, die sie immer weiter abstumpfen lassen? Festhalten ist ein natürlicher Impuls auf die Angst.

Stellen Sie sich vor, Ihr Automechaniker teilt Ihnen mit, Ihr Wagen sei nicht mehr zu reparieren. Sie sind damit viele Jahre gefahren und er hat immer prima funktioniert – und jetzt soll er plötzlich schrottreif sein? Sie können sich natürlich weigern, diese Nachricht zur Kenntnis zu nehmen. Warum sollte sich eine feste Größe in Ihrem Leben von heute auf morgen verändert haben? Also fahren Sie vom Werkstatthof mit dem Gefühl, dass alles in Ordnung ist. Sollte Ihr Auto auch noch so merkwürdige Geräusche machen, Sie fahren einfach weiter wie bisher.

So absurd so ein Verhalten auch ist, viele Menschen halten an Gewohntem fest, weil es sich irgendwann einmal bewährt hat. Klar, eine Weile mag das Auto noch fahren, eine Beziehung ohne echten Zusammenhalt noch irgendwie weitergehen oder der unbefriedigende Job für eine Zeit noch auszuhalten sein – aber macht es wirklich Sinn, bis zuletzt durchzuhalten?

Wenn Freiheit bedeutet, immer eine Wahl zu haben und diese auch zu nutzen, ist der Mensch unfrei, der sich in seiner Angst immer nur festhält und sich nicht traut loszulassen!

Warum haben wir überhaupt Angst?

Wie wir schon bei den Grenzphänomenen in Kapitel 4 gesehen haben, ist Angst ein elementares Gefühl, das wir mehr oder weniger stark spüren, wenn wir uns einer Grenze nähern. Unsere Angst zeigt dann an, dass uns etwas fremd und unvertraut ist, dass wir uns in einem Bereich bewegen, den wir (noch) nicht kennen oder beherrschen. Die Angst signalisiert uns Gefahr und ist damit ein Teil unseres Schutzsystems gegen Bedrohungen von außen.

Wenn wir Angst haben, läuft ein komplexer Vorgang in uns ab: Die Herz- und die Atemfrequenz sowie der Blutdruck steigen, Muskeln verspannen sich, wir fühlen innere Hitze, Schwindel und Anspannung und unsere Aufmerksamkeit ist fokussiert. Tritt Angst spontan auf, so ist unser willentlicher Einfluss auf diese Reaktionen ziemlich gering. Unser Körper ist dann einer Stresswelle ausgesetzt, die entwicklungsgeschichtlich sehr alt und biologisch tief in uns verwurzelt ist (-> Kapitel 2).

Je stärker wir von Angst betroffen sind, desto geringer ist die Möglichkeit, diese zu kontrollieren. Wenn ich panische Angst habe, bin ich sprichwörtlich kopflos – ich reagiere dann hauptsächlich instinktiv. Das ist auch sehr sinnvoll, denn unser Stresssystem funktioniert viel schneller, als unser bewusster Entscheidungsapparat es je könnte. Und insbesondere bei plötzlich auftretenden Gefahren ist unsere Angstreaktion überlebensnotwendig. Auch wenn uns unsere Angst manchmal im Weg steht – wir sollten nicht vergessen, dass sie nichts Schlechtes oder Überflüssiges ist!

Hingegen ist Ängstlichkeit etwas vollkommen anderes. Es handelt sich um eine Charaktereigenschaft, und zwar um die generelle Bereitschaft, Angst zu empfinden, etwas als gefährlich einzuschätzen und mit Angst darauf zu reagieren. Dabei sehen Menschen, auf die das zutrifft, Gefahren wie durch ein Vergrößerungsglas. Obwohl so ein Mescch aufgrund seiner Persönlichkeit häufiger Angst erlebt, gewöhnt er sich nicht etwa daran, sondern entwickelt Angst vor der Angst. Folglich vermeidet er alles, was dieses Gefühl in ihm auslösen könnte. Dies ist der schon erwähnte und in anderen Zusammenhängen beschriebene Teufelskreis.

Ob wir zu einer erhöhten Ängstlichkeit neigen, hängt entscheidend davon ab, welche angstauslösenden Erfahrungen wir im Leben machen und wie wir lernen, mit ihnen umzugehen. Haben wir also gelernt, ein ängstlicher Mensch zu sein, so können wir auch lernen, unsere Ängstlichkeit schrittweise wieder abzubauen – wenn wir es wirklich wollen.

Man muss vor nichts im Leben Angst haben,
wenn man seine Angst versteht.

Marie Curie

Kämpfen oder fliehen?

Wie höher entwickelte Tiere zeigen auch wir in einer angstbesetzten Situation drei unterschiedliche Reaktionsweisen: Flucht, tot stellen oder Angriff. Je nach Art der Bedrohung ist jedes Verhalten sinnvoll: Sehe ich einen LKW auf mich zufahren, ist es nicht blöd auszuweichen. Bin ich Zeuge einer Schlägerei (an der ich lieber nicht teilnehmen möchte), verhalte ich mich besser unauffällig. Kritisiert mich ein Kollege grundlos vor versammeltem Team, lasse ich es mir nicht gefallen und halte dagegen.

Diese Reaktionen im jeweiligen Zusammenhang sind stimmig und hilfreich für mich, also „funktional" „Dysfunktional" hingegen sind Verhaltensweisen, die zwar menschlich nachvollziehbar und verständlich sind, uns aber schaden, weil sie in der jeweiligen Situation unpassend sind und uns Nachteile bringen.

So ist es beispielsweise fatal, wenn ich grundsätzlich in jeder schwierigen Situation zum Angriff übergehe – egal, ob ich im Recht bin oder nicht. Mir persönlich begegnet allerdings das Gegenteil viel häufiger: Menschen vermeiden anzugreifen und begegnen einer

Herausforderung nicht aktiv und stellen sich lieber tot oder sie flüchten. Das Spektrum der Vermeidungsstrategien ist ziemlich groß! Hier einige Beispiele:

- „Das ist viel zu gefährlich!“ -> die Gefahr überhöhen
- „Das kann ich ja doch nicht.“ -> die eigene Kompetenz verkleinern
- „Das brauche ich nicht.“ -> den Nutzen bestreiten
- „Das steht mir nicht zu.“ -> das eigene Lebensrecht verkleinern
- „Das geht sowieso schief.“ -> zweckpessimistisch denken
- „Das tut man nicht.“ -> verallgemeinern
- „Etwas anderes ist viel wichtiger.“ -> ablenken
- „Das muss man differenziert sehen.“ -> rationalisieren

Erkennen Sie sich in der einen oder anderen Vermeidungsstrategie wieder? Gibt es typische Sätze, die Sie in entsprechenden Situationen häufig benutzen, denken oder fühlen? Es ist hilfreich, wenn Sie sich nicht sicher sind, andere Menschen danach zu fragen, mit denen Sie viel Zeit verbringen – die werden Ihnen sicherlich ein Feedback geben können, denn oft bemerken wir unsere Vermeidungsstrategien nämlich gar nicht.

Wie reagieren Sie gewöhnlich, wenn Ihnen etwas Angst macht oder Unbehagen bereitet? Sind Sie eher ein Angriffstyp oder neigen Sie zu Flucht und tot stellen? Nehmen Sie sich doch bitte etwas Zeit, um über Ihre Strategien nachzudenken und machen Sie sich ein paar Notizen, auch wenn Ihnen dieses Thema nicht angenehm ist:

Denk-Check:

Wenn ich Angst oder Unbehagen spüre, reagiere ich oft:

____

____

____

____

Meine Lieblings-Vermeidungsstrategien sind:

____

____

____

____

Wenn Angst und Vermeidung Hand in Hand gehen

Das Hauptproblem an Vermeidungsstrategien ist, dass sie so erfolgreich sind! Gehe ich nämlich dem Auslöser meiner Angst aus dem Weg, belohnt mich mein Gehirn erst einmal mit dem schönen Gefühl der Erleichterung. Meine Angst lässt nach – auch wenn ich mich gleichzeitig über meine Feigheit ärgere. Ich habe die Krise aber überlebt; die Strategie war erfolgreich. Dass die Gefahr vielleicht gar nicht so groß gewesen ist, blendet mein Gehirn gern aus, denn es ist darauf ausgerichtet, mein Überleben zu sichern. Bedenken Sie, dass wir für das archaische Leben in der Savanne ausgerüstet sind, wo es häufiger nach wie vor um Leben und Tod geht!

Die Wahrscheinlichkeit ist groß, dass ich mich bei der nächsten Herausforderung wieder so verhalte. Und da jedes erfolgreiche Vermeidungsverhalten sich selbst verstärkt, entsteht ein Teufelskreis. Menschen mit einer Phobie können ein Lied davon singen: Nehmen wir an, wir haben Angst vor Spinnen. Folglich vermeiden wir jeden Kontakt mit ihnen und überleben so die Gefahr. Dabei ist dem Gehirn völlig schnuppe, dass Spinnen gar nicht nach unserem Leben trachten, es registriert ein erfolgreiches Verhalten. So lernen wir, zu Spinnen immer stärker auf Distanz zu gehen. Wenn ich sie am Anfang noch gruselig fasziniert beobachten konnte, ertrage ich es bald nicht mehr, mit einer Spinne im selben Raum zu sein. Und sollte auch noch der Mechanismus der Generalisierung hinzukommen, meide ich mit der Zeit auch Tiere, die Spinnen ähnlich sind.

Sie sehen: Mein Vermeidungsverhalten führt dazu, dass ich mich immer weiter zurückziehe – ich überschätze zunehmend die vermeintliche Gefahr und entwickle die Haltung, nichts dagegen tun zu können (-> Ohnmachtsfalle, Seite 47). Wie bei dem Spinnenbeispiel kann sich ein Vermeidungsverhalten in allen Lebensbereichen entwickeln. Wenn es mir etwa schwerfällt, Menschen zu kritisieren, kann ich mir Wege suchen, um nicht Stellung beziehen zu müssen. Die Angst vor möglichen Konflikten wächst also und folglich auch ihre Vermeidung. Ich werde mich immer stärker bemühen, für Harmonie zu sorgen und alles Konflikthafte auszublenden. Meine Fähigkeit, mich durchzusetzen und so aufzutreten, wie ich mich fühle, geht stückweise verloren.

Wenn man in der Vermeidungsschleife steckt …

… und merkt, wie dadurch die Handlungsfreiheit einschränkt ist, ist es Zeit gegenzusteuern. Wie ich Ihnen schon am Insel-Modell erklärt habe, ist inneres Wachstum nur an unseren Grenzen möglich. Und dort lauert eben die Angst, die mein Vermeiden auslöst – wir kommen also auch hier nicht an unserer Angst vorbei, wenn wir unsere Vermeidungsstrategien überwinden wollen.

Bei phobischen Ängsten wie beispielsweise vor bestimmten Tieren, großer Höhe, engen Räumen oder großen Menschenmassen gilt heute der verhaltenstherapeutische Ansatz als der erfolgreichste: Ich lerne, mein Vermeidungsverhalten durch offensives Handeln stückweise zu verlernen. Dabei konfrontiere ich mich immer stärker und häufiger mit den Dingen und Situationen, vor denen ich Angst habe. So lerne ich das, was mir Angst macht, realistischer einzuschätzen und meine (Über-)Reaktion darauf besser auszuhalten. Auf diese Weise entsteht ein positiver Wirkungskreis, meine Angst wird kleiner und meine Handlungsfreiheit größer.

Diesen psychotherapeutischen Ansatz nutze ich auch im Coaching, wenn es darum geht, einem Klienten aus seiner Vermeidungsschleife herauszuhelfen. –

In sieben Schritte von der Vermeidung zum Handeln

Sind Sie entschlossen, eine Vermeidungsstrategie aufzugeben? Möchten Sie sich dem stellen, was Sie bisher vermieden haben, weil Ihnen der Preis Ihrer Vermeidung zu hoch geworden ist? Ihre Entschlossenheit ist dabei ganz entscheidend für Ihren Erfolg. Eine Haltung wie „Ich versuche es mal“ ist ein ziemlich guter Garant für einen Misserfolg!

1. Die Entscheidung

Werfen Sie doch vorab noch einen kurzen Blick auf den letzten Denk-Check von Seite 129. Mit welchem Vermeidungsverhalten möchten Sie sich gerne auseinandersetzen? Definieren Sie es so genau wie möglich.

2. Der Vertrag

Schließen Sie bitte SCHRIFTLICH einen Vertrag (-> Vertrag, Seite 64) mit sich selbst ab, in dem Sie sich verpflichten, Ihr Verhalten XY ab sofort zu ändern. Er könnte wie folgt lauten: „Ab sofort arbeite ich daran, Menschen spontan und ehrlich zu sagen, wenn ich mich über sie ärgere."

3. Die Konkretisierung

Versuchen Sie so genau wie möglich zu beschreiben, wie Ihr Vermeidungsverhalten normalerweise abläuft. Notieren Sie, wem gegenüber, in welchen Situationen und wann es in letzter Zeit aufgetreten ist. Sammeln Sie Beispiele. Was ist passiert und wie haben Sie sich dabei gefühlt? Welche Nachteile haben Sie durch Ihr Verhalten?

4. Die Angsterkundung

Wie schon gesagt erscheint uns eine Gefahr viel größer, wenn sie in uns Angst auslöst. Deshalb ist es wichtig, sich klarzumachen, welche Katastrophenfantasien durch unsere Köpfe spuken: Schreiben Sie bitte auf, was genau Sie befürchten, würden Sie Ihre Vermeidung aufgeben. Was würde passieren, wie würden andere Menschen auf Sie reagieren? Eine der häufigsten Ängste hinter der Angst ist die Befürchtung, abgelehnt oder ausgelacht zu werden.

5. Die Alternativen

Wie würden Sie sich verhalten und fühlen, wenn Sie sich in den Beispielsituationen Ihrer Angst gestellt hätten? Wie möchten Sie sich stattdessen in einer ähnlichen Situation verhalten, wie sieht Ihr Ziel für diese Übung genau aus? Beschreiben Sie auch dies so konkret wie möglich.

6. Der Arbeitsplan
Überlegen Sie sich, welche Gelegenheiten sich in den nächsten vier Wochen bieten werden, um Ihr Alternativ-Verhalten zu üben. Sammeln Sie bitte fünf Möglichkeiten und beschreiben Sie, wann Sie sich wie verhalten werden – ohne Ihrer Angst aus dem Weg zu gehen. Am erfolgreichsten werden Sie sein, wenn diese Aufgaben nicht zu schwer und nicht zu einfach sind. Beginnen Sie am besten mit der leichtesten. Tragen Sie diese fünf Aufgaben in Ihren Kalender ein und überlegen Sie sich jeweils eine kleine Belohnung für jede bewältigte Aufgabe.

Lassen sich die nächsten Gelegenheiten nicht planen, weil sie grundsätzlich spontan auftreten, gehen Sie so vor: Überprüfen Sie jeden Abend, ob und wie es Ihnen gelungen ist, Ihr neues Verhalten tagsüber umzusetzen. Nutzen Sie dafür unbedingt Ihr Tagebuch. Notieren Sie auch, wenn Sie eine Chance nicht genutzt und auf Ihr altes Vermeidungsverhalten zurückgegriffen haben.

7. Die Kontrolle
Vermerken Sie den Verlauf jedes Versuchs in Ihrem Arbeitsbuch, was Ihnen geholfen hat und was hinderlich gewesen ist. Auch wenn es nicht so gut geklappt hat, wie Sie es sich vorgestellt haben, finden Sie heraus, woran es gelegen hat. Was können Sie beim nächsten Mal besser machen? Und: War es so schlimm, wie Sie befürchtet hatten?

Wir haben gesehen, dass das Festhalten an eingeschliffenen Gewohnheiten mit der Vermeidung von Angst zu tun haben kann. Allerdings können wir Gewohnheiten auch pflegen, weil wir an sie gewöhnt sind. Geben uns die Gewohnheiten Halt und tun sie uns gut, ist alles in Ordnung. Sie können uns allerdings auch Energie rauben und das Leben langweilig machen. Dann macht es Sinn, mit ihnen aufzuräumen, sie abzuwandeln oder durch neue zu ersetzen!

Freiheit und die Macht der Gewohnheit

Um frei und glücklich zu leben, musst du die Langeweile opfern. Das ist nicht immer ein leichtes Opfer.

Richard Bach, *Illusionen*

Um unser Bewusstsein nicht mit alltäglichem Kleinkram zu überfordern, laufen viele Verhaltensweisen automatisch ab; wir merken kaum, was wir tun. Dabei wird unsere Aufmerksamkeit wenig beansprucht und der Kopf bleibt frei für wichtigere Dinge. Wir fahren Auto, rasieren oder schminken uns und bewegen uns in unserer gewohnten Umgebung oder binden uns die Schuhe zu – hinterher erinnern wir uns kaum daran. Tätigkeiten dieser Art erledigen wir quasi traumwandlerisch und wie im Schlaf. Das ist auch sinnvoll bei Abläufen, die immer dieselben und eher bedeutungslos sind und bei denen es keinen Sinn macht, sie auf bewusste Weise zu erledigen. Das Gehirn sorgt so dafür, dass wir unsere Aufmerksamkeit nicht für Dinge einsetzen, die dies nicht erforderlich machen.

So weit, so gut. Aber was passiert, wenn die Automatisierung auch in den Lebensbereichen einsetzt, die gar nicht so bedeutungslos sind? Wenn wir wie ein Roboter einen großen Teil unseres Lebens auf immer gleiche Weise abspulen? Eine „Über-Automatisierung" kann alle Lebensbereiche betreffen: Beziehungen sind von leeren Ritualen bestimmt, die berufliche Tätigkeit wird erledigt wie ein Fließbandjob, Begegnungen mit anderen Menschen erscheinen langweilig – der Ablauf eines Tages, einer Woche, eines Wochenendes scheint immer derselbe zu sein. Und täglich grüßt das Murmeltier.

Die Fähigkeit, die uns zur Entlastung des Gehirns mitgegeben wurde, wird so zu einer Belastung. Automatisierte Handlungen haben nämlich schwerwiegende Nachteile: Wir fühlen sie nicht mehr, sie schläfern uns ein und geben uns keine Chance, etwas besser zu machen. Die Kreativität unseres Gehirns wird nicht gefordert und verkümmert mit der Zeit. Unsere Selbstwirksamkeit (-> Seite 43) lässt schließlich nach, wenn wir nur noch selten bewusste Entscheidungen treffen. Das subjektive Lebensgefühl wird letzten Endes bestimmt von der Haltung „Ich muss nur noch funktionieren".

Um Ihnen deutlich zu machen, was ich damit meine, möchte ich Sie bitten, sich zu erinnern: Denken Sie einmal daran, wie Sie einen Menschen kennengelernt haben, in den Sie sich anschließend verliebt haben. Wie haben Sie sich beim ersten Zusammentreffen gefühlt? Höchstwahrscheinlich waren Sie hellwach bis in die Zehenspitzen, haben jedes Detail dieses Menschen wahrgenommen, spürten Energie und starke Gefühle und Ihre Gedanken liefen Sturm. Vielleicht taten sich ganz plötzlich vor Ihrem inneren Auge neue Möglichkeiten für Ihr Leben auf? In diesem Augenblick haben Sie das Gegenteil eines automatisierten Verhaltens erlebt: Sie waren authentisch und sich der Situation und Ihrer selbst sehr bewusst.

Kennen Sie auch die andere Seite, wenn die Beziehung zu einem Menschen scheinbar eingeschlafen ist? Wenn Sie meinen, den anderen in- und auswendig zu kennen? Wenn Sie sich kaum noch gegenseitig zuhören und das Interesse aneinander verloren gegangen ist? Dann läuft alles in der Beziehung automatisch und ohne Lebendigkeit ab.

Diese Automatisierung von Verhalten, Denken und Fühlen kann alle Lebensbereiche betreffen. Wir sprechen dann auch von Verhaltens-, Denk- und Gefühlsmustern oder -gewohnheiten.

Wir kreieren erst unsere Gewohnheiten und dann kreieren unsere Gewohnheiten uns.
John Dryden

Das gewohnheitsmäßige Leben ist teilweise anerzogen und in manchen Bereichen sogar gesellschaftlich erwünscht. Wenn wir von Kindesbeinen an lernen, dass „man etwas nicht macht" oder nur auf eine bestimmte, festgelegte Weise tun darf, ohne dass man uns erklärt warum, fördert das nicht unbedingt unsere geistige Flexibilität. In der Arbeitswelt gilt es manchmal noch als Tugend, wenn jemand funktioniert wie ein Uhrwerk – nämlich völlig unkreativ und immer gleich. In vielen Familien wiederum sollen Feste möglichst ritualisiert ablaufen als mit echt empfundener Bedeutung („Der Weihnachtsbaum stand doch schon immer an diesem Platz!"). Der Inbegriff des Gewohnheitsmenschen ist vielleicht das Zerrbild des deutschen Beamten, dessen Alltag nur Gewohnheiten kennt und dem jede Störung zuwider ist.

Neben den Gewohnheiten, die unser Leben langweilig machen, gibt es natürlich auch positive Gewohnheiten: Wenn ich mich daran gewöhnt habe, regelmäßig Sport zu treiben oder jeden Morgen zu meditieren, muss ich nicht immer wieder neu entscheiden, ob ich es wirklich tun möchte. So kann ich beispielsweise den Mechanismus der Gewohnheit gegen meinen inneren Schweinehund einsetzen. Etwas, das ich regelmäßig auf die gleiche Weise tue, ein Ritual, gibt meinem Leben Struktur und einen Rhythmus. Es liegt an mir herauszufinden, welche Gewohnheit mein Leben bereichern kann und welche es langweilig macht.

Gewohnheit als Droge

Für die meisten von uns ist Fernsehen die Hauptbeschäftigung am Abend: Der Durchschnitt sitzt mehr als drei Stunden pro Tag vor der Glotze – aber entscheiden wir wirklich jeden Tag aufs Neue „Heute möchte ich fernsehen"? Sicherlich nicht. Es ist eine Gewohnheit – der Griff zur Fernbedienung so selbstverständlich wie das Einschalten der Kaffeemaschine am Morgen.

Nichts gegen einen netten Fernsehabend, aber wenn ich ein Sechstel meiner Lebenszeit für den TV-Konsum investiere, sollte ich mich doch einmal fragen, was ich dafür bekomme! Bin ich dadurch glücklicher, zufriedener, gesünder? Hebt er meine Laune? Das ist wohl nur sehr selten der Fall. Es ist eine Gewohnheit, die wie eine Droge wirkt: Glücklich macht sie nicht – man kann aber auch nicht von ihr lassen. Ohne den Fernseher würde ja ein Zeitloch entstehen – was soll ich damit nur anfangen? Ich müsste mir Gedanken machen, was ich anstelle dessen tun möchte. Und das könnte sehr unbequem werden! Ich hätte nämlich die Freiheit, über sehr viel Lebenszeit neu zu entscheiden.

Der TV-Junkie hat dieses lästige Problem nicht mehr: Er ist nicht mehr frei, seinen Abend zu gestalten. Sein Programm steht ja fest. Leider verkümmert mit derartigen Gewohnheiten unsere Fähigkeit, Entscheidungen zu treffen – so wie die Gewohnheit der Herrscher über die Fernbedienung ist, nimmt sie uns einen Teil unserer Freiheit.

Und noch ein Teufelskreis

Vielen Menschen fällt gar nicht auf, wie sehr ihr Leben von Gewohnheiten geprägt ist. Es ist für sie eben ganz normal, etwas immer wieder auf dieselbe Weise zu tun. Sie kommen nicht auf die Idee, dass es andere Wege und Möglichkeiten gibt. Dabei kann man erkennen, wann eingeschliffene Verhaltens- und Denkmuster das Leben zu sehr bestimmen:

Zu viele Gewohnheiten hinterlassen Spuren wie

- häufige Langeweile und Müdigkeit
- andauernde Unzufriedenheit
- Fehlen von intensiven, guten Gefühlen
- scheinbare Alternativlosigkeit
- Festhalten an gleichförmigen Abläufen
- Fehlen von Sinn und echter Bedeutung
- kein Nachdenken über das eigene Leben und seine Ziele
- Neid oder Missgunst für Menschen, die anders leben

Je stärker ich mein Leben von Gewohnheiten dominieren lasse, desto unkreativer werde ich. Während das kreative Gehirn darauf ausgerichtet ist, möglichst viele neue und originelle Ideen und Lösungen zu produzieren (-> Kapitel 10), verarbeitet das „Gewohnheits-Gehirn" hauptsächlich Input von außen, ohne dass es dadurch verändert wird. Es arbeitet wie ein Computer, der einen kontinuierlichen Datenstrom durchschleust. Unangenehm ist ihm nur, wenn dieser Strom abreißt und Leere aufkommt. Diese Leere kann das Gewohnheitsgehirn natürlich nicht füllen. Deshalb ist ein ständiger Zufluss – meist bedeutungsloser – Informationen nötig, um nicht aus dem gewohnten Takt zu geraten. Dafür sorgen dann Fernsehen und Lesen ohne echtes Interesse und Gespräche ohne Inhalt. So wird das Gehirn auf Stand-by geschaltet.

Da aber auf diese Weise nichts Neues und Lebendiges entstehen und geschehen kann, muss ich offensichtlich an Gewohnheiten festhalten. Ein Teufelskreis.

Kamen Ihnen beim Lesen der letzten Seiten eigene Gewohnheiten in den Sinn, die Ihnen jetzt fragwürdig erscheinen? Bevor Sie weiterlesen, können Sie sich hier notieren, was Ihnen dazu eingefallen ist.

Denk-Check:

Welche Gewohnheiten schränken Ihre Lebensqualität ein?

____

____

____

____

Muster-Unterbrechungen

Gewohnheiten sind ziemlich schlichte Zeitgenossen, die allerdings auch sehr beharrlich sind. Sie lassen sich aber relativ leicht austricksen, indem wir unser Gehirn benutzen. Wenn Sie ihnen also nicht mehr kampflos Bereiche Ihres Lebens-Spielfelds überlassen wollen, so können Sie sie überlisten. Was Sie dafür brauchen? Vor allem Entschlossenheit und eine Portion Disziplin. Denn eingeschliffene Gewohnheiten sind so wunderbar bequem und träge. „Du willst jetzt wirklich anfangen zu joggen? Das hast du doch seit Jahren nicht mehr gemacht. Warum ausgerechnet heute? Es gibt doch einen Krimi im Ersten und wir könnten uns eine Pizza bringen lassen. Und morgen fangen wir an zu joggen, ja? Heute machen wir es uns gemütlich."

Wenn eine lieb gewonnene Gewohnheit Ihnen so kommt wie oben beschrieben, heißt es aufpassen! Deren Argumente sind nämlich allzu verführerisch –

sie appellieren immer an Ihren inneren Schweinehund und der ist dafür sehr empfänglich. Stellen Sie der Gewohnheit unangenehme Fragen!

Sie möchten sich eine Gewohnheit abgewöhnen, die Ihnen nicht gut tut? Herzlichen Glückwunsch! Formulieren Sie bitte hier Ihre Absicht:

„Ich entscheide mich, ab sofort_______________

____

Sie können mithilfe folgender Fragen die Hintergründe und den möglichen Sinn Ihrer Gewohnheit – wenn Sie mögen schriftlich – analysieren:

- Was bekomme ich wirklich, wenn ich dieser Gewohnheit immer wieder nachgebe?
- Welchen Preis zahle ich für meine Gewohnheit, welche Nachteile nehme ich in Kauf?
- Was sagt mein Selbstwertgefühl dazu?
- Welche Alternativen bieten sich mir für meine Gewohnheit, um mir Gutes zu tun?
- Was brauche ich, um auf meine Gewohnheit zu verzichten?

Sie haben sich entschieden, etwas Neues auszuprobieren, anstatt Ihre Gewohnheit beizubehalten? Dann machen Sie SOFORT einen ersten Schritt in diese Richtung! Sobald Sie diesen nämlich nur ein wenig hinauszögern, hat die Gewohnheit schon wieder halb gewonnen. Schaffen Sie sich kleine Hilfen wie etwa ein Bild, Ihr verschriftlichter Vorsatz auf einer farbigen Karte, ein bunter Klebepunkt oder Ähnliches, die Sie an Ihren Vorsatz erinnern, sollte Ihre Gewohnheit das nächste Mal an Ihre Tür klopfen.

Vergessen Sie dabei niemals, dass Ihre Kreativität der natürliche Feind eingeschliffener Gewohnheiten ist!

Es ist immer leichter, wenn man keine Wahl hat.
I. von Kürten

Wenn ich nicht weiß, was ich will

Eingeschliffene Gewohnheiten, alte Verhaltensmuster und leere Rituale haben dann ein leichtes Spiel mit uns, wenn wir nicht wissen, was wir eigentlich wollen. Wir halten uns an ihnen fest, weil wir keine Alternativen haben. Wie wir schon gesehen haben, werden wir dann allerdings denkfaul und bequem … Darüber hinaus sind es viele Menschen einfach nicht gewohnt, sich zu fragen, was sie gerade wollen. Im Coaching erlebe ich relativ häufig, dass sich Klienten überfordert fühlen, wenn es um ihre momentanen Impulse und Bedürfnisse geht. Das Gewohnheits-Gehirn hat auf diese Frage natürlich keine schnelle Antwort – es ist nur darauf bedacht, Informationen von außen auf die immer gleiche Weise zu verarbeiten. So können wir zwar im Alltag funktionieren, wir bleiben aber immer in den engen Grenzen des Gewohnten. Frei, kreativ und glücklich fühlen wir uns dabei nicht.

Ich empfehle Ihnen an dieser Stelle, sich mit Ihren persönlichen Bedürfnissen und Impulsen zu beschäftigen. Sie haben keinen guten Zugang zu ihnen? Dann benötigen Sie vielleicht etwas Training:

Ü

Der tägliche Impuls-Check
Diese Übung ist sehr einfach. Besorgen Sie sich fünf farbige Klebepunkte. Bringen Sie diese jeweils an einer Stelle an, auf die Ihr Blick häufiger fällt, wie beispielsweise Ihr PC-Bildschirm, Ihr Portemonnaie, das Steuerrad Ihres Autos, ein Küchen-

schrank usw. Jedes Mal, wenn Sie auf einen Ihrer Punkte aufmerksam werden, nehmen Sie sich ein paar Sekunden und fragen sich:

- Was brauche ich gerade?
- Was möchte ich in diesem Augenblick tun?

Spüren Sie in sich hinein, bis sich eine Antwort einstellt. Nehmen Sie sie zur Kenntnis – folgen Sie ihr, wenn Sie mögen. Wichtig ist, dass Sie von Mal zu Mal Ihre Impulse und Wünsche immer klarer wahrnehmen. Tragen Sie am Ende des Tages Ihre Impulse und Bedürfnisse in Ihrem Tagebuch zusammen. Und: Seien Sie geduldig mit sich, wenn es nicht gleich aus Ihnen heraussprudelt, denn das ist am Anfang ganz normal.

Ü

Die Leere aushalten I

Sie haben gerade Zeit und Muße – und Sie spüren keinen Impuls? Dann sind Sie ein leichtes Opfer für Ihr Gewohnheitshirn. Den Fernseher einschalten, die Zeitung lesen, im Internet surfen, jemanden anrufen, an den Kühlschrank gehen, ein Schläfchen machen – es findet sich immer schnell eine Gewohnheit, um die Leere zu füllen. So erfahren Sie aber mit Sicherheit nicht, was Sie gerade wirklich wollen und brauchen. Und richtig gute Gefühle entstehen so natürlich auch nicht.

Mein Tipp: Tun Sie gar nichts! Begeben Sie sich an Ihren Lieblingsplatz und warten Sie ab, was passiert. Das klingt absurd? Für Menschen in anderen Kulturkreisen ist dies eine ganz normale Beschäftigung – sie genießen einfach ihre Muße. Nehmen Sie sich mindestens 15 Minuten Zeit und beobachten Sie, welche Impulse und Ideen sich einstellen. Auch wenn es keine leichte Übung für Sie ist, sollten Sie auf keinen Fall abbrechen, selbst wenn es sich blöd oder unangenehm anfühlt – das gehört dazu.

Wenn wir aber lernen möchten, innere Bilder, Impulse und echte Bedürfnisse zuzulassen und in unser Bewusstsein zu holen, müssen wir dafür erst einmal Platz schaffen. Wie schon gesagt, ist unser Gewohnheits-Gehirn hauptsächlich auf gleichmäßigen Input von außen ausgerichtet. Solange dieser ständige Informationsfluss anhält, ist weder genug Raum noch die Notwendigkeit für das Gehirn gegeben, seine Aufmerksamkeit nach innen zu richten. Wir müssen quasi einen Schalter umlegen und diesen Prozess unterbrechen. Damit laden wir unser Gehirn ein, selbst aktiv zu werden und aus seinem riesigen Reservoir an Ideen zu schöpfen. Was müssen wir dafür tun? Es gelingt uns, indem wir erst einmal die gewohnte Zufuhr immer gleicher Informationen drosseln und gleichzeitig unsere Aufmerksamkeit nach innen richten. Und genau das haben Sie bei den letzten beiden Übungen bereits getan. Jetzt haben Sie eine weitere Gelegenheit dazu.

Ü

Die Leere aushalten II – das Medienfasten

Wir lassen uns täglich von einer Flut von Informationen berieseln. Ob der Großteil davon wirklich bedeutsam für uns ist, sei erst mal dahingestellt. Ganz sicher aber ist unser Gehirn davon so stark in Anspruch genommen, dass es kaum Gelegenheit hat, aufmerksam und kreativ zu sein. Deshalb ist es eine wichtige und gute Erfahrung, diese Flut einmal bewusst zu verringern.

Ich weiß, das Folgende klingt hart – aber es ist möglich, und ich weiß aus eigener Erfahrung, dass es sich wirklich lohnt: Verzichten Sie für eine Woche auf den Konsum jeglicher Medien. Lesen Sie weder ein Buch noch eine Zeitung, sehen Sie nicht fern, gehen Sie nicht ins Kino und hören Sie keine Musik. Sollten Sie keinen Urlaub haben und Lesen zu Ihrem Job gehören, so beschränken Sie sich auf das unbedingt Nötige. Was Sie stattdessen tun sollen? Das ist vollkommen Ihnen überlassen! Mein Tipp: Schreiben Sie so viel wie möglich. Halten Sie Ihre Erfahrungen fest, schreiben Sie Tagebuch oder was immer Sie möchten. Schreiben regt unser Gehirn dazu an, aus sich selbst heraus zu schöpfen. Und: Halten Sie unbedingt eine Woche durch – auch wenn Ihr innerer Schweinehund brüllt und noch so gute Argumente vorbringt.

Sie haben sich in diesem Kapitel mit schwierigen Themen auseinandergesetzt. Es ist klar geworden, dass Angst ein universelles Phänomen ist – wir brauchen sie einerseits, wir tun andererseits auch viel dafür, um ihr aus dem Weg zu gehen. So nehmen wir etwa einen hohen Preis in Kauf, um an unserem Gewohnten festzuhalten, auch wenn es gar nicht mehr zu uns passt.

Vielleicht werfen Sie noch einmal einen Blick auf den Denk-Check in der Einleitung dieses Kapitels: Entdecken Sie in den Bereichen, in denen Sie sich eher unfrei fühlen, Aspekte von Angst und Vermeidung? Wo spielen eingefahrene Gewohnheiten eine wichtige Rolle? Und wo wünschen Sie sich neue, lebendige Impulse?

Hat Ihnen dieses Kapitel Anstöße zum Nachdenken gegeben? Dann nehmen Sie sich doch noch die Zeit, es zu verdauen und nachwirken zu lassen, bevor Sie sich im nächsten Kapitel mit weiteren Methoden des Freiheitsentzugs beschäftigen.

Kapitel 6

Methoden des Freiheitsentzugs 2. Teil: Innere Blockade, WENN-Falle, negative Glaubenssätze, Sucht

Sie wissen meist sehr genau, was und wohin Sie wollen? Innere Zweifel und Widerstände kennen Sie nur von anderen Menschen? Und Ihr Denken ist hauptsächlich von positiven und optimistischen Gedanken geprägt? Dann sollten Sie dieses Kapitel überschlagen. Denn hier geht es um jene inneren Mechanismen, mit deren Hilfe wir uns das Leben manchmal ganz schön schwer machen. So verhindert die innere Blockade, dass wir eine Position beziehen können, weil wir uns innerlich zerrissen fühlen. In der WENN-Falle hingegen vertreten wir zwar eine Position, stellen aber Bedingungen an uns, andere Menschen und die Welt – um tatsächlich vom Fleck zu kommen, müssen sie erfüllt sein. Und das ist leider selten der Fall ... Negative Glaubenssätze verhelfen uns ebenfalls zu einer klaren Position – allerdings zu einer pessimistischen und äußerst selbstkritischen. Und genauso wie die Sucht sind diese Mechanismen allesamt Methoden des inneren Freiheitsentzugs.

Die innere Blockade

Die innere Blockade ist uns schon in Kapitel 4 begegnet, als es um Grenzphänomene ging. Wie die Angst kann sie ein Anzeichen dafür sein, dass wir uns einer Grenze nähern und Unbekanntes droht. Während wir aber unsere Angst direkt spüren und einordnen können, ist für uns eine innere Blockade viel schwerer zu erkennen. Sie geht nämlich nicht mit bestimmten Gefühlen einher und oft fühlen wir in diesem Moment nicht, was sie mit uns macht. Wir kommen aber an einer Auseinandersetzung mit diesem Aspekt nicht herum, wenn wir an der Entwicklung und dem Ausbau unserer Freiheit arbeiten – zu oft steht uns nämlich die innere Blockade dabei im Weg.

Ich bin nicht nur ich

Keine Angst, es geht hier nicht um gespaltene Persönlichkeiten, sondern um ein ganz normales Phänomen, das wir alle kennen. Stellen Sie sich vor, Sie haben lange nichts gegessen, dann haben Sie völlig EINDEUTIG Hunger. Hat Ihnen jemand unrecht getan und Sie sind richtig wütend, dann sind Sie NUR wütend. Oder wenn Sie Lotto gespielt haben und das Geld wirklich gut gebrauchen können, wollen Sie NUR gewinnen. In diesen Momenten verfolgen Sie ausschließlich diesen einen Wunsch, haben nur dieses eine Bedürfnis oder spüren nur dieses eine Gefühl.

Allerdings vertreten wir innerlich nicht immer eine so klare Position und oft sind wir im Innern eher gespalten.

Sie verspüren Hunger, sind aber gleichzeitig der Meinung, dass Sie abnehmen sollten. Sie sind wütend auf jemanden, haben aber gleichzeitig Angst davor, ihm unrecht zu tun. Sie wollen im Lotto gewinnen, sind aber gleichzeitig davon überzeugt, dass alle Menschen, die viel Geld besitzen, egoistisch und rücksichtslos sind. Anders als in den Beispielen zuvor, können Sie hier einen Standpunkt weder nach innen noch nach außen überzeugend vertreten, ohne den anderen außer Acht zu lassen. Solange einer der beiden sehr stark und der Gegenspieler schwach ist, werden Sie sich, ohne lange nachzudenken, für den ersten entscheiden. Der zweite wird Sie damit allerdings nicht ganz ungeschoren davonkommen lassen und Sie fühlen sich vielleicht unwohl oder haben ein schlechtes Gewissen. Schwierig wird es, wenn beide inneren Positionen ungefähr gleich stark sind.

Das innere Tauziehen

Ist das Kräfteverhältnis der Kontrahenten ausgewogen, so wird es wahrscheinlich auf ein Unentschieden hinauslaufen. Beide Gegner haben sich angestrengt und eine Menge Energie verbraucht – es hat sich aber nichts getan, Sie treten auf der Stelle. Und genau darin äußert sich eine innere Blockade: Sie kostet Kraft und führt dazu, dass wir weder nach innen noch nach außen einen klaren Standpunkt beziehen. Wir fühlen uns dann innerlich gespalten, hadern mit uns selbst, grübeln viel, ohne dass sich etwas ändert – und denken immer nur im Kreis. Schenke ich dem einen Aspekt meine Aufmerksamkeit, meldet sich sofort auch der entsprechende Gegenpart. Es ist ein ständiges Einerseits-und-Andererseits. Je mehr ich mich anstrenge, eine Entscheidung zu treffen, desto mehr Energie verbraucht dieser Prozess. Es ist, als würde ich im Auto Bremse und Gaspedal gleichzeitig durchdrücken. Das verbraucht eine Menge Sprit, aber ich bewege mich trotzdem nicht. Haben wir mehr als nur zwei innere Standpunkte, wird die Angelegenheit nicht leichter; und das ist nicht selten der Fall.

Befinden wir uns in einer inneren Blockade, so erleben uns andere Menschen als uneindeutig, das, was bei ihnen ankommt, ist schwammig und schwer zu fassen. Vielleicht kennen Sie das, dass jemand nicht von der Stelle kommt und Sie immer ungeduldiger werden und hoffen, er möge doch endlich eine Position beziehen. Von außen sind solche Blockaden oft schwer nachzuvollziehen, weil wir nicht wissen, welche Kämpfe sich im Inneren des anderen abspielen. Ist sich jemand seiner inneren Blockade aber selbst gar nicht bewusst und entgeht ihm, wie unklar und schwammig seine Aussagen und sein Verhalten sind, dann ist sein Dilemma für andere umso deutlicher zu erkennen.

Denk-Check:
Wie nehmen Sie Ihre eigenen inneren Blockaden wahr?

Meine Anzeichen für innere Blockaden sind:

___

___

___

Bei welchen Themen blockiere ich?

___

___

___

Was spielt sich dann in meinem Innern ab?

___

___

___

Mehr Druck ist der falsche Weg

Kommen Menschen bei einer Sache nicht recht voran, so kennen viele von ihnen nur einen Weg: sich selbst mehr Druck zu machen! Manchmal mag es ja auch helfen – bei einer inneren Blockade geht der Schuss aber nach hinten los. Der Konflikt wird durch Druck nämlich weder gelöst, noch wird einer der inneren Kontrahenten schwächer. Stellen Sie sich vor, Sie sollen in einer Auseinandersetzung zwischen zwei Leuten schlichten, die beide felsenfest von ihrer jeweiligen Position überzeugt sind. Würden Sie von den beiden einfach nur mit Nachdruck verlangen, dass sie sich sofort zu einigen haben? Wahrscheinlich nicht – denn warum sollte einer von ihnen nachgeben? Deshalb ist es bei einer inneren Blockade wichtig, ohne Zeit- und Ergebnisdruck vorzugehen.

Die Technik der ICH-Bühne

Die ICH-Bühne ist ein Werkzeug, das ich im Coaching sehr häufig erfolgreich einsetze. Deshalb möchte ich ihr hier mehr Raum geben als anderen Methoden und sie später wieder aufgreifen.

Die ICH-Bühne versammelt und bildet die Kontrahenten eines inneren Konflikts ab und gibt ihnen eine Plattform, damit wir gemeinsam mit ihnen eine Lösung finden. Vielleicht erinnern Sie sich, Sie haben die ICH-Anteile bereits im dritten Kapitel als innere Zeugen kennengelernt, als es um den Weg zu einer guten Entscheidung ging. Hinter dem Konzept steckt die Vorstellung, dass unser Ich nicht so einheitlich ist, wie wir es normalerweise empfinden, sondern sich aus verschiedenen Teil-ICHs zusammensetzt. Wir sprechen daher von „ICH-Anteilen“. Solange sie alle am gleichen Strang ziehen, fällt mir ihre Existenz gar nicht auf. Aber sobald es Unstimmigkeiten gibt, spüre ich meine „Viel-Stimmigkeit“ – und das ist ganz normal.

Jeder ICH-Anteil hat eine eigene Persönlichkeit, die er im Laufe des Lebens entwickelt hat. Sie ist allerdings nicht sehr vielschichtig: Jeder Teil sieht die Welt auf seine Weise und vertritt nur eine bestimmte Haltung oder einen Glaubenssatz.

Das klingt kompliziert? Ist es aber gar nicht. Stellen Sie sich Ihre ICH-Anteile wie eine kleine Gruppe von Schauspielern vor, die auf einer Bühne stehen. Der Kommunikationspsychologe F. Schulz von Thun spricht auch von einem „inneren Team“. Einige Anteile drängen sich eher nach vorn ins Rampenlicht, andere halten sich bevorzugt am Rand auf – klar, dass so einige sofort wahrgenommen werden und andere weniger.

Die Arbeit auf der ICH-Bühne
Angenommen, Sie träumen schon seit Langem davon, für ein Jahr um die Welt zu reisen. Dieses Anliegen ist Ihnen sehr wichtig, aber Sie setzen es einfach nicht in die Tat um. Der Grund könnte eine innere Blockade sein, denn Sie haben anscheinend nicht die innere Freiheit, sich für Ihren Traum zu entscheiden.

Wir untersuchen also Ihre ICH-Bühne: Im Coaching würde ich gemeinsam mit Ihnen nach inneren Überzeugungen zum Thema Weltreise suchen, die sich einander widersprechen. Wir würden dabei vielleicht folgende ICH-Anteile entdecken:

„Ich will frei und ungebunden die Welt entdecken und bleiben, wo es mir gefällt." Dieser Anteil klingt furchtlos und neugierig. Wir nennen ihn den Abenteurer.

„Was denkt denn mein Umfeld, wenn ich einfach verschwinde? Ich habe doch auch Verpflichtungen gegenüber meinen Freunden und meiner Familie." Dieser Anteil ist sehr außenorientiert und glaubt, es allen recht machen zu müssen. Bezeichnen wir ihn als den Sozialen.

„Auf so einer Reise kann unglaublich viel passieren. Überall lauern Gefahren und ich bin ihnen doch schutzlos ausgeliefert." Dieser Anteil ist sehr ängstlich; ihm geht es nur darum, in Sicherheit zu sein. Er könnte der Sicherheitsbeauftragte heißen.

„Das schaffe ich nie! Andere mögen dafür gemacht sein, aber ich halte das niemals aus." Dieser Anteil steht für ein wirklich schlechtes Selbstwertgefühl. Er heißt bei uns der Verlierer.

Gut möglich, dass es weitere Anteile gibt – wir beschränken uns aber hier auf diese vier Zeitgenossen. Können Sie sich vorstellen, dass der Mensch mit dieser ICH-Bühne tatsächlich auf Reisen geht? Es sieht nicht gut aus, solange seine Teil-Persönlichkeiten so gegeneinander arbeiten. Selbst wenn der Abenteurer ganz vorn im Scheinwerferlicht steht und vom Publikum wahrgenommen wird und laut von seinem Reisetraum erzählt – aus dem Hintergrund ziehen die anderen drei ihre Fäden.

Das Kennenlernen der ICH-Anteile

Wir haben herausgefunden, wer sich auf unserer ICH-Bühne tummelt, und den Anteilen Namen gegeben – das ist wichtig, denn wissen wir erst, wie sie heißen, können wir besser mit ihnen umgehen. Jetzt geht es darum, die unterschiedlichen Anliegen der Anteile zu erforschen. Wir wollen von ihnen wissen, was ihr wichtigstes Ansinnen ist und was sie unbedingt vermeiden wollen.

Wir befragen sie nacheinander. Wenn Sie diese Methode später selbst anwenden, ist es wichtig, dass Sie sich jeweils intensiv in einen der Anteile hineinversetzen und seine Sichtweise so gut wie möglich kennenlernen, um sie nachvollziehen zu können. Folgendes könnten wir beispielsweise herausfinden:

Der Abenteurer: Er möchte sich vor allem ungebunden fühlen. Andere sind ihm völlig egal. Er ist neugierig und bereit, ganz neue Wege auszuprobieren. Auf jeden Fall will er vermeiden, sich durch Pläne oder Begrenzungen eingeengt zu fühlen.
Der Soziale fragt sich zuerst, was andere über ihn denken könnten. Er hat gelernt, es erst einmal den anderen recht zu machen. Für ihn wäre es am schlimmsten, als Egoist beurteilt zu werden.
Der Sicherheitsbeauftragte hat natürlich nur eines im Sinn: jeder Gefahr aus dem Weg gehen und ein möglichst ruhiges und geordnetes Leben führen. Er ist sehr ängstlich und vermeidet jedes nur denkbare Risiko.
Der Verlierer: Er glaubt, dass fast alle Menschen besser, intelligenter, schöner, erfolgreicher und so fort sind als er. Folglich geht er davon aus, dass alles, was er tut, sowieso misslingen wird. Er macht lieber gar nichts, denn dann kann auch nichts schiefgehen. Und bloß nicht auffallen! Vielleicht hat er auch am meisten Angst davor, ausgelacht zu werden.

Entscheidend für die Arbeit mit der ICH-Bühne ist, dass wir grundsätzlich alle Anteile akzeptieren – auch und gerade wenn sie uns nicht gefallen! Klar, wenn ich gern auf Weltreise gehen möchte, stehen mir natürlich Anteile wie die eben beschriebenen im Weg. Nur: Was wir auch tun, sie gehören zu uns und wir werden sie niemals los. Wenn ich meinen Klienten dies eröffne, schlägt mir oft Enttäuschung entgegen. Es bringt einfach nichts, nur die mir genehmen Anteile zu fördern und die weniger hilfreichen zu ignorieren (-> „Du musst es nur wollen …“, Seite 112). Je weiter ich sie in die dunklen Ecken meiner ICH-Bühne dränge, desto mächtiger werden und wirken sie. Die gute Nachricht ist aber: Wir können alle ICH-Anteile zu Verbündeten machen. Und das ermöglicht die nächste Phase.

Der runde Tisch der ICH-Bühne

Wir haben jeden unserer inneren Anteile in einer bestimmten Lebensphase entwickelt, oft schon in der Kindheit. In einer sicheren und fördernden Umgebung konnten mutige und neugierige Anteile entstehen, in einer unsicheren eher ängstliche oder pessimistische. Da sich in allen auch die Welt widerspiegelt, die uns einmal umgeben hat, können wir auch für jeden unserer Anteile mutmaßen, wann wir ihn entwickelt haben.

Wenn ICH-Anteile von Angst oder Scham geprägt sind, stammen sie meistens aus unserer Kindheit oder frühen Jugend. Sie sollten dies unbedingt beachten, denn viele Menschen gehen mit diesen „ungeliebten" Anteilen ausgesprochen feindselig um, sie wollen sie nur loswerden und fordern sie auf zu verschwinden. Geht es Ihnen auch so? Dann überlegen Sie einmal, wie ein Kind reagieren würde, das große Angst hat oder sich sehr schämt – würden Sie dann so mit ihm umgehen? Ihre „kindhaften Anteile" verhalten sich nämlich genau so; sie reagieren trotzig oder noch verwirrter und verängstigter. Lösen wird sich so Ihre innere Blockade auf gar keinen Fall!

Lassen Sie uns psychologisch vorgehen, d.h., wir behandeln alle Anteile gleich und schenken Ihnen Beachtung – ob wir sie hilfreich finden oder nicht. Vergessen Sie nicht, dass jeder ICH-Anteil mit seinem Verhalten grundsätzlich etwas Gutes erreichen möchte, auch wenn es auf den ersten Blick nicht so aussieht. Dies ist ein ganz wichtiger Punkt! Selbst wenn sie sich bei der Umsetzung oft mehr als ungeschickt verhalten, so bestätigt meine Erfahrung die gut gemeinte Absicht jedes ICH-Anteils. Aber bedenken Sie, dass in diesen Anteilen meistens Kinderseelen stecken, denen unsere erwachsene Kompetenz noch fehlt. Deshalb ist es wichtig, dass wir unsere ICH-Anteile als wohlmeinender Moderator an einen Tisch bringen!

Lassen Sie uns schauen, welche guten Absichten die Anteile in unserem Beispiel vertreten könnten.

Der Abenteurer: Er sorgt offensichtlich dafür, dass ich wachsen und mich an neue Bedingungen anpassen kann.
Der Soziale: Er passt auf, dass ich eingebunden bin in mein soziales Umfeld. Er muss den Abenteurer kontrollieren, der sich ja nicht um andere Menschen und deren Bedürfnisse kümmert.
Der Sicherheitsbeauftragte: Auch er ist ein wichtiger Kontrolleur des Abenteurers – „sonst hätte der schon alle Ersparnisse durchgebracht!".
Der Verlierer: Seine gute Absicht zu entdecken ist nicht ganz leicht, da er uns anscheinend nur entwertet. Oft hat das Ansinnen dieses Anteils eine Schutzfunktion: Weil wir in unserer Wahrnehmung nicht gut genug sind, erledigt er diesen Job lieber selbst, damit wir nicht von anderen gedemütigt werden – es tut weniger weh, wenn wir uns selbst schlecht machen! Er beschützt uns also vor negativer Kritik und Kränkungen.

Stellen Sie sich vor, wir setzen diese vier Anteile wie reale Personen an einen runden Tisch. Das klingt vielleicht etwas merkwürdig, bringt uns aber ganz sicher weiter. Wir übernehmen dabei die Rolle des Moderators. Ich selbst nenne den Teil, der den Überblick und die Leitung über unsere verschiedenen ICH-Anteile hat, den „ICH-Manager".

Ziel der Veranstaltung ist es, das Thema Weltreise endlich einmal konstruktiv anzugehen und eine Entscheidung zu treffen. Im Coaching diskutieren mein Klient und ich mit seinen Anteilen: Es sind die guten Absichten, die ausgetauscht und diskutiert werden – und nicht die sehr einseitigen Glaubenssätze, die am Anfang standen. Beziehen wir alle Anteile gleichberechtigt ein, so steht am Ende höchstwahrscheinlich ein Kompromiss, mit dem jeder leben kann. Der könnte so aussehen:

Der Abenteurer: Er darf weiterhin vorangehen und seine Begeisterung für Neuland ausleben. Aber er muss auch die anderen im Blick haben! Die Reiseziele müssen allen behagen. Und vielleicht reicht ja auch ein halbes Jahr?
Der Soziale: Sein Job bleibt zu schauen, ob das Antreten der Reise vielleicht andere Menschen kränkt. Dann darf er Alarm schlagen. Vielleicht braucht er lediglich ein Okay von Freunden und Familie.
Der Sicherheitsbeauftragte: Er darf weiterhin aufpassen, ob eine Gefahr droht, und wird dafür entsprechend gewürdigt. Im Gegenzug soll er aber bei Kleinigkeiten ein bisschen entspannter reagieren. Mit welchen „sicheren Reisezielen“ kann er leben?
Der Verlierer: Er hat weiterhin ein Auge darauf, ob Kritik von außen droht. Wenn er Peinlichkeit befürchtet, darf er es sagen und wird auch gehört. Vielleicht hilft es ihm, wenn andere Menschen ihn zu der Reise ermutigen?

Der Vertrag
Die Diskussion am runden Tisch wird so lange geführt, bis alle dem Projekt zustimmen können. Natürlich hat dabei jeder Anteil „eine Kröte zu schlucken“ – nur darf sie bei keinem zu groß sein! Wenn Einigkeit herrscht,

wird SCHRIFTLICH festgehalten, was genau wann und wie gemacht wird.

Ob jetzt alle ICH-Anteile an einem Strang ziehen, können wir ganz einfach überprüfen: Haben wir noch etwas oder einen Anteil übersehen, löst sich das Gefühl der inneren Blockade nicht auf. Am besten kann dies unser Bauchgefühl einschätzen. Wenn Sie dann Ihr Projekt angehen, wird die Umsetzung vielleicht trotz des runden Tisches einige Mühe von Ihnen verlangen – denn für Ihre Persönlichkeitsanteile ist es harte Arbeit, über ihren Schatten zu springen.

Aber: Auch wenn diese Methode etwas aufwendig ist, so ist sie in meinen Augen der beste Weg, auch eingeschliffene Blockaden zu lösen und Handlungsfreiheit zurückzugewinnen.

Hier noch einmal eine Zusammenfassung für Ihre Arbeit mit der ICH-Bühne:

Schritt 1: Sammeln Sie zu dem Thema, das Sie bearbeiten wollen, alle inneren Stimmen, die Sie vernehmen. Wenn es schwerfällt, berichten Sie einem Freund, wie es in Ihnen aussieht. Schreiben Sie die Grundaussage jedes Anteils auf.
Schritt 2: Geben Sie jedem ICH-Anteil einen Namen.
Schritt 3: Versetzen Sie sich nacheinander in jeden Anteil. Untersuchen Sie, was genau jeder möchte und was er unbedingt zu vermeiden sucht.
Schritt 4: Was ist die „gute Absicht" in jedem Anteil?
Schritt 5: Zeichnen Sie auf ein großes Blatt Papier einen Kreis, der den runden Tisch symbolisiert, und notieren Sie darum alle ICH-Anteile. Überlegen Sie, welcher Kompromiss für den jeweiligen Persönlichkeitsanteil möglich ist, und fragen Sie dann alle nacheinander, ob sie damit leben können.
Schritt 6: Schreiben Sie Ihr Ergebnis auf, formulieren Sie es möglichst genau in konkreten Schritten.

Wenn wir Enten gehabt hätten … – die WENN-Falle

- „Wenn ich mehr Zeit hätte, könnte ich meinem Hobby nachgehen."
- „Wenn mein Job es mir erlauben würde, könnte ich mir ein Sabbatjahr nehmen."
- „Wenn mein Partner nicht so eifersüchtig wäre, würde ich Tangokurse besuchen."
- „Wenn meine Wohnung größer wäre, würde ich es mir so richtig schön machen."

Klar, mit mehr Geld, mehr Zeit, anderen Mitmenschen, einer anderen politischen Lage, weniger Verpflichtungen, mit mehr Mut und besserem Aussehen wäre unser Leben perfekt. Dann könnten wir glücklich sein. Aber es ist ja nicht so …

Die WENN-Falle und wie Sie funktioniert

Kennen Sie das Märchen der Gebrüder Grimm vom Fischer und seiner Frau? Der Dame fehlt immer etwas zu ihrem Glück. Und jedes Mal verspricht sie sich von der nächsthöheren Sprosse der Reichtumsleiter die endgültige Zufriedenheit. Am Ende steht sie aber wieder mit leeren Händen da – dort, wo sie vor dem Erhalt der Geschenke des Zauberbutts gewesen ist. Man könnte annehmen, ihr Unglück sei der Verlust dessen, was sie vorher gewonnen hat. Ich glaube aber, dass sie schon dadurch verloren hat, dass sie glaubt glücklich zu werden, WENN sie nur etwas mehr Reichtum besitzen würde – mit dieser Annahme ist sie in ihre WENN-Falle geraten.

So gut es ist, etwas für das eigene Glück zu tun, so tückisch ist es auch, das Glück von äußeren Faktoren abhängig zu machen, die im Moment nicht zu verändern sind. Versuche ich immer wieder, meinem Schicksal Bedingungen zu diktieren, sitze ich nämlich in der Falle. Die WENN-Falle macht mich unfrei. Ich höre fast täglich, dass die Arbeit Menschen zu wenig Zeit lässt, um sich für ein Hobby, ein Interesse oder das soziale Umfeld zu engagieren. Das könnte und sollte ein guter Grund sein, sich einen anderen Job zu suchen. Nur ist dies meistens nicht so schnell getan, denn oft sprechen andere gute Argumente dagegen. Was tun? Der WENN-Falle zu folgen hieße, den zeitfressenden Job als Entschuldigung zu nutzen und GAR NICHTS zu unternehmen: „Wenn mein Job mir nur mehr Zeit ließe, würde ich ganz sicher …" Das klingt nicht sehr glaubhaft, oder?

Der Extremfall sieht so aus: „Wenn ich erst pensioniert bin, tue ich all das, was ich vorher nicht geschafft habe." Klingt das etwa überzeugend? Dies würde bedeuten, über Jahre und Jahrzehnte etwas Wichtiges aufzuschieben, und wenn der vermeintlich segensreiche Ruhestand erreicht ist, fehlt wahrscheinlich die nötige Energie, die körperliche Fitness und vor allem die Fähigkeit, plötzlich eigene Bedürfnisse zu haben. Woher sollen die auch kommen, wenn sie ein Leben lang nicht genutzt worden sind?

WENN ist also ein ziemlich schlechtes Alibi für einen Mangel an Energie, Ideen, Mut, Entschlossenheit oder einem positiven Egoismus.

Ü

Wege aus der WENN-Falle

Was fällt Ihnen dazu ein? Tappen Sie auch manchmal in die WENN-Falle? Ich schlage vor, Sie hören damit auf – der Preis, den Sie dafür zahlen, ist einfach zu hoch. Bitte überlegen Sie doch einmal, welche WENNs Sie gut kennen, welche fallen Ihnen spontan ein? Schreiben Sie sie auf.

Wenn ich _____________ würde ich _____________

Wenn ich _____________ würde ich _____________

Wenn ich _____________ würde ich _____________

Wenn ich _____________ würde ich _____________

Wenn ich _____________ würde ich _____________

Der Trick der WENN-Falle ist die Verwendung eines Umstandes als Ausrede, der im Moment nicht zu ändern ist, um letzten Endes gar nichts zu tun. Darüber hinaus wird noch nach Kräften mit dem eigenen Schicksal gehadert. Indem andere Menschen einbezogen werden, wird oft der innere Bedürfnisdruck entladen: Wenn ich andere überzeugen kann, dass ich ja „würde, wenn ich könnte – aber ja leider nicht kann", stabilisiere ich damit meine WENN-Falle. Am liebsten möchte ich dann bemitleidet werden und den Satz hören: „Du Armer, natürlich kannst du nicht …"

„Wenn jetzt die Sonne schiene, könnte ich endlich mal einen Ausflug ins Grüne machen." Aber sie scheint nicht. Also lieber den Tag vor dem Fernseher verbringen und darüber klagen, dass es ja viel schöner sein könnte? Das wäre ein schlechter Handel mit dem Schicksal – dem ist es nämlich egal, ob ich es anklage und ungerecht finde. Die WENN-Falle hat mich und meine Entscheidungsfreiheit aber nur so lange in der Hand, wie ich in Ganz-oder-gar-nicht-Kategorien denke: Entweder Ausflug im hellen Sonnenschein oder nichts tun bzw. vor dem Fernseher abhängen.

Das Rezept für den Ausstieg aus der WENN-Falle lautet: „Geht's auch ein bisschen kleiner?"

Nehmen wir das Beispiel des zeitfressenden Jobs: Habe ich im Moment zeitlich nicht die Möglichkeit, um eine Heilpraktikerausbildung zu machen, muss das doch nicht heißen, dass ich mich gar nicht mit dem Thema beschäftigen kann. Schluss mit dem Ganz-oder-gar-nicht! Kann ich vielleicht einen Abend in der Woche zum Selbststudium verwenden oder Gleichgesinnte treffen oder einen VHS-Kurs belegen?

Die WENN-Falle sagt jetzt vielleicht: „Aber das ist doch nicht dasselbe." Natürlich ist es das nicht – aber ist es nicht besser, klein anzufangen, als gar nichts zu tun? Und könnten die kleinen Schritte nicht eine gute Grundlage für eine spätere Ausbildung sein?

Und wenn die Sonne nun partout nicht scheinen will: Kann ein Spaziergang im Regen nicht auch eine schöne Sache sein? Es ist allemal besser und anregender, als vor dem Fernseher zu sitzen!

Unsere WENN-Falle verhält sich wie ein trotziges Kind: Sie will alles, sonst spielt sie nicht mit und schmollt stattdessen lieber. Kompromisse sind nichts für sie und machen ihr keinen Spaß.

Hinterfragen Sie Ihre WENNs und versuchen Sie, kleinere Schritte zu gehen und bescheidenere Möglichkeiten zu suchen. Ich habe die Erfahrung gemacht, dass uns die kleinen Schritte, die wir auch tatsächlich gehen, immer gute Gefühle bereiten. Und sie regen uns an, den nächsten und übernächsten Schritt zu tun. Große Schritte, die wir nicht gehen, frustrieren uns und vermitteln uns ein Gefühl der Ohnmacht und Unfreiheit (-> Kapitel 3 zum Thema Selbstwirksamkeit).

Übrigens: Die WENN-Falle funktioniert auch prima für die Vergangenheit – sie dient dann im Nachhinein als Entschuldigung für zurückliegende Untätigkeit nach dem Motto „Wenn ich damals mehr Geld, Zeit, Mut etc. gehabt hätte ..." Während wir der WENN-Falle in der Gegenwart entkommen können, so kann die für verpasste Chancen in der Vergangenheit nicht widerlegt werden, denn sie ist heute natürlich nicht mehr zu ändern. Ich kann mich aber immer noch als

Opfer der damaligen Umstände fühlen: „Es hätte so schön sein können …“

Wenn wir Enten gehabt hätten, wären unsere Hühner nicht ertrunken.

Sprichwort

Negative Glaubenssätze: Schlichte (Un-)Wahrheiten

Ein Mädchen hat bescheiden zu sein. Und Hochmut kommt vor dem Fall. Über seine Familie redet man niemals mit anderen. Erfolgreiche Menschen sind rücksichtslos und werden nicht geliebt. Werde um Gottes willen nie wie dein Vater/deine Mutter. Halte dich immer im Hintergrund, dann riskierst du nichts. Vertrauen ist gut, Kontrolle ist besser. Die Welt ist eben so!

Mit Sätzen dieser Art könnten wir wahrscheinlich Seite um Seite füllen. Jeder von uns kennt sie; in den meisten von uns wirken sie – es ist uns allerdings nicht immer bewusst. Es sind alles Glaubenssätze, das bedeutet, dass sie in ihrer griffigen und prägnanten Art etwas über uns und die Welt aussagen und dabei einen Anspruch auf uneingeschränkte Gültigkeit erheben. Anders als Meinungen oder Einstellungen geben sie vor, objektiv zu sein. Und Glaubenssätze dulden keinen Widerspruch!

Aber was haben sie mit unserem Thema Freiheit zu tun? Glaubenssätze schränken unsere Wahlfreiheit ganz entscheidend ein, wenn wir sie nicht als solche erkennen – und das ist leider sehr oft der Fall! Wir sind von ihrer Gültigkeit zutiefst überzeugt, weil wir gar nicht wagen, sie in Frage zu stellen. Sie haben eine starke Wirkung auf uns und beeinflussen unser Fühlen und Denken. Vielleicht kann man sie mit einem Computervirus vergleichen, der im Hintergrund die Arbeit stört, ohne dass wir dies bemerken.

Vor langer Zeit gegessen – bis heute nicht verdaut

Die Psychologie nennt diese Schein-Wahrheiten „Introjekte“. Sie beruhen nicht auf persönlicher Erfahrung, sondern werden uns als Wahrheit über die Menschen und die Welt in der Kindheit vermittelt. Später verstärken wir sie noch, indem wir ganz bestimmte Ereignisse als Bestätigung dessen interpretieren. Falls ich etwa einmal gelernt habe, „dass Männer grundsätzlich nicht treu sein können“, werde ich dieses Introjekt verstärken, wenn ich einmal von einem Mann betrogen worden bin. Dass dies nicht auf alle Männer zutrifft, blende ich zugunsten meines Introjekts aus.

Introjekte sind Verallgemeinerungen, die nie begründet oder erklärt wurden und stets unser Denken und Handeln einschränken. Sie werden oft von Generation zu Generation weitergegeben, ohne dass eine böse Absicht dahintersteht. Wir leiden unter den Konsequenzen, wenn wir – oft ohne es zu merken – bestimmte Möglichkeiten grundsätzlich ausblenden, weil sie für uns tabu sind.

„Ich kann doch nicht einfach nur an mich denken!“, höre ich nicht selten von Klienten – häufiger von Frauen als von Männern. Die Vorstellung, zuerst einmal an das eigene Wohl zu denken, erscheint ihnen als zutiefst verwerflich. Wenn ich dann frage, was denn daran so schlimm sei, da sie ja keinem Menschen etwas wegnehmen, können sie mir keine Begründung geben. „Das macht man einfach nicht.“ Sätze mit Wendungen wie „man muss“, „man darf nicht“ oder „wo kämen wir denn hin, wenn ...“ enthalten immer Introjekte. Da wir nie die Chance hatten, sie wirklich zu begreifen, sind sie quasi unverdaut. Wir haben sie uns nie zu eigen gemacht, da sie von elterlichen oder erwachsenen Autoritäten vertreten wurden und wir als Kinder darauf angewiesen waren, die Welt von den Erwachsenen erklärt zu bekommen. Sie blieben in unseren Hirnen gespeichert und bis heute beeinflussen sie unser Handeln und Denken.

Der Blick in die Mogelpackung

Wenn negative Glaubenssätze unsere Handlungs- und Wahlfreiheit einschränken, ist es höchste Zeit, sie einmal genauer zu betrachten. Sie infrage zu stellen ist oft mit unangenehmen Gefühlen verbunden. Das kann daran liegen, dass wir Introjekte mit Kinderaugen und -ohren gespeichert haben. Da wir sie nie als erwachsene Menschen überprüft haben, bleiben sie heute noch eng mit unserem Kind-Ich verknüpft (-> Kind-Ich, Seite 207). Und das Kind in uns hat wahrscheinlich Angst vor Strafe oder befürchtet Liebesentzug, wenn es die „Verbote" der Erwachsenen anzweifelt. Kein Wunder also, dass wir uns mulmig und unsicher fühlen bei dem Gedanken, dass tief verwurzelte Überzeugungen falsch sein könnten. Allerdings ist dies kein gutes und überzeugendes Argument dafür, an der Schein-Wahrheit von Introjekten festzuhalten. Also, werfen Sie doch mal einen Blick in die Mogelpackung Ihrer Introjekte!

Ü **Man muss …**

Nehmen Sie sich bitte mindestens 15 Minuten Zeit und ein großes Blatt Papier, auf dem eine Mind Map (-> Seite 12) ausreichend Platz hat.

Schritt 1: Schreiben Sie in die Mitte des Blattes ganz groß „Man muss". Sammeln Sie jetzt alle Sätze, die Ihnen dazu einfallen und auf Sie zutreffen, und schreiben Sie diese drum herum – auch wenn es eher unwesentliche Dinge sind wie z.B. pünktlich sein oder immer nett sein usw. Vielleicht regen Sie diese Sätze zu neuen Ich-muss-Sätzen an; schreiben Sie sie dazu. Wenn Ihnen keine Ideen mehr kommen, hören Sie bitte nicht sofort auf. Lassen Sie sich Zeit, denn meistens stellen sich nach einer Phase des Leerlaufs neue, wichtige Gedanken ein. Angekommen? Dann geht's los.

Sind Sie fertig? Dann machen Sie bitte eine Pause, trinken Sie einen Tee, schauen Sie aus dem Fenster, um etwas Abstand zu gewinnen.

Schritt 2: Werfen Sie jetzt einen Blick auf Ihre Mind Map. Unterstreichen Sie mit einem roten Stift die Sätze, die besonders stark auf Sie zutreffen. Überlegen Sie, welche Menschen Ihnen diese „Wahrheiten“ auf welche Art und Weise vermittelt haben. Was steckt dahinter? Fügen Sie diese Anmerkungen Ihrer Mind Map hinzu.

Schritt 3: Überprüfen Sie nun die Inhalte der Sätze: Stimmen Sie ihnen wirklich zu? Wenn nicht, formulieren Sie sie bitte so um, dass sie Ihnen angebracht und richtig erscheinen. „Ich darf entscheiden, zu wem ich freundlich bin“, klingt ganz anders als „Man muss immer nett sein“ und dürfte Sie in Zukunft entlasten. Schreiben Sie die neuen Sätze in Ihr Arbeitsbuch oder auf ein Extrablatt – vielleicht hängen Sie es noch gut sichtbar in Ihrer Wohnung auf.

Setzen Sie die „Introjekt-Brille“ auch im Alltag auf und schauen Sie einmal, welche einschränkenden Glaubenssätze Ihnen begegnen – sowohl die, die Sie selber denken, als auch die, die Sie bei anderen vernehmen. Ihre eigenen sollten Sie notieren und bearbeiten, wenn Sie ein bisschen Ruhe haben. Überprüfen Sie sie auf ihren Wahrheitsgehalt und ersetzen Sie sie durch angemessenere Aussagen.

Während Introjekte meistens ein „muss" oder „darf nicht" enthalten, so hat die Wendung „ich darf" eine gute und weitende Wirkung auf uns. Leider werden wir viel häufiger mit Verboten konfrontiert als mit ausdrücklichen Erlaubnissen. Deshalb sind alternative positive Formulierungen für viele Menschen ungewohnt oder sie klingen in deren Ohren sogar falsch. Versuchen Sie sich an den Gedanken zu gewöhnen, dass Sie erwachsen sind und die Freiheit haben, „ich darf" zu sagen!

Sucht: Wirklich die ganz große Freiheit?

Die Zigarettenindustrie oder vielmehr die Werbung hat es doch wirklich geschafft, in unseren Köpfen die Vorstellung von Freiheit und der großen, weiten Welt mit dem Konsum von Glimmstängeln zu verbinden. Dabei hat das Phänomen der Sucht mit Freiheit nun wirklich nichts zu tun – sie ist eher eine Form des Freiheitsentzugs! Deshalb möchte ich am Ende des Kapitels noch einen kurzen Blick auf dieses Thema werfen. Egal ob eine Sucht stofflich ist – eine Abhängigkeit von Substanzen wie Alkohol oder Nikotin also – oder nicht-stofflich wie die Kauf- oder Spielsucht; sie nimmt uns in jedem Fall die Möglichkeit zu wählen und frei zu entscheiden.

Von Rauchern kenne ich die Aussage, dass sie ja gar nicht aufhören können, selbst wenn sie es wollten. Ihre Sucht scheint zu stark zu sein. Sie entscheiden natürlich nicht selbst, ob sie sich die nächste Zigarette anzünden oder nicht. ES entscheidet. Ihr freier Wille ist also anscheinend nicht der Herr im Haus, sondern muss zusehen, wie Sie etwas tun, was Sie unter Umständen gar nicht wollen.

Und das ICH, oder besser der ICH-Manager (-> Seite 156), schätzt sich selbst als zu schwach ein, um etwas ausrichten zu können. Ist die Sucht aber tatsächlich immer ein so machtvolles Monstrum, vor dem der freie Wille nur kapitulieren kann? Sicherlich ist eine Sucht ein sehr vielschichtiges Phänomen mit einem großen unterbewussten Anteil, aber wo bleibt denn da mein freier Wille?

Sucht und Selbstbetrug

Wenn ich sage, dass ich an meiner Sucht nichts ändern kann, ist dies erst einmal eine Interpretation meiner inneren Wirklichkeit, also meiner ICH-Bühne. Ich nehme den körperlichen und psychischen Suchtdruck zwar wahr, spüre aber gleichzeitig auch die anderen ICH-Anteile – vielleicht sind ängstliche darunter, die sich vor den gesundheitlichen Konsequenzen fürchten, außenorientierte, die sich sorgen, wie ich von anderen beurteilt werde, oder freiheitsliebende, die es hassen, von der Sucht gegängelt zu werden. Wie wir im Abschnitt über die ICH-Bühne gesehen haben, ist die Aussage „Ich kann nicht aufhören" mit Sicherheit nur ein Ausschnitt meiner inneren Realität. Wenn ich mich aber ganz auf meinen süchtigen Anteil beschränke, alle anderen Anteile ausblende und als ICH-Manager meine Verantwortung nicht wahrnehme, kostet mich das viel Energie und hält den darin verborgenen Konflikt am Köcheln, wie wir ja beim Thema Innere Blockade gesehen haben.

Als ohnmächtiger Süchtiger investiere ich also viel Energie in einen Prozess, der mich auf Dauer hilflos hält, anstatt sie dafür zu nutzen, meine Entscheidungsfähigkeit wiederherzustellen. Wenn jemand Spaß am Trinken, Rauchen, Essen oder Kaufen hat – kein Problem! Nur wenn er sich als Opfer seiner Sucht sieht, ist es für mich persönlich schwer einzusehen, warum er auch noch Energie darin investiert.

Unser Gehirn mag eines gar nicht: Konflikte und Sinnlosigkeit. Deshalb setzt es alles daran, sich einen Sinn zu konstruieren – auch wenn dieser der inneren oder äußeren Realität widerspricht und das Ganze irgendwie verdreht scheint. Ergibt mein eigenes Verhalten von außen betrachtet keinen Sinn – ich schade mir ja selbst und mein Glücksempfinden wird durchs Rauchen offensichtlich nicht auf Dauer erhöht, stehe ich natürlich vor einem inneren Konflikt.

Mein Gehirn versucht also, diese widersprüchliche Wirklichkeit zu glätten und so zu verzerren, dass sie mir und anderen sinnvoll und plausibel erscheint. Indem ich mich selbst als Leidtragenden sehe, habe ich das Problem gelöst – ich glaube fest daran, das Opfer meiner Sucht, meines stressigen Alltags, meiner rauchenden Freunde oder der Zigarettenindustrie zu sein. Mit der Ohnmacht haben wir uns ja schon in Kapitel 2 beschäftigt. Beim Thema Sucht hilft sie mir scheinbar, mein irrationales Handeln zu deuten und nach außen zu erklären.

Sicher kennen auch Sie Menschen, die ihre Abhängigkeit anders begründen. Sie behaupten, das Suchtmittel zu genießen: „Eine Zigarette entspannt mich" – klar, weil ich ohne sie nervös bin! Sie haben scheinbar völlig vergessen, dass es auch viele andere Wege gibt, diesen Zustand zu erreichen.

Andere glauben wiederum, dass der Entzug schlimmer wäre als die Sucht. Manche hingegen reden sich ein, ihre Abhängigkeit unter Kontrolle zu haben und jederzeit aufhören zu können. Klar.

Ein Plädoyer für die Wahlfreiheit

Ich bin mir der Komplexität des Phänomens Sucht sehr wohl bewusst. Und es liegt mir fern zu behaupten, dass der Ausstieg aus einer Sucht eine einfache Angelegenheit ist. Aus eigener Erfahrung mit dem Suchtmittel Nikotin kenne ich ihre Tücken sehr gut. Aber: Ich glaube fest daran, dass es die Entscheidungsfreiheit des Menschen ist, die ihn ausmacht. Und das macht es mir schwer einzusehen, dass der Bereich der Süchte davon ausgenommen sein soll. Auch wenn von meiner Sucht ein großer Druck ausgeht – mir bleibt immer die Freiheit der Wahl. Und wenn ich mich heute und morgen zu schwach fühle oder unmotiviert bin, okay. Aber auf Dauer auf meine Freiheit zu verzichten ist in meinen Augen ein zu hoher Preis!

Kein leichter Weg

Spätestens nach den beiden Kapiteln über die Mechanismen des Freiheitsentzugs wissen wir, dass der Weg zur inneren Freiheit wirklich keine einfache Angelegenheit ist – viele Stolpersteine müssen umgangen und beiseite geschafft werden. Daneben ist aber die Erkenntnis, auf dem Weg zu sein, eine großartige Sache – auch wenn wir dabei immer nur kleine Schritte gehen! Natürlich steht Ihnen frei, Ihr Hauptaugenmerk auf sämtliche Aspekte zu legen, in denen Sie sich unfrei fühlen. Dieses Buch weist Sie ja auch auf eine Menge davon hin … Ich persönlich finde es aber viel wichtiger, sich für den Weg in Richtung Freiheit zu entscheiden, ihn einzuschlagen und auch beharrlich zu verfolgen – ganz egal, wie schnell wir dabei sind.

Jeder Grashalm hat seinen Engel, der sich über ihn beugt und ihm zuflüstert: „Wachse, wachse.“

Der Talmud, aus *Der Weg des Künstlers*

Kapitel 7

Freiheit und Gefühle

Auch wenn wir längst wissen, wie wir uns verhalten müssen, um ein Ziel zu erreichen, um besser mit einem Menschen auszukommen oder um eine Aufgabe optimal zu lösen – wir tun oft genau das Gegenteil dessen, weil wir unseren Gefühlen folgen. Manchmal können wir uns dabei regelrecht beobachten, wie wir einen Weg einschlagen und in dem Moment schon ahnen, uns ins Aus zu manövrieren. Und trotzdem ist der Druck, den unsere Gefühle in dieser Situation auf uns ausüben, stärker als die Vernunft. Wir sind wütend, obwohl wir einen kühlen Kopf behalten sollten, wir werden traurig, wenn wir cool bleiben wollen, durch trotziges Verhalten bringen wir uns um ein konstruktives Auftreten, wir haben Angst, obwohl wir doch wissen, dass sie unbegründet und somit ganz unnötig ist, wir lassen (falschen) Stolz dort zu, wo uns Bescheidenheit weiterbringen würde ... Sie alle kennen wahrscheinlich solche Situationen. Es scheint dann, als hätte unsere Vernunft gegenüber dem Gefühl im Endeffekt immer die schlechteren Karten. Sind wir also Sklaven unserer Gefühle?

Andererseits gibt es Menschen, die anscheinend ganz unbeeinflusst von Gefühlen denken und handeln. Sie setzen sich mit jedem Problem ausschließlich sachlich auseinander, sie denken rational und vernunftorientiert und haben ihre Gefühle ganz offensichtlich im Griff. Haben sie es also geschafft, sich von „störender Emotionalität“ zu befreien? Oder aber bedeutet echte Freiheit, ganz und gar den Gefühlen zu folgen? Sind wir vielleicht auch nur solange Sklaven unserer Gefühle, so lange wir versuchen, alles systematisch zu erfassen und klug zu agieren? Anders als der Kopfmensch versucht der Bauchmensch ja gar nicht erst, immer vernünftig und durchdacht vorzugehen. Genießt er folglich mehr Freiheit?

Können wir im Kopf überhaupt frei sein, solange wir unseren Gefühlen machtlos ausgeliefert sind? Wie ist es bei Ihnen? Notieren Sie doch bitte einige Stichworte, die Ihnen spontan auf die folgenden Fragen einfallen:

Denk-Check:

Stehen Ihnen manchmal Ihre Gefühle im Weg?

____

____

____

In welchen Situationen würden Sie gerne anders oder weniger intensiv empfinden?

____

____

____

Wozu sind Gefühle eigentlich da?

Bevor wir uns mit Gefühlen und ihrer Funktion beschäftigen, müssen wir erst einmal zwischen Emotionen und Gefühlen unterscheiden. Emotionen sind wissenschaftlich betrachtet automatische Antworten bzw. Reaktionen unseres Körpers auf Ereignisse oder Situationen, die wir gar nicht bewusst wahrnehmen. Noch bevor wir beispielsweise einen Umstand als gefährlich eingeschätzt haben, stockt uns der Atem, unsere Muskeln spannen sich an und unser Herz schlägt schneller. Dies geschieht ganz unwillkürlich. Und erst dann, wenn uns unsere Reaktionen bewusst werden, empfinden wir das Gefühl Angst. Unsere

Gefühle sind also nur der bewusste Teil eines größeren Systems. Folglich können Emotionen durchaus vorhanden sein, obwohl ich keine Gefühle wahrnehme. Hat ein Mensch nicht gelernt, sich seiner Empfindungen gewahr zu werden, so spürt er seine Trauer vielleicht nicht, wenn er einen schlimmen Verlust erlitten hat. Wir Außenstehende können aber an seiner Körperhaltung und seiner Mimik den Einfluss seiner Emotionen durchaus erkennen.

Emotionen entstehen im limbischen System, einem entwicklungsgeschichtlich sehr alten Bereich unseres Gehirns. Um sie wahrzunehmen und bewusst zu erleben, benötigen wir hingegen die Großhirnrinde. In diesem jüngeren Teil sind die Funktionen des Bewusstseins und des kognitiven Denkens angesiedelt, aufgrund derer wir uns von Tieren unterscheiden. Dieser Bereich lässt uns erst „wissen", dass wir fühlen.

Unsere Emotionen begleiten uns also schon sehr lange, folglich müssen sie eine wichtige Funktion erfüllen und somit von Vorteil sein. Was bringen sie uns also?

Der Neurowissenschaftler Antonio Damasio berichtet von einem Patienten, der durch einen Gehirntumor seine Fähigkeit zu fühlen verloren hatte. Obwohl seine hohe Intelligenz nicht beeinträchtigt war, konnte er keine vernünftigen Entscheidungen mehr treffen. Entweder ging er viel zu hohe Risiken ein oder er scheiterte an banalen Aufgaben, weil er Wichtiges von Unwichtigem nicht mehr unterscheiden konnte. Damasio folgert daraus, dass Emotionen eine Entscheidungshilfe sind, wenn wir uns rational noch gar keine Meinung gebildet haben. Wir treffen Entscheidungen häufig ganz intuitiv, obwohl wir glauben, alles gut durchdacht und alle Vor- und Nachteile abgewogen zu haben. Unsere Vernunft findet dann im Nachhinein nur eine gute Begründung – die eigentliche Entscheidung wurde aber mit dem Bauch getroffen.

Unsere Intuition leistet also Dienste, derer wir uns gar nicht bewusst sind. Sie setzt sich zusammen aus genetisch geprägten Programmen wie z.B. die Furcht vor Dunkelheit oder vor gefährlich aussehenden Tieren sowie aus Erfahrungen, die wir im Laufe unseres Lebens gemacht haben. Wenn ich etwa einmal Opfer eines Betrugs gewesen bin, kann sich daraus eine intuitiv skeptische Haltung entwickeln, die mich vor Ähnlichem bewahrt – bewusst erkannt habe ich es aber noch nicht.

Gefühle helfen also, die Außenwelt zu überprüfen und besser einzuschätzen. Daneben haben sie auch eine wichtige Kontrollfunktion für Vorgänge in meinem Körper: Unsere Organe erledigen vieles von selbst, ohne dass wir einen direkten Einfluss auf ihre jeweilige Funktionsweise haben und mögliche Unterschiede gar nicht wahrnehmen. Es ist nämlich sehr sinnvoll, dass wir unseren Herzschlag, die Arbeit des Verdauungssystems oder die Atmung nicht nach Lust und Laune beeinflussen können. Der Körper meldet sich von alleine, wenn diese Abläufe gestört sind und unsere Aufmerksamkeit benötigen oder wenn sich unser inneres biochemisches Gleichgewicht ändert. Wir spüren dann, dass etwas in unserem Organismus nicht stimmt, und wir können reagieren: trinken, wenn der Körper ausgetrocknet ist, uns ausruhen, wenn Erschöpfung droht, oder Sport treiben, wenn ein Bewegungsdefizit gemeldet wird.

Sie sehen also, dass uns Gefühle wertvolle Dienste leisten. Es wäre völliger Unsinn zu versuchen, sie auszuschalten und zu ignorieren, weil wir möglichst sachlich und vernünftig handeln wollen!

Mr. Spock, der gefühllose Vulkanier aus dem Science-Fiction-Epos Star Trek, wäre im wirklichen Leben ein Sozialfall.

Stefan Klein, *Die Glücksformel*

Der ewige Kopf-Bauch-Widerspruch

Obwohl wir natürlich alle wissen, dass in unseren Bäuchen keine Gefühle erzeugt und im Kopf nicht nur rationale Gedanken gepflegt werden, hat sich diese Zweiteilung umgangssprachlich erhalten. Geht es um unsere Intuition, sprechen wir von unserem Bauchgefühl, ist mir etwas im Kopf völlig klar, so sage ich, dass ich etwas für vernünftig halte. Als Kopfmensch bezeichnen wir all jene, bei denen vornehmlich ihr Verstand dominiert – als Bauchmensch all die anderen, die vornehmlich von ihrem Gefühl gesteuert werden. Bei den meisten von uns herrscht eher das eine oder das andere vor, wobei rationales Handeln bei Bauchmenschen nicht ausgeschlossen ist und umgekehrt. Dabei gibt es sowohl Menschen, die ziemlich ausgewogen strukturiert sind, als auch solche, die stark zu einem der Extreme neigen.

Für Kopfmenschen sind Gefühle ein schwieriges Terrain. Meist haben sie schon in jungen Jahren gelernt, dass ihr Verstand und ihre intellektuellen Fähigkeiten das Einzige sind, auf das sie sich wirklich verlassen können. Wahrscheinlich wurden sie belohnt und gelobt, vernünftig, erwachsen und rational zu sein. Sie sind stolz darauf, unbeeinflusst von Stimmungen und Gefühlen stets einen klaren Kopf zu behalten. Probleme sind in ihren Augen nur zu lösen, wenn man möglichst sachlich vorgeht. Dabei waren ihre eigenen Emotionen und die anderer Menschen für sie wahrscheinlich schon immer viel schwerer einzuschätzen und weniger verlässlich. Es ist gut möglich, dass der Kopfmensch früh Erfahrungen mit Unzuverlässigkeit,

Enttäuschungen und Verletzungen gemacht hat, so dass er sich lieber nicht auf seine eigenen Emotionen und die der anderen einlässt und sie darüber hinaus mithilfe seines Verstandes kontrolliert.

Indem der Kopfmensch aber lernt, seine Gefühle immer besser wahrzunehmen und ihnen zu vertrauen, kann er seine Freiheit erweitern. Dies ist der Teil seiner Insel, den es für ihn zu entdecken gilt (-> „Das Insel-Modell", Seite 103). Dabei kommt er natürlich auch in Kontakt mit seinen Ängsten. Und er wird lernen, Gefühle auch in ihrer Uneindeutigkeit auszuhalten.

Der Bauchmensch hingegen fühlt sich in seiner Gefühlswelt zu Hause. Er nimmt seine Emotionen sehr nuanciert wahr und es verunsichert ihn nicht, wenn seine Gefühle oder die anderer Menschen hohe Wellen schlagen. Entscheidungen trifft er grundsätzlich aus dem Bauch heraus – ob sie vernünftig sind oder nicht. Es ist ihm auch völlig fremd, analytisch an ein Problem heranzugehen und Zusammenhänge wirklich verstehen zu wollen. Womöglich hat er dafür nur Verachtung übrig, denn Logik ist für ihn einfach nur unnötige Verkopfung. Auf diese Weise gehen seine Kenntnisse nicht über oberflächliches Wissen hinaus und er durchdringt und versteht viele Dinge nicht in ihrer Tiefe. Dass ein Aha-Erlebnis Spaß machen kann, ist ihm fremd. In seiner Kindheit dominierten wahrscheinlich sehr starke Bindungen, die ihm Halt und Sicherheit gegeben haben. Gleichzeitig schirmte ihn dieser Schutz aber vor echten Herausforderungen ab, so dass er Probleme nie aus eigener Kraft und Kompetenz lösen musste.

Für einen Bauchmenschen ist es wichtig, Neugier und Forschergeist zu entwickeln, denn es macht auch Spaß, etwas immer besser zu erfassen und zu verstehen, anstatt einen Sachverhalt einfach nur zu registrieren. Bei ihm ist es das Verständnis für die Vielschichtigkeit und Komplexität der Welt, das dem Bauchmenschen ein Mehr an Freiheit ermöglicht.

„Lass es raus!" – oder besser doch nicht?

In den 60er und 70er Jahren entstand quasi als „dritte Kraft" die humanistische Psychologie. Anders, als die klassische Psychoanalyse und die Verhaltenstherapie, die sich entweder einseitig auf das Verstehen der Psyche oder auf das Verhalten konzentrieren, stehen bei diesem therapeutischen Ansatz die Wahrnehmung und die Erforschung der eigenen Gefühle im Vordergrund.

Das, was heute für die meisten Menschen selbstverständlich ist, war damals etwas ganz Neues: Je mehr wir unseren Gefühlen freien Lauf lassen, desto besser können wir mit ihnen umgehen – so gehörte „Lass es raus!" zum Standardrepertoire des humanistischen Psychotherapeuten und je mehr Tränen flossen und je lauter geschrien und auf Kissen eingeschlagen wurde, desto zufriedener war er mit seinen Klienten. Dahinter verbirgt sich die Vorstellung, dass sich ein Gefühl abschwächt, das uns blockiert oder im Weg steht, wenn ich es rauslasse. Fühle ich also Wut oder Trauer, muss es befreiend sein, wenn ich meine Tränen ungehemmt fließen lasse oder meinen Zorn möglichst stark zum Ausdruck bringe. Dieser Ansatz versteht unser Gehirn als einfache Maschine, in der durch Gefühle ein schädlicher Druck aufgebaut wird. Was liegt also näher, als den Druck abzulassen – und alles ist wieder in Ordnung? Heute wissen wir, dass es damit nicht getan ist und die Abläufe insgesamt ein bisschen komplizierter sind.

Stellen Sie sich vor, Sie wachen eines Morgens auf und haben richtig gute Laune. Sie fühlen sich einfach fabelhaft und beschließen, Ihre guten Gefühle zu kultivieren. Sie lächeln und lachen so oft wie möglich, Sie konzentrieren sich auf die guten Seiten Ihres Lebens und lassen möglichst viele Menschen an Ihrer Lebensfreude teilhaben. Halten Sie es für wahrscheinlich, dass Ihre Gefühle auf diese Weise immer schwächer werden und irgendwann verschwunden sind? Sicher nicht! Denn Sie tun ja alles, um Ihre guten Gefühle zu erhalten und zu verstärken. Warum sollte es also bei unangenehmen Gefühlen funktionieren?

Den Ärger hinter dem Lenkrad kennen wir alle entweder von uns selbst oder von anderen Menschen sicherlich mehr, als uns lieb ist. Am Steuer ihres Autos verwandeln sich selbst friedliche oder normalerweise aggressionsgehemmte Zeitgenossen regelmäßig in wahre Furien. Bei jedem noch so kleinen Fehler anderer wird geschimpft und gepöbelt, als gäbe es dafür einen Preis. Rote Ampeln werden als persönliche Beleidigungen interpretiert und ein Stau erzeugt scheinbar zwangsweise übelste Laune – auf beide Ärgernisse wird selbstverständlich laut und oft noch ausfallend reagiert.

Entsprechend dem Lass-es-raus-Prinzip müssten diese Autofahrer anschließend entspannt und friedlich sein – schließlich haben sie doch ihren Gefühlen freien Lauf gelassen. Meistens ist aber das Gegenteil der Fall: Ihre Verärgerung ist größer als vor dem Fahrtantritt.

Der Grund für die unterirdisch schlechte Laune ist das Prinzip der sich selbst verstärkenden Gefühle. Der Autofahrer kultiviert seine Wut förmlich, da er ihr lautstark Ausdruck verleiht. Sein Körper reagiert entsprechend, indem er die Durchblutung und die Herzfrequenz erhöht und so den Zustand der Kampfbereitschaft herstellt. Rezeptoren melden die erhöhte Anspannung an das Gehirn, wodurch die Wut noch angefeuert wird. So kann aus einem kleinen Ärger sogar ein ausgewachsener Tobsuchtsanfall werden.

Wie wir sehen, spielt unser Körper bei der Entstehung von Gefühlen eine wichtige Rolle: Während mein Gehirn beispielsweise einen Vorgang registriert, der gleich meine Wut auslösen wird, werden gleichzeitig die entsprechenden Signale an den Körper gesandt. Dieser reagiert u. a. mit Muskelkontraktion, der Veränderung von Herz- und Atemfrequenz sowie mit der Konzentration vieler Botenstoffe im Blut. Diese Veränderungen werden sofort wieder an das Gehirn gemeldet, das erst jetzt das Gefühl von Wut auslöst. Je stärker mein Körper reagiert, desto intensiver wird mein Gefühl sein. Das erklärt auch, dass sich unsere Laune verschlechtert, wenn wir die Schultern hängen lassen und die Körperhaltung eines niedergeschlagenen Menschen einnehmen – wir fühlen uns tatsächlich trauriger. Ganz genauso funktioniert das gewollte und bewusste Lachen in Lachclubs oder bei der Lachmeditation: Indem ich, ohne etwas komisch zu finden, lache, wird meine Stimmung automatisch heiterer und bald lache ich wirklich aus vollem Herzen. Auch wenn es Ihnen auf den ersten Blick absurd erscheinen mag, aber es trifft beides zu: Ich weine, weil ich traurig bin. Und ich bin traurig, weil ich weine.

Je häufiger ich mich wie unser Autofahrer verhalte und mich meiner Wut hingebe, desto leichter abrufbar wird dieses Verhalten auch. Mein Gehirn ist nämlich sehr lernfähig und ruft mein Ärger-Repertoire immer schneller und häufiger ab.

Genauso wie die Wut lassen sich auf diese Weise auch Angst, Niedergeschlagenheit oder Traurigkeit steigern, wenn ich diese Gefühle häufig verstärke und kultiviere. Anstatt mich freier zu machen, liefere ich mich so dem Diktat meiner unangenehmen Gefühle immer stärker und häufiger aus. Dabei werden sie von einer Gehirnregion gesteuert, die sich Mandelkern bzw. Amygdala nennt. Sie ist wiederum mit der Großhirnrinde verbunden, in der unsere Bewusstseins- und Willensbildung stattfindet. Über diesen Weg ist es uns möglich, unangenehme Gefühle willentlich zu beeinflussen – wenn wir es eben wollen!

Also doch besser den Ärger hinunterschlucken?

Es stellt sich die Frage, ob es dann nicht das Beste ist, die „schlechten" Gefühle so gut wie möglich zu verdrängen, wenn sie sich so leicht verstärken lassen. Haben also die Kopfmenschen doch recht, wenn sie sich lieber auf ihre Vernunft verlassen und ihre Gefühle möglichst ausblenden? Sicherlich nicht! Denn wie wir gesehen haben helfen uns Gefühle, auf Impulse von innen und außen zu reagieren. Selbst wenn es mir gelingt, meine Gefühle zu leugnen und zu ignorieren, so dass ich sie irgendwann gar nicht mehr wahrnehme, stelle ich dadurch meine Emotionen, also meine unbewussten Reaktionen, nicht ab. Folglich würde also ein Teil von mir reagieren und ein anderer sich weigern, dies zur Kenntnis zu nehmen – ich wäre gespalten in einem inneren Konflikt.

Vielleicht haben Sie bei anderen Menschen schon erlebt, wie sie von sich behauptet haben, nicht ärgerlich oder traurig zu sein – Sie selbst konnten aber deren Wut oder Trauer förmlich spüren und an der Körperhaltung des Menschen deutlich erkennen.

Es ist allgemein bekannt, dass hinuntergeschluckte negative Gefühle uns nicht gut tun und sogar krank machen können. Deshalb wäre es für unseren wütenden Autofahrer kein guter Rat, seinen Ärger zu ignorieren wie der sprichwörtliche kleine Junge, der laut pfeifend durch den dunklen Wald läuft, um seine Angst nicht zu spüren. Gefühle, die wir leugnen, wirken ja nicht weniger auf uns. Und vielleicht wirken sie sogar stärker, aber in jedem Fall schadet uns Verdrängen mehr, als wenn wir uns mit ihnen auseinandersetzen. Die Fähigkeit, Gefühle wahrzunehmen, anzuerkennen und auszudrücken, ist für uns Menschen enorm wichtig!

In meiner Arbeit als Therapeut, aber auch als Coach in Jobtrainings habe ich die Erfahrung gemacht, dass Veränderungsprozesse immer auch die Auseinandersetzung mit unserer Gefühlswelt einschließen. Manche Menschen würden ihre Probleme aber lieber auf der rein sachlich-vernünftigen Ebene lösen, ohne dabei die Gefühle zu berücksichtigen. Dann ist ihre Haltung aber ein Teil des Problems. Und solange sie die klare Trennung zwischen Bauch und Kopf aufrechterhalten, werden sie mit Sicherheit keine gute Lösung finden.

Nur bedingt zurechnungsfähig – die Auszeit im Affekt

Ein Vorgang, der ein Gefühl in mir auslöst, ist längst vorbei, wenn mir dies bewusst wird. Der amerikanische Psychologe Paul Ekman geht sogar davon aus, dass zwischen dem Beginn einer emotionalen Reaktion und der Erkenntnis „Ich habe Angst“ oder „Ich freue mich“ eine viertel bis halbe Sekunde liegt: „Wir können also von einer Emotion überwältigt werden, noch ehe wir bemerkt haben, dass sie begonnen hat.“ Das bedeutet, dass wir auf diesen Prozess logischerweise auch keinen Einfluss nehmen können. Wenn ich merke, dass ich mich ärgere, bin ich schon längst dabei.

Ich bin aber noch nicht wirklich handlungsfähig, wenn ich ein Gefühl bewusst wahrnehme, ganz im Gegenteil: Je nachdem, wie intensiv ich das Gefühl empfinde, bin ich mehr oder weniger lange damit beschäftigt, es erst einmal sacken zu lassen. Sicher waren Sie auch schon mal in der Situation, dass Ihnen jemand etwas völlig Unerwartetes gesagt hat, und Sie waren völlig vor den Kopf gestoßen. Wut, Überraschung oder Glück läuft wie eine Welle durch Ihren Körper, vielleicht wird Ihnen auch plötzlich heiß oder kalt und Sie können eine Weile gar nicht reagieren. Ich nenne diesen Moment „Affekt-Auszeit“: Sie sind quasi wie emotional k.o. und nicht fähig, eine vernunftgesteuerte Entscheidung zu treffen. Sie brauchen dann einige Zeit, um sich zu sammeln, die Situation zu erfassen und zu reagieren. In dieser Zeitspanne sind wir wirklich Sklaven unserer Gefühle! Wie es aber in uns weitergeht und wie wir uns verhalten, wenn die Affekt-Auszeit abgeklungen ist, liegt zum großen Teil an uns selbst.

Es ist allgemein anerkannt, dass jemand im Affekt, also unter dem Einfluss starker Gefühle, für sein Handeln nicht voll verantwortlich ist. Hat er ein Verbrechen begangen, wirkt sich dieser Umstand strafmildernd aus. Menschen bedienen sich gern dieses Arguments, um sich aus der Verantwortung zu ziehen, nachdem sie etwas getan haben, das sie bereuen. „Ich konnte einfach nicht anders“ ist eine gängige Rechtfertigung. Jeder von uns mag sein Verhalten in Situationen, die uns stark überforderten, im Nachhinein damit begründen, wenn es aber um die etwas kleineren Herausforderungen des Alltags geht, können wir durchaus lernen, sinnvoller mit unseren Gefühlen umzugehen.

Gefühle sind manchmal schlechte Ratgeber

Wie ich schon erwähnt habe, sind Gefühle sehr alte Mechanismen, die uns warnen und uns helfen, Entscheidungen sehr schnell aus dem Bauch heraus zu treffen. Dies ist auch eine sehr sinnvolle Sache, wenn jederzeit ein Säbelzahntiger vor unserer Höhle stehen kann. Unsere Vorfahren haben so über viele tausend Jahre von diesen Mechanismen profitiert. Allerdings sind die meisten Entscheidungen, die wir heute täglich zu treffen haben, ein wenig komplexer als damals. Wenn mein Chef seine schlechte Laune an mir auslässt, ist eine Kündigung aus dem Affekt vielleicht keine so gute Idee. Es kann auch unangenehme Folgen für mich haben, wenn ich meinem Impuls folge und einem Kollegen in der Kantine auf die Nase schlage, nachdem er eine blöde Bemerkung gemacht hat. Auch eine Kränkung muss nicht immer ein guter Grund sein, die Beziehung zu einem Partner spontan zu beenden. Mein erster Impuls ist nur sehr selten der konstruktivste!

Klar können Sie Ihrem Chef auch ins Gesicht sagen, dass er ein widerwärtiger Tyrann ist – aber Sie sollten es nur tun, wenn Sie es wirklich WOLLEN und auch bereit sind, die Konsequenzen zu tragen. Solange uns aber unsere Gefühle voll im Griff haben, sind wir gar nicht in der Lage, eine überlegte Entscheidung zu treffen. In dieser Phase kennen wir nämlich nur die drei Ur-Impulse Angriff, Flucht oder Totstellen (-> „Kämpfen oder Fliehen“, S. 127). Meistens passt allerdings keine dieser Optionen zu den Herausforderungen, die sich uns tagtäglich stellen. Und es ist wohl nicht die beste Lösung, im Nachhinein zerknirscht zu sagen, dass es ja gar nicht so gemeint war – vor allem dann, nachdem wir vorher eine Menge Porzellan zerschlagen haben. Was also tun, wenn wir häufiger von unseren Gefühlen überrannt werden?

Zum Bewusstsein gehört zweierlei: Erstens das Kino im Kopf, also der Strom der vorüberziehenden Bilder, Gedanken und Gefühle. Zweitens das Selbst, also der Eigentümer des Kinos im Kopf.
Antonio Damasio, Neurowissenschaftler

Nehmen Sie sich Zeit!

Wenn Sie nicht länger Sklave Ihrer impulsiven Gefühle sein wollen, können Sie lernen, die Affekt-Auszeit ohne zu handeln zu überstehen. Indem Sie sich Zeit nehmen, lösen Sie das Dilemma auf ganz schlichte, aber nicht unbedingt einfache Weise. Bitte überlegen Sie sich einmal, in welchen Situationen Sie häufiger Ihren Impulsen folgen und es hinterher bereuen.

Denk-Check:

Situationen, in denen meine Gefühle oft mit mir durchgehen:

____

____

____

Um welche Gefühle handelt es sich?

____

____

____

Wie lange dauert Ihre Auszeit, in der Sie keine klaren Gedanken fassen können? Einige Sekunden oder Minuten? Wenn man sich nicht aktiv in die Gefühle hineinsteigert, ist diese Zeitspanne meist recht kurz. Um sie zu überbrücken, ohne gleich nach außen zu reagieren, sollten Sie lernen, sich selbst ein STOPP-Signal zu geben (-> STOPP-Technik, S. 60), was einige Übung erfordert. Wichtig ist, dass Sie die Situation blitzschnell erfassen und auf eine Art innere STOPP-Taste drücken. Je häufiger Sie dies tun, desto schneller lernen Sie, eine heikle Situation einzuordnen und entsprechend zu handeln. Was können Sie also tun, um die Affekt-Auszeit zu überbrücken und zu sich zu kommen?

In sechs Schritten aus der Affekt-Auszeit

Schritt 1: Wenden Sie sich vom Auslöser Ihres Gefühls ab, unterbrechen Sie den Kontakt. Sind Sie auf jemanden wütend, schauen Sie z.B. aus dem Fenster.
Schritt 2: Sagen Sie ruhig Ihrem Gegenüber, dass Sie jetzt mal ein paar Sekunden für sich brauchen oder einen Augenblick in Ruhe gelassen werden möchten. Dies ist vielleicht ungewohnt, aber für alle Beteiligten fast immer in Ordnung!
Schritt 3: Spüren Sie ganz bewusst Ihren Körper. Es ist hilfreich, einige Male tief ein- und auszuatmen. Nehmen Sie dabei die körperliche Reaktion auf Ihre Gefühle wahr.
Schritt 4: Versuchen Sie, Ihre Gefühle näher einzuordnen. Fassen Sie sie gedanklich in Worte wie „Ich fühle mich gekränkt“, „Ich bin total überrascht“ oder „Ich bin stinksauer“. Mit einem Gefühl, das wir benennen, können wir leichter umgehen.
Schritt 5: Konzentrieren Sie sich auf Ihre Gefühle – und nicht auf den Auslöser. Indem Sie ihn innerlich

anklagen („Er ist so ein Egoist"), gießen Sie nur Öl ins emotionale Feuer!
Schritt 6: Fragen Sie sich erst wenn Sie wieder einen klaren Kopf haben, was Sie tun und entgegnen wollen. Treffen Sie eine bewusste Entscheidung! Erst dann gehen Sie wieder auf Ihr Gegenüber zu.
Mir geht es hier nicht darum, unsere Gefühle grundsätzlich unter Kontrolle zu bringen, denn oft ist es gesund und hilfreich, Gefühle ungefiltert herauszulassen. Es geht mir hier nur um die Situationen, in denen wir uns und anderen Schaden zufügen, den wir hinterher bedauern würden. Je mehr wir es schaffen, in Kontakt mit uns selbst zu kommen, desto mehr schwächen sich impulsive Gefühle ab.

Übrigens: Die Technik der bewussten Auszeit empfehle ich auch für Situationen, in denen jemand plötzlich einen Blackout hat und nicht weiterweiß wie etwa in Vorträgen oder wichtigen Gesprächen. Auch wenn es Sie noch so viel Überwindung kostet: Eine Auszeit von wenigen Sekunden ist subjektiv eine sehr lange Zeit, um wieder zu sich zu kommen, sie wird aber von anderen kaum bemerkt. Wenn Sie mögen, sollten Sie die Technik einfach mal in „ungefährlichen" Gesprächen ausprobieren: Gestatten Sie sich kurze Denkpausen und beobachten Sie, wie Ihr Gegenüber darauf reagiert.

Wenn unangenehme Gefühle zur Gewohnheit werden

Erinnern wir uns noch einmal an den Autofahrer, der sich oft und gern über andere aufregt. Sein Problem sind nicht plötzliche Ereignisse, die starke Gefühlswallungen auslösen, sondern es sind Gefühle, die zur Gewohnheit geworden sind. Sie treten eher unabhängig vom Auslöser auf, denn ein kleiner Funke genügt, um sie zu entfachen, denn dann laufen sie scheinbar automatisch ab. Wie wir gesehen haben, haben sie die Tendenz, sich selbst zu verstärken. Dann sucht das unangenehme Gefühl nach immer neuen Auslösern, was ja im Straßenverkehr nicht schwierig ist, und hält so über längere Zeit an. Sicherlich kennen Sie auch so manchen Zeitgenossen, der häufig schlechte Laune hat und seinen Groll manchmal sogar zu genießen scheint.

An destruktiven Gefühlen, die zur schleichenden Gewohnheit geworden sind, erlebe ich in meiner Praxis hauptsächlich Ärger auf sich selbst und auf andere sowie Trauer und Angst. Nicht das Gefühl selbst ist destruktiv, sondern die Tatsache, dass jemand über längere Zeit an ihm regelrecht kleben bleibt. Dann ist es nicht mehr befreiend, sondern schränkt lediglich unsere Lebensqualität ein. Immer wieder auftretende Gefühle sind wie Fallen, in die wir permanent hineintreten – obwohl wir doch wissen, dass sie da sind. Kennen oder haben Sie Gefühle, die förmlich an Ihnen kleben und die Sie trotzdem nicht loslassen können? Hier haben Sie Platz und Gelegenheit, um sie einmal aufzuschreiben. Und dies ist ein erster, sehr guter Schritt, ab sofort anders mit ihnen umzugehen!

Denk-Check:

Gefühle, die mir zur unangenehmen Gewohnheit geworden sind:

____

____

____

____

____

Sie möchten nicht länger Sklave dieser Gefühle sein? Ich schlage Ihnen folgende Technik vor:

Schritt 1: Überlegen Sie bitte, wann und in welcher Situation sich die einschränkenden Gefühle bei Ihnen bemerkbar machen. Beschreiben Sie bitte schriftlich und so genau wie möglich, was sie auslöst und was dann in Ihnen passiert. Wie fühlt es sich an? Und vor allem: Was geht Ihnen durch den Kopf? Was haben Sie davon, sich Ihren destruktiven Gefühlen hinzugeben? Profitieren Sie davon? Sie behaupten, es bringt Ihnen nur Nachteile? Das nehme ich Ihnen nicht ab, denn unser Verhalten hat grundsätzlich immer auch einen Gewinn für uns.
Schritt 2: Entscheiden Sie sich bitte jetzt, wie Sie sich in Zukunft verhalten wollen, wenn diese Gefühle bei Ihnen anklopfen. Der wütende Autofahrer könnte sich beispielsweise einen Zettel mit der Aufschrift „Ich kann andere nicht ändern“ hinter das Lenkrad klemmen. Oder er kann sich schöne Musik oder ein Hörbuch mitnehmen, wenn er regelmäßig im Stau steht. Damit gibt er seine Haltung des Anderen-ausgeliefert-Seins auf und schafft sich Handlungsspielraum. Was wollen Sie also tun?
Schritt 3: Schaffen Sie sich kleine Erinnerungshilfen, die Sie darauf aufmerksam machen, beim nächsten Mal nicht mit Ihrem gewohnten Verhaltensmuster zu reagieren. Karten mit positiven Leitsätzen sind eine sehr gute Sache (-> Wie Sie gute Ziele formulieren können, finden Sie in Kapitel 3)!

Die STOPP-Technik und das Nutzen der Auszeit helfen Ihnen dann in der konkreten Situation, möglichst schnell Ihre Entscheidungsfreiheit wiederzugewinnen und auf andere, neue Art und Weise zu handeln. Bedenken Sie bitte: Nicht die Dinge selbst schaffen Probleme, sondern unsere Haltung zu ihnen!

Wenn Gedanken, Gefühle und Fantasien im Teufelskreis tanzen

Kennen Sie das Phänomen, dass Ihre Stimmung ganz plötzlich etwas eingetrübt ist, ohne dass Sie wissen, woran es liegt? Es ist, als wäre ein Schatten auf Sie gefallen. Sie merken, dass Sie jetzt für negative Gedanken empfänglicher sind. Vielleicht kommt Ihnen etwas Ärgerliches in den Sinn, das jemand gesagt oder getan hat, und es löst in Ihnen in diesem Augenblick ein negatives Gefühl aus. Sie kreisen immer mehr um diese Gedanken und Ihre Stimmung wird schlechter. Und gerade jetzt stolpern Sie über Kleinigkeiten, die Ihnen übel aufstoßen: Jemand sagt oder macht etwas Blödes oder etwas läuft schief. Das löst weitere negative Gedankenkaskaden aus. Möglich, dass Sie sich auch über sich selbst ärgern, eben weil Sie sich ärgern ...

Insbesondere dann, wenn wir wenig Input von außen bekommen, neigt unser Gehirn dazu, in einen Strudel negativer Gedanken und Gefühle zu geraten. Beispielsweise stellen sich nachts, wenn wir nicht schlafen können, sorgenvolle oder pessimistische Gedanken scheinbar häufiger ein als positive. Das liegt wahrscheinlich daran, dass es für unser Überleben in der menschlichen Entwicklung immer wichtiger gewesen ist, potentiellen Gefahren aus dem Weg zu gehen, als gute Dinge zu suchen. Etwas, das uns Angst macht, stuft unser Gehirn daher als bedeutungsvoller ein als Dinge, die uns glücklicher machen und unser Leben bereichern könnten. Es ist deshalb wahrscheinlich, dass unser Gehirn um Themen kreist, die uns nicht angenehm sind, wenn wir ihm Zeit zum Grübeln geben.

Auf diese Weise kann ein Teufelskreis aus Gedanken, Gefühlen und Fantasien entstehen: Egal welche Laus mir über die Leber gelaufen ist – eine schlechte Stimmung veranlasst mein Gehirn, negative Gedanken über mich oder andere abzurufen. Meine Haltung verändert sich und wird feindseliger und abwertend. Dadurch fange ich an, Fantasien zu entwickeln, die ich in Form von inneren Dialogen auslebe. Vielleicht stelle ich mir vor, wie jemand mir unrecht tut oder mir einmal getan hat. Genussvoll male ich mir aus, was ich ihm daraufhin an den Kopf werfen könnte. So programmiere ich mein Gehirn darauf, mir immer neue Assoziationen zu liefern, wie z.B. Erinnerungen an ähnliche unangenehme Situationen. Es ist klar, dass so wiederum ungute Gefühle ausgelöst werden.

Der Mechanismus der Projektion bewirkt zudem, dass wir andere Menschen in unseren „inneren Film" einbeziehen: Wie mit einem Diaprojektor projizieren wir Wünsche, Gefühle und Vorstellungen auf andere Menschen, die wir uns selbst nicht erlauben oder die wir an selbst ablehnen. In dem Moment nehmen wir etwas an anderen wahr, was eigentlich zu uns gehört. Wir sehen dann nicht mehr nur unser Gegenüber, sondern etwas, das mehr mit uns als mit dem anderen zu tun hat. Wenn mein Selbstbild mir z.B. nicht erlaubt, richtig wütend zu sein, meine ich zu erkennen, dass der andere mir böse ist – dabei sehe ich nur meine eigene Wut in ihm. Wie können wir diesen Teufelskreis stoppen?

- Wichtig ist, dass wir uns ganz bewusst ein Stopp-Signal geben, sobald wir merken, wie sich ein negatives Gefühl in uns breitmacht, das keine Reaktion auf die Außenwelt ist.
- Es ist hilfreich, die Umgebung zu wechseln. Beim Grübeln im Bett: Aufstehen! Gehen Sie vor die Tür oder in ein anderes Zimmer.
- Richten Sie Ihre Aufmerksamkeit auf Ihren Körper. Spüren Sie Ihren Atem. Gut dafür ist Bewegung – Laufen, Spazierengehen, Schwimmen.

- Richten Sie Ihre Aufmerksamkeit auf Ihre Umwelt. Suchen Sie Gespräche. Beobachten Sie so genau wie möglich Ihre Umgebung. Sehr hilfreich ist für viele Menschen die Natur.

Durch diese Methode wird das Gehirn vom Produzieren von Gedanken und Gefühlen auf das Aufnehmen von Reizen „umgepolt“. Stellen wir den Kontakt her zu unserem Körper und der Umwelt, wird das Gehirn so beschäftigt, dass es keine Ressourcen mehr zum Grübeln hat. Es muss den Teufelskreis unterbrechen.

Ich habe am Anfang des Kapitels gefragt, ob wir Sklaven unserer Gefühle sind. Sie haben sich wahrscheinlich so einige Gedanken gemacht, wie Gefühle in Ihr Leben eingreifen und wie sie Sie manchmal scheinbar zwingen, etwas Bestimmtes zu tun. Sie werden aber auch erkannt haben, dass sie Ihnen auch oft Entscheidungen erleichtern oder erst möglich machen. Wichtig ist vor allem, dass wir lernen, unsere Gefühle wahrzunehmen, sie zu interpretieren und sie bewusst in unsere Entscheidungsprozesse einzubeziehen. Dann sind wir ganz sicher nicht Sklaven unserer Gefühle!

Kapitel 8

Freiheit und Beziehungen – ein ewiger Widerspruch?

Frei, das heißt allein war in den 70er Jahren einer der Hits des Schlagersängers Roland Kaiser. Der Titel des Songs bringt ein bestimmtes Verständnis von Freiheit auf den Punkt: Die Freiheit des einsamen Wolfes, der andere Menschen nicht braucht und Wert darauf legt, ganz ohne Bindungen und Zwänge zu leben. Seine Freiheit ist die des Mannes aus der Zigarettenwerbung, der auf seinem Pferd allein durch die weite Welt reitet – es ist der Mythos des Cowboys und Abenteurers.

Endet die Suche nach Freiheit also zwangsläufig im Alleinsein? Führt jeder Schritt, mit dem ich meine innere und äußere Freiheit ein wenig vergrößere, in Richtung Einsamkeit? Wir haben uns bereits mit der Angst vor Freiheit beschäftigt und wissen, dass ein Teil der Angst von diesem Glauben beeinflusst wird. Ich erlebe es häufig, dass Menschen einen Wunsch verwirklichen wollen, der ihnen schon lange am Herzen liegt. Sie zögern aber immer wieder, weil sie befürchten, dass sich Freunde, Kollegen oder die Familie im Nachhinein von ihnen distanzieren könnten. Und insbesondere wenn sie den Hang haben, eigene Wünsche zum Wohle anderer zurückzustellen, ist es für viele geradezu unvorstellbar, „Ich will" oder „Ich brauche" zu sagen. Sie glauben nämlich, dass jeder Schritt Richtung Freiheit sie in die Einsamkeit führt.

Hermann Hesse hat in seinem berühmten Roman *Der Steppenwolf* einen Charakter beschrieben, der seine Freiheit in Form völliger Unabhängigkeit verwirklicht hat:

Er erreichte sein Ziel, er wurde immer unabhängiger, niemand hatte ihm zu befehlen, nach niemandem hatte er sich zu richten, frei und allein bestimmte er über sein Tun und Lassen. Denn jeder starke Mensch erreicht unfehlbar das, was ein wirklicher Trieb ihn suchen heißt. Aber mitten in der erreichten Freiheit nahm Harry plötzlich wahr, dass seine Freiheit ein Tod war, dass er allein stand, dass die Welt ihn auf eine unheimliche Weise in Ruhe ließ, dass die Menschen ihn nichts mehr angingen, ja er selbst nicht, dass er in einer dünner und dünner werdenden Luft von Beziehungslosigkeit und Vereinsamung langsam erstickte.

Hier wird deutlich, welche innere Not entstehen kann, wenn das Streben nach Freiheit in die Beziehungslosigkeit führt. Es stellt sich die Frage, ob wir überhaupt frei und gleichzeitig mit Menschen verbunden sein können. Oder ist der freie Mensch immer ein Steppenwolf?

Unser Wesen als Rudeltier

Die individuelle Freiheit wurde uns nicht gerade in die Wiege gelegt, denn ein entscheidender Vorteil des Homo sapiens war immer sein enges Zusammenleben in einer sozialen Gemeinschaft. Einerseits bot ihm diese Lebensform natürlich Schutz nach außen. Ebenso ließ das durch immer mehr Regeln bestimmte soziale Miteinander auch die Fähigkeiten seines Gehirns zunehmen. Je diffiziler das Zusammenleben wurde, desto komplexer wurde auch das Gehirn. Das Leben in der Gemeinschaft war also eine echte Herausforderung für den Menschen – und das bereits in früher Vergangenheit! Auch unsere nächsten Verwandten die Menschenaffen lernen soziales Verhalten von Kindheit an. Wir Primaten scheinen also ganz auf das Leben in der Gruppe programmiert zu sein.

Reste des Gefühls, eine Überlebensgemeinschaft zu sein, finden wir immer dann, wenn wir in einer schwierigen oder bedrohlichen Lage sind: Der Psychologe Stanley Schachter hat 1951 Experimente durchgeführt, die zeigen, dass Menschen, die ein unangenehmes Ereignis vor sich haben, eher die Gesellschaft anderer suchen. Eine Tatsache, die wir im Krankenhaus oder im Wartezimmer beim Zahnarzt oft bestätigt

finden. Im Augenblick der Gefahr suchen wir die Nähe anderer Menschen – und sei es nur für einen oberflächlichen Small Talk.

Wie wir im ersten Kapitel gesehen haben, ist unser Verständnis von Freiheit auch ein kulturelles Phänomen. Ich habe auf Reisen in Indien gelernt, dass die individuelle Freiheit, die für uns Westler so selbstverständlich und wichtig ist, dort ganz anders gesehen wird. Die meisten Inder wachsen auf engstem Raum in einer vielköpfigen Familie auf. Die Vorstellung, allein in einer eigenen Wohnung zu leben oder auch nur allein einen Sonnenuntergang zu beobachten, ist für die meisten von ihnen unangenehm. Ohne das möglichst enge Miteinander in der Gruppe fühlen sie sich selten wohl. Unser Streben nach individueller Selbstverwirklichung, nach möglichst viel Raum und Zeit für uns selbst und die Möglichkeit, unserem Leben jederzeit eine neue Richtung geben zu können, ist vielen nicht europäisch geprägten Kulturen fremd.

Warum erzähle ich Ihnen das? Ich glaube, dass wir Angehörige der westlichen Welt uns in einem Spannungsfeld befinden zwischen dem Bedürfnis nach individueller Freiheit, aber auch nach Zusammengehörigkeit. Dass wir das eine auf Kosten des anderen manchmal überbewerten und Probleme haben, ein stimmiges Gleichgewicht für uns selbst herzustellen, ist in meinen Augen eine Herausforderung unserer Kultur. Sich in Beziehungen jeglicher Art geborgen zu fühlen und sich gleichzeitig als freies Individuum zu verwirklichen ist keine leichte Aufgabe!

Warum und wie wir uns binden

Unser ganzes Leben lang gehen wir unterschiedliche Bindungen ein: zu unserer Familie, zum Partner, zu Freunden, Bekannten und Kollegen oder als flüchtige Bekanntschaft im Urlaub. Schon als Säugling stellen wir eine Bindung zu unseren Bezugspersonen her – die Kompetenz dafür ist uns angeboren. Dabei lernen wir unseren persönlichen Bindungsstil von Geburt an von den Menschen, die uns umgeben und versorgen. Wie wir uns später binden, ist wiederum ein Spiegel des Bindungsverhaltens der Erwachsenen, mit denen wir als Kind zusammen waren. Je nachdem, wie verlässlich, respektvoll, einfühlend und beständig diese Menschen gewesen sind, entwickeln wir ein mehr oder weniger sicheres Gefühl von Verbundenheit. Dabei sind wie schon gesagt die Erfahrungen unserer Kindheit stark prägend für unser späteres Verhalten und Empfinden in unseren Beziehungen. Aber selbst wenn wir als Kinder und Jugendliche nicht genug Halt und Sicherheit erlebt haben – wir können mithilfe guter Erfahrungen auch als Erwachsene unseren Bindungsstil korrigieren und positiv verändern.

Unter guten Bedingungen – wenn wir andere Menschen als „sicheren Hafen“ kennengelernt haben – entwickeln wir einen sogenannten sicheren Bindungsstil. Dann haben wir verinnerlicht, dass unsere Bezugspersonen uns nicht verlassen werden und dass sie uns gegenüber grundsätzlich ehrlich sind und uns akzeptieren.

In Beziehungen mit unsicheren Bindungen fehlt das Grundgefühl, geschützt und geborgen zu sein. Wir neigen dann später dazu, viel mehr Aufmerksamkeit auf die Beziehung zu richten als jemand mit einem sicheren Bindungsstil.

Je sicherer das Bindungsverhalten ist, desto höher ist die Chance, ein gutes Gleichgewicht zu halten zwischen dem Bedürfnis nach Freiheit und Unabhängigkeit und dem Wunsch, anderen Menschen nah zu sein. Es gibt wiederum zwei Typen von Mensch mit einem unsicheren Bindungsstil, d.h., sie kompensieren ihre Unsicherheit mit unterschiedlichen Strategien: Der eine hält möglichst viel Distanz zum Partner und betont seine Freiheit als Individuum. Der andere versucht den Partner möglichst eng an sich zu binden und vernachlässigt dafür seine eigenen Bedürfnisse.

Beziehungen, die uns Halt geben können, wurzeln in der Freiheit, einander loslassen zu können.

Ernst Ferstl

Wenn wir anderen erlauben, unsere Freiheit einzuschränken

Die Bereitschaft zu Kompromissen und Absprachen gehört zum Wesen von Beziehungen. Jede Partnerschaft, die wir eingehen, jede Verabredung, die wir mit einem anderen treffen, schränkt unsere Freiheit mehr oder weniger ein. Ich bemühe mich, für einen Freund, der Kummer hat, da zu sein – auch wenn ich lieber ins Kino gehen würde. Und ich gehe auf Wünsche meines Partners ein, wenn mir diese Beziehung lieb ist; manchmal stelle ich auch meine eigenen Bedürfnisse zurück, wenn sie in eine andere Richtung gehen. – Solange wir uns jeweils ganz bewusst dafür entscheiden und freiwillig auf den anderen eingehen, spricht dies für ein reifes und gleichberechtigtes Miteinander. Es geht allerdings auch anders: Partner, Freunde, Familie oder Kollegen können uns nämlich auch in unserer Freiheit einschränken – und dies lassen wir unter Umständen mehr oder weniger bereitwillig geschehen.

Aber warum geben wir anderen Menschen die Macht, unsere Wahlmöglichkeiten einzuschränken? Und was haben wir davon, wenn wir es zulassen? Warum glauben wir so oft, weniger geliebt zu werden, wenn wir für unsere Bedürfnisse sorgen? Woran liegt es, wenn in Partnerschaften das Wir immer stärker wird, die Ichs sich aber scheinbar auflösen? Ist das der Preis einer Beziehung? Und warum nehmen wir anderen ihre Freiheit? Der Beantwortung dieser Fragen könnten wir natürlich locker ein ganzes Buch widmen, ich möchte mit Ihnen hier aber nur einige Kernpunkte betrachten.

Lassen Sie uns mit einem Denk-Check starten. Nehmen Sie sich bitte ein Blatt Papier, das Sie in vier Spalten mit den folgenden Überschriften unterteilen:

Denk-Check:

An meinem Partner mag ich:

____

An meinem Partner mag ich nicht:

____

An mir mag ich:

____

An mir mag ich nicht:

____

Tragen Sie in die Spalten bitte alles ein, was Ihnen zu den Fragen einfällt; nehmen Sie sich mindestens 20 Minuten Zeit. Also los!

Sind Sie fertig? Zählen Sie doch jetzt einmal die Punkte, die Sie in die jeweilige Spalte geschrieben haben. Wie ist das Verhältnis zwischen positiven und negativen Aspekten – ist es ausgewogen oder dominiert eine Seite?

Du bist toll – ich bin eine Null

Je stärker die Zahl der Dinge übereinstimmt, die mir an mir und meinem Partner gefallen bzw. nicht gefallen, desto besser. Problematisch ist es hingegen, wenn ich mich selbst viel mehr oder viel weniger mag als meinen Partner. Und genau darum geht es in diesem Kapitel.

Viele Menschen leiden unter einer „inneren Schräglage“, wenn sie ein negatives Selbstwertgefühl haben, verbunden mit einem positiven Bild des anderen. Es fällt ihnen viel leichter, über ihre Schwächen und Defizite nachzudenken und zu sprechen, wobei sie ihre Stärken, Fähigkeiten und liebenswerten Seiten viel weniger wahrnehmen – und sie würden sie anderen gegenüber niemals erwähnen. In ihren Augen können fast alle anderen Menschen mehr als sie, sie sind intelligenter und sie sehen besser aus. Ein häufig und gern verwendeter Satz ist: „Ja, du kannst das natürlich, dir fällt so etwas leicht – aber ich doch nicht …“ Damit werten sie ihr Gegenüber ständig auf und bestärken es so; sich selbst setzen diese Menschen aber fortwährend herab. Nach meiner Erfahrung neigen Frauen eher zu diesem Verhaltensschema als Männer.

Wenn ich fest davon überzeugt bin, dass andere Menschen viel toller sind als ich, bin ich in einer schwierigen Situation, denn in meinen Augen haben sie doch eigentlich gar keinen Grund, sich mit mir abzugeben. Deshalb muss ich mich umso mehr anstrengen und viel unternehmen, um andere an mich zu binden. Ich muss also besonders grußzügig, nachgiebig, freundlich, aufmerksam, zuvorkommend, fröhlich etc. sein, damit sie mich nicht verlassen. Manche Menschen glauben schon als Kinder, sich die Zuneigung anderer erkaufen zu müssen. Das Verhängnisvolle daran ist, dass auf diese Weise ihr Selbstwertgefühl nicht gerade besser wird. Ich kann mich also noch so sehr für andere aufopfern – ich werde nie das Gefühl haben, dass es jemals ausreichen wird, um mit anderen auf Augenhöhe zu stehen. Und meine Mitmenschen werden in mir zwar einen hilfreichen Geist sehen, Respekt werde ich mit dieser Strategie auf keinen Fall ernten!

Führe ich mit so einem Menschen eine Beziehung oder bin mit ihm befreundet, habe ich wenig Chancen: Entweder lasse ich mich von ihm bewundern und bedienen und bestärke ihn damit in seinen Minderwertigkeitsgefühlen – so eine Beziehung kann sehr stabil sein, weil sich beide gegenseitig in ihren Rollen bestätigen. Ich kann aber auch versuchen, ihn zu überzeugen, dass er es gar nicht nötig hat, sich so klein zu machen. Haben Sie sich schon einmal bemüht, jemandem seine Minderwertigkeitskomplexe auszureden? Meistens gibt man entnervt und erfolglos auf, da sich der andere zwar gerne anhört, welche positiven Seiten man an ihm sieht – er dann aber doch lieber bei seinem negativen Selbstbild bleibt. In diesem Beharren auf der eigenen Unzulänglichkeit steckt eine sehr machtvolle Haltung, denn indem ich für andere da bin und mein eigenes Licht unter den Scheffel stelle, bekomme ich Mitleid und Anerkennung. Und ein Mensch mit einer aufopfernden Haltung geht niemals leer aus! Schließlich bringe ich andere immer wieder dazu, mir zu bestätigen, was für ein wertvoller Mensch ich bin. So vermeide ich, mir selbst ein positives Selbstbild zu verschaffen, da ich diesen Job an andere delegiere.

Entdecken Sie bei sich Züge dieser Persönlichkeit? Haben andere Menschen oft ein positiveres Bild von Ihnen als Sie selbst? Erleben Sie diesbezüglich ein Ungleichgewicht in Ihren Beziehungen? Wahrscheinlich ahnen Sie schon, dass Sie auf diese Weise auf viel Freiheit und Entwicklungsmöglichkeiten verzichten. Wenn Sie sich nämlich ständig darum kümmern, es anderen recht zu machen, kommen Sie mit Sicherheit zu kurz. Und Sie machen sich darüber hinaus abhängig von Menschen, zu denen Sie aufblicken können. Eine beliebte (Schein-)Lösung ist die Aschenputtel-Strategie: " Ich bin zwar grau und wertlos, aber wenn mich erst ein Prinz findet, wird alles gut." Erstens sind Prinzen äußerst selten und zweitens wird ein Prinz, der auf Aschenputtel steht, genau so ein Gegenüber brauchen, um sich größer, schöner und reicher zu fühlen. Eine Prinzessin kann er also gar nicht gebrauchen und das Aschenputtel wird immer das Aschenputtel bleiben!

In meiner Praxis habe ich viele Menschen mit einem schlechten Selbstwertgefühl kennengelernt. Ihr Weg zu Selbstrespekt und Selbstbewusstsein war mit Arbeit und Geduld verbunden – aber es gibt diesen Weg! Er beginnt mit der Frage „Wer bin ich wirklich?" und er setzt den Mut voraus, zumindest den Gedanken in Erwägung zu ziehen, dass das eigene Selbstbild verzerrt sein könnte. Lasse ich Zweifel an meinem negativen Selbstbild zu, ebne ich damit den Weg für meine Neugier, die herausbekommen will, wer ich denn in Wirklichkeit bin. In der Psychologie sprechen wir von einem „falschen Selbst", wenn sich jemand offensichtlich verzerrt und negativ wahrnimmt. Dieses falsche Selbst denkt eher „Ich muss" und „Ich darf nicht". Um unserem wahren Selbst näherzukommen, helfen uns Fragen wie:

- „Was brauche ich?“
- „Was fühle ich?“
- „Was möchte ich?“
- „Was tut mir gut?“

Ich fühle mich ganz klein

Herr Klein kommt bei einer Aufgabe nicht weiter und beschließt, Frau Kollegin Groß um Unterstützung zu bitten. Es ist ihm unangenehm, dass er es nicht allein hinbekommt. „Na, dann wollen wir mal sehen, wo der Fehler liegt“, meint sie freundlich und nimmt ihm seine Unterlagen aus der Hand. Herr Klein spürt, wie er nervöser wird und seine Stimme etwas brüchig. Er hat das Gefühl, als würde Nebel durch seinen Kopf wabern. Frau Groß bemerkt seine Unsicherheit und gibt sich Mühe, ihm ganz genau zu erklären, wie sie die Aufgabe angehen würde. Als Herr Klein ihr Büro verlässt, fühlt er sich wie ein geprügelter kleiner Junge. Er ist sich sicher, dass er seine Kollegin nie wieder um Hilfe bitten wird, weil sie sich in seinen Augen wie eine Lehrerin aufgeführt hat. Herr Klein weiß nicht, auf wen er wütender ist – auf Frau Groß oder auf sich selbst.

Was ist passiert? Frau Groß wollte ihrem Kollegen helfen, schlüpfte aber dabei anscheinend in eine Lehrerinnen-Rolle. Herr Klein fühlte sich dadurch klein und inkompetent – und nicht wie ein erwachsener Mann, der seinen Job sehr gut und schon lange macht. Es kann durchaus sein, dass er ansonsten mit einem guten Selbstbewusstsein ausgestattet ist, aber in der Interaktion mit seiner Kollegin war es wie weggeblasen. Kennen Sie solche Situationen, in denen Sie jemand so verunsichert hat, dass Sie sich fühlen und verhalten wie ein verwirrtes Kind?

Um zu verstehen, was dabei in uns geschieht, möchte ich Ihnen ein Modell aus der Transaktionsanalyse vorstellen. Dieses Therapieverfahren wurde von dem amerikanischen Psychiater Eric Berne begründet. In meiner Coachingarbeit ist dieses Modell oft sehr hilfreich, weil es auf einfache Weise verdeutlicht, warum wir uns manchmal klein fühlen.

Stellen Sie sich vor, dass unser Ich grundsätzlich drei Zustände kennt, und zwar das

- **Erwachsenen-Ich (Er-Ich):** Im Er-Ich fühlen wir uns frei und können uns der Situation angemessen verhalten. Wir selbst nehmen uns als kompetent und erwachsen wahr. Mit anderen gehen wir gleichberechtigt und wertschätzend um.
- **Eltern-Ich (El-Ich):** Im El-Ich fühlen und verhalten wir uns so, wie wir als Kind Erwachsene wahrgenommen haben – entweder fürsorglich und „weise" oder aber dominant, rechthaberisch und belehrend. Politiker in Talkshows begegnen sich gern in El-Ich-Zuständen. Sie scheinen dann alle die Wahrheit für sich gepachtet zu haben und die anderen belehren zu müssen.
- **Kind-Ich (K-Ich):** Wenn wir uns im K-Ich befinden, fühlen und verhalten wir uns wie Kinder. Entweder spielerisch, fantasievoll und natürlich – oder, wenn wir uns bedroht fühlen, verwirrt, ängstlich und bockig. Trotz ist dabei der einzige Widerstand, den wir im Kind-Ich leisten können.

Diese drei Zustände stehen uns immer zur Verfügung – meistens befinden wir uns und begegnen anderen aber in unserem Erwachsenen-Ich. Und das ist auch sehr gut so.

Manchmal ist es sehr positiv, sich im Kind-Ich zu befinden: Es ist alles okay, wenn wir uns privat oder im Job mit Begeisterung in einer Aufgabe verlieren oder mit Freunden albern sind und uns „wie Kinder" benehmen. Ab und zu ist es auch ganz in Ordnung, sich von Eltern-Ich zu Eltern-Ich zu begegnen, beispielsweise wenn wir unser Wissen demonstrieren wollen.

Problematisch ist es aber, wenn wir uns von außen in den Eltern- oder Kind-Ich-Zustand drängen lassen. Dann bewirkt nämlich ein anderer Mensch, dass wir uns plötzlich nicht mehr erwachsen fühlen, sondern entweder rechthaberisch und kleinlich (El-Ich) oder verwirrt, unsicher oder trotzig (K-Ich) reagieren. Und genau das geschieht in unserem Beispiel: Herrn Klein fällt es ohnehin schwer, sich Rat zu holen. Deshalb besteht schon vor dem Gespräch mit Frau Groß die Gefahr, in sein Kind-Ich zu rutschen. Seine Unsicherheit wirkt wiederum auf seine Kollegin: Sie reagiert aus ihrem Eltern-Ich heraus auf ihn. Vielleicht neigt sie ohnehin dazu, etwas „mütterlich" zu sein – jedenfalls kann sich Herr Klein jetzt nicht mehr davor schützen, völlig im K-Ich zu landen – er reagiert kindlich verwirrt und trotzig.

Man kann nur selten klar ermitteln, wer in einer Interaktion diese Dynamik ausgelöst hat und wer nur reagiert hat. Entscheidend ist, dass sich beide in ihrer Kommunikation ergänzen, die nicht im Gleichgewicht ist. Wenn es keinem von beiden gelingt, auszusteigen und in sein Er-Ich zurückzukehren, kann so ein System sehr stabil sein. Vielleicht kennen Sie aus eigener Erfahrung Beziehungen, in denen Sie das Gefühl haben, sich ständig in der Eltern- oder Kind-Rolle zu befinden. So kann der Kind-Ich-Partner seinem Gegenüber beispielsweise vorwerfen, ihn zu dominieren und nicht ernst zu nehmen – der Eltern-Ich-Partner hingegen findet den anderen infantil und unselbstständig. Vorwürfe wie „Du kritisierst ständig an mir herum!" oder „Übernimm doch endlich mal Verantwortung!" werden dann gerne ausgetauscht. So sorgen letzten Endes beide Partner dafür, dass sie jeweils in ihrer

Rolle bleiben müssen. Von außen betrachtet gibt es keine „Schuldigen und Unschuldigen". Möchte man herausfinden, wer denn „damit angefangen hat", ist, wie sich die Frage zu stellen, ob Henne oder Ei zuerst da war …

Wie wir erwachsen werden

Hat keiner der Beteiligten Schuld an der verfahrenen Kommunikation, so ist es natürlich Unsinn, vom anderen zu erwarten, dass gerade er einlenken soll. Eine Lösung des Konflikts setzt voraus, dass beide in den Erwachsenen-Ich-Zustand zurückkehren

Das Er-Ich hat folgenden Vorteil: Befinde ich mich konsequent und stabil in meinem Er-Ich, ist es meinem Gegenüber fast unmöglich, im Kind- oder Eltern-Ich zu bleiben! Würde Herr Klein sich beispielsweise erlauben, seiner Kollegin gegenüber eine Frage zu stellen, ohne dabei zu befürchten, dass sie an seiner Kompetenz zweifeln könnte, würde sie ihm wahrscheinlich auch erwachsen begegnen. Selbst wenn sie es darauf anlegte, ihn zu „beeltern", würde sie es bald aufgeben, wenn Herr Klein nicht in sein Kind-Ich rutschen würde.

Hier haben Sie Raum, einmal über Ihre Erfahrungen mit dem K-Ich nachzudenken und sich dazu Stichworte zu machen.

Denk-Check:

Welche Menschen lösen bei Ihnen eine Kind-Ich-Reaktion aus?

____

____

____

____

Wie verhalten und fühlen Sie sich dann?

____

____

____

____

Was meinen Sie: Wie gelingt es diesen Menschen, dass Sie ins Kind-Ich rutschen? Und was tun Sie, damit ihnen dies gelingt?

____

____

____

____

Ü

Schrittweise vom Kind-Ich in die Freiheit

Wenn Sie die Erfahrung gemacht haben, von einem anderen Menschen ins Kind-Ich gedrängt zu werden, und dies in Zukunft vermeiden möchten, werden Ihnen die folgenden Schritte dabei helfen – am besten gehen Sie wie immer schriftlich vor.

Schritt 1: Wählen Sie bitte eine Beispielsituation, in der Sie ins Kind-Ich gedrängt worden sind. Rekonstruieren

Sie, was genau passiert ist: Wie nahmen Sie Ihr Gegenüber wahr? Was löste dies in Ihnen aus? Können Sie aus Ihrer Biografie erschließen, ob es Ihnen in Ihrer Vergangenheit mit anderen Menschen ähnlich gegangen ist? Kann es sein, dass Sie Ihr Gegenüber mit dieser Person verwechselt haben und Sie sich so verhalten haben, als wäre es der Mensch aus Ihrer Vergangenheit? Notieren Sie sich Ihre Gedanken und Gefühle der Beispielsituation möglichst detailliert.

Schritt 2: Überlegen Sie sich jetzt, wie Sie in Zukunft diesem Menschen gegenüber auf „erwachsene" Art und Weise auftreten möchten. Welche Grundhaltung und welches Gefühl brauchen Sie dafür? Achtung: Vermeiden Sie, den anderen abzuwerten oder ihm eltern-ich-haft von oben herab zu begegnen – das geht wahrscheinlich schief! Sie werden auf diese Weise nämlich nicht erwachsen wirken, sondern blasiert und damit wiederum kindlich.

Schritt 3: Welcher Satz könnte Ihnen helfen, die erwachsene innere Haltung einzunehmen? Vielleicht bringt Sie „Ich bin ein selbstständiger und erfahrener Mensch!" ja weiter. Formulieren Sie einen Satz, der Ihnen Stärke und Selbstbewusstsein vermittelt.

Schritt 4: Erinnern Sie sich an eine Situation, in der Sie sich so gefühlt haben, wie es der Satz ausdrückt, den Sie eben formuliert haben. Es spielt dabei keine Rolle, wann, wo und wie es war. Vielleicht standen Sie am Meer oder auf einem Berg? Oder aber Sie hatten ein persönliches Erfolgserlebnis? Lassen Sie diese Situation in sich aufsteigen; versuchen Sie, sie zu fühlen, so als würde sie sich in diesem Augenblick ergeben. Sagen Sie sich Ihren Satz und spüren Sie Ihre Kraft. Ein gutes Gefühl, oder?

Schritt 5: Gut, jetzt ist der Zeitpunkt zum Üben gekommen: Wenn Sie das nächste Mal den Menschen treffen, der Sie veranlasst hat, sich bisher im Kind-Ich zu fühlen, bringen Sie sich mit Hilfe Ihres Satzes und Ihrer guten Erinnerung in die richtige Position. Wenn Sie merken, dass Ihre erwachsene Haltung „bröckelt", nehmen Sie sich eine kurze Auszeit (-> „Nehmen Sie sich Zeit!", S. 186) und versetzen sich wieder in Ihr Erwachsenen-Ich.

Je häufiger und intensiver Sie dies üben, desto besser wird es Ihnen gelingen, in Ihrem Erwachsenen-Ich und bei sich zu bleiben!

Nehmen Sie in Ihrer Partnerschaft eine starke Eltern-Kind-Polarisierung wahr, sollten Sie mit Ihrem Partner darüber reden. Erklären Sie sich gegenseitig, wie Sie den anderen wahrnehmen und wie Sie innerlich darauf reagieren. Machen Sie sich klar, dass es nicht darum geht, wer der Schuldige und wer das Opfer ist! Viel wichtiger ist es herauszufinden, wie Sie gemeinsam in den Eltern-Kind-Teufelskreis hineingeraten.

„Du bist mein Problem!"

Ich habe Ihnen schon an anderer Stelle erklärt, dass wir ein Gefühl oder einen Gedanken verstärken können, indem wir uns auf ihn konzentrieren. In Beziehungen zu anderen Menschen ist dies ein wichtiger Faktor – vor allem dann, wenn es um Konflikte geht. Nehmen wir an, wir haben mit jemandem, der uns wichtig ist, so richtig Stress. Wir sind verärgert, verletzt, enttäuscht, genervt oder Ähnliches. Unsere Aufmerksamkeit richtet sich automatisch auf die Dinge, die uns am anderen stören und mit denen wir Probleme haben. Wir hören verstärkt auf Aussagen, die in diese Richtung gehen, und nehmen die Aspekte intensiver wahr, die wir problematisch finden. Wenn ich z.B. den Eindruck habe, von meinem Gegenüber nicht genug Aufmerksamkeit zu bekommen, werde ich auf jeden noch so kleinen Hinweis achten, der mich darin bestätigt. Weit weniger auffallen wird mir dann, wenn mich der andere tatsächlich wahrnimmt – es passt nämlich nicht in mein Bild, das ich von ihm habe.

Je extremer mir am anderen das Problem bewusst wird, das ich mit ihm habe, desto stärker eskalieren Konflikte und die ablehnenden Gefühle werden immer größer. Hingegen nehme ich den Menschen in seiner ganzen Komplexität immer weniger wahr. Es kann dann passieren, dass ich nur negative Gedanken und Gefühle für meinen (eigentlich) liebsten Menschen hege, wenn ich an ihn denke. Dass daraus schnell ein Teufelskreis werden kann, haben wir ja schon in anderen Kapiteln gesehen.

Stelle ich fest, dass ich im anderen immer mehr ein Problem sehe, so ist es an der Zeit, meine Gedanken zu ordnen. Erwarten Sie besser nicht, dass der andere den gemeinsamen Teufelskreis durchbricht – tun Sie es lieber selbst. Dabei kann Ihnen folgende Übung helfen:

Ü Bei diesem kleinen, aber wirkungsvollen Schritt schreiben Sie bitte zuerst auf, was genau Ihnen am anderen nicht gefällt. Überlegen Sie dann, was Sie sich stattdessen wünschen. Benutzen Sie Ihre Fantasie: Wie sehen Sie sich selbst, Ihren Partner und Ihre Beziehung, wenn das Problem gelöst ist? Machen Sie sich ein detailliertes Bild und schreiben Sie es auf. Prägen Sie es sich als Basis für ein Gespräch und Ihre weiteren Schritte ein. Anstatt sich bei Ihrem Partner darüber zu beschweren, was er alles falsch macht, können Sie konkret äußern, was Sie sich von ihm wünschen. Wenn Sie sich das nächste Mal ärgern, rufen Sie sich Ihr Wunschbild in Erinnerung. Mit einem guten Bild des anderen können wir viel erfolgreicher arbeiten als mit Vorwürfen und einer feindlichen Gesinnung.

Ein Heft voller Rabattmarken

Ich möchte Ihnen den Rabattmarkensammler vorstellen, denn wahrscheinlich schlummert er ansatzweise in jedem von uns. Und je lieber Sie Konflikten und klaren Worten aus dem Weg gehen, desto vertrauter wird er Ihnen womöglich sein.

Dem Rabattmarkensammler fällt es nämlich alles andere als leicht, jemandem geradeheraus zu sagen, wenn er sich über ihn geärgert hat. Er redet seine Verstimmung klein und hat immer (vernünftige!) Gründe parat, warum er in diesem Augenblick besser schweigt. So hält er den Mund und klebt eine Rabattmarke in das Heftchen für den Menschen, dem er etwas verübelt. Beim nächsten Ärger kommt eine Marke dazu, bis das Heft voll ist. Dann ist es Zeit, es einzulösen!

Er nutzt dann den nächsten noch so geringen Anlass, dem anderen alles um die Ohren zu hauen, was sich in Wochen, Monaten oder Jahren in seinem Rabattmarkenheft angesammelt hat. Haarklein und detailliert wird alles aufgezählt und zum Vorwurf gemacht. Sein Gegenüber hat natürlich keine Chance, darauf einzugehen – ein guter Rabattmarkensammler hat so viel Munition, dass es einer Hinrichtung gleichkommt, wenn er richtig loslegt. Und dann? Außer dem Ruf, nachtragend zu sein, bleibt nicht viel übrig, denn ein faires Gespräch mit positiven Konsequenzen wird auf diese Weise kaum zustande kommen. Also legt er ein neues Heft an und wartet auf die erste Marke …

Kommt Ihnen diese Konfliktstrategie irgendwie bekannt vor? Entdecken Sie Züge vom Rabattmarkensammler an sich selbst? Wie wär's mit einem Strategiewechsel? Der beste Augenblick, um Ärger anzusprechen, ist meistens in dem Moment selbst. Wenn Sie sich in Zukunft dabei ertappen, wie Sie gerade eine Rabattmarke kleben möchten, sollten Sie sich daran hindern und überlegen, ob es nicht doch möglich ist, Ihren Ärger sofort dem Adressaten mitzuteilen. Es ist auf jeden Fall der konstruktivere Weg.

Die Erwartungsfalle

Wie oft werden wir von anderen enttäuscht, weil sie sich nicht so verhalten, wie wir es erwarten! Enttäuschung ist kein schönes Gefühl und eine zweischneidige Angelegenheit: Hält sich jemand nicht an eine klare Verabredung, ist die Sache noch relativ einfach. Wenn mir aber gar nichts versprochen wurde, ich aber trotzdem Erwartungen hege, die dann enttäuscht werden, sitze ich in der Falle.

Menschen gehen häufig davon aus, dass alle anderen genauso denken und fühlen wie sie selbst. Wie sie die Welt sehen, was gut, richtig, höflich usw. ist, betrachten sie als eine Selbstverständlichkeit. Es ist die Familienkultur, in der wir aufwachsen, die uns ganz entscheidend prägt, denn dort lernen wir, was ein „guter Mensch" ist und wie man sein muss. Wenn wir dann in die große, weite Welt ziehen, stellen wir fest, dass andere Menschen ganz andere Werte und Einstellungen mitbekommen haben. Gewisse Regeln vermitteln uns auch die Gesellschaft, in der wir aufwachsen. So sind wir Europäer uns ziemlich einig darüber, dass bei Tisch z.B. lautes Rülpsen eher unhöflich ist. In anderen Kulturen wird dies ganz anders gesehen.

Unsere Vorstellungen davon, was gut und richtig ist, prägen unsere Erwartungen an andere. Nur machen wir uns oft nicht bewusst, dass andere Menschen meist ganz andere Werte haben. Für mich mag es etwa selbstverständlich sein, dass ich meinen Partner anrufe, wenn ich eine Stunde später zu unserer Verabredung komme – er kann dies aber ganz anders sehen und nicht anrufen. Ist es dann sein Verhalten oder meine Erwartung, die nicht stimmen?

Mein Kater Paul beispielsweise scheint ganz selbstverständlich davon auszugehen, dass ich den Großteil des Tages auf dem Sofa zu sitzen habe, damit er auf meinem Schoß liegen kann. Wenn ich ihn heruntersetze, miaut er mürrisch. In meinem Verhalten entspreche ich ganz offensichtlich nicht seinen Erwartungen!

Klar kann ich davon ausgehen, dass andere so sind, wie ich es mir vorstelle – allerdings muss ich dann immer wieder mit meinen Enttäuschungen klarkommen ... Erwartungen an sich sind nichts Schlechtes, solange ich sie klar formuliere und meinem Gegenüber die Freiheit gebe, sich auf sie einzulassen oder nicht. Unausgesprochene Hoffnungen und Wünsche sind dagegen immer eine Falle.

Denk-Check zum Thema Erwartungen

Welche Erwartungen, die Sie an andere haben, werden oft enttäuscht?

____

____

____

____

Woran könnte es in Ihren Augen liegen?

____

____

____

____

Wenn Sie jetzt feststellen, dass Sie häufiger mit enttäuschten Erwartungen konfrontiert sind, als Ihnen lieb ist, sollten Sie anfangen, andere Menschen wissen zu lassen, was Sie sich von ihnen erhoffen. Natürlich gehen Sie damit das Risiko ein, dass andere sich dagegen entscheiden, Ihren Erwartungen zu entsprechen. Vergessen Sie nicht, dass es ihr gutes Recht ist! Auf jeden Fall vermeiden Sie so Selbsttäuschungen – und ohne Täuschung kann es auch keine Enttäuschung geben.

Müssen wir wirklich immer WIR sein?

Wir haben uns schon in Kapitel 4 mit dem Thema Grenzen beschäftigt. Ich möchte sie hier noch einmal aufgreifen, weil intakte Grenzen zwischen zwei Menschen die Grundlage eines guten Kontakts sind. Das klingt sicher merkwürdig, weil viele Menschen glauben, dass Grenzen uns daran hindern, anderen zu begegnen, und somit manchmal überflüssig sind.

Kennen Sie auch Paare, von denen ein oder beide Partner hauptsächlich in der Wir-Form von sich sprechen und Ich kaum verwenden? Haben Sie den Eindruck, dass diese Menschen sich noch gegenseitig wahrnehmen und neugierig aufeinander sind? Höchstwahrscheinlich nicht. Denn wo Grenzen verschwinden, verlieren wir unsere Individualität und damit zwangsläufig das echte Interesse aneinander.

Stellen Sie sich vor, wir wären Einzeller: Wir hätten eine schöne Zellmembran, die uns umschließt, einen Zellkern in der Mitte und dazwischen ein flüssiges Plasma, in dem alle möglichen Dinge herumschwimmen. Wenn ich als Einzeller einem anderen Einzeller begegne, würden wir uns so weit einander annähern, bis unsere Zellwände aneinanderstoßen. Wir können uns jetzt gegenseitig spüren und Kontakt aufnehmen.

So sind wir zwei Individuen, die sich begegnen und wahrnehmen. Was würde geschehen, wenn wir beschließen, unsere Zellwände zu verschmelzen? Es entstünde eine Riesenzelle, in der die beiden Kerne und all das andere Zeug herumschwimmen würden. Es würde kein Du und kein Ich mehr geben.

In der Psychologie nennen wir so etwas „Konfluenz", was so viel bedeutet wie Zusammenfließen. Genau wie im Beispiel mit den Einzellern geben wir dabei unsere Grenzen auf und damit unsere jeweilige Identität. Obwohl ich jemandem sehr nah bin, habe ich keinen Kontakt zu ihm. Somit ist Konfluenz ein Mechanismus der Kontaktvermeidung. Warum aber gehen zwei Menschen quasi ineinander über? Meistens steckt dahinter Angst vor Auseinandersetzung, denn zwei Individuen mit eigenen Wünschen, Ideen, Gefühlen, Fantasien usw. benötigen viel Kommunikation, um sich wirklich kennenzulernen, und das erzeugt unter Umständen Reibung. Das setzt Zeit und Energie voraus und verlangt von mir vor allem den Mut, mich dem anderen so zu zeigen, wie ich bin und fühle. Habe ich aber Angst davor, abgelehnt oder nicht ernst genommen zu werden, vermeide ich vielleicht lieber echten Kontakt.

Und genau das machen zu Konfluenz neigende Menschen: Sie gehen Konflikten aus dem Weg, bleiben an der Oberfläche, streben möglichst viel (Pseudo-) Gemeinsamkeit an und sagen lieber „wir" als „ich". Unter der oft nebligen oder klebrigen Oberfläche der Wir-Beziehung ist wenig Substanz zu spüren – und auch wenig echter Zusammenhalt. Es ist eher die gegenseitige Abhängigkeit, die zwei Menschen auf diese Weise zusammenhält – und nicht die freie Entscheidung.

Ich erlebe häufig, dass Menschen grundsätzlich in ihren Beziehungen mit ihren Wünschen und Bedürfnissen zu kurz kommen. Auf sie scheint der Satz zuzutreffen, dass Beziehungen unfrei machen. Der Weg in die Freiheit beginnt aber damit, eigene Bedürfnisse und Wünsche erst einmal wahrzunehmen und sich einzugestehen. Erst im zweiten Schritt müssen sie ausgesprochen und mitgeteilt werden. Dem steht oft der Glaube im Weg, dass dadurch die Beziehung gefährdet wird. In meinen Augen ist es eher umgekehrt: Eine Beziehung kann nur dann wachsen und an Substanz gewinnen, wenn Partner authentisch sind, einander anerkennen und sich füreinander interessieren.

*Ich mache meine Sache, und du machst deine Sache.
Ich bin nicht auf dieser Welt, um nach deinen Erwartungen zu leben.
Und du bist nicht auf der Welt, um nach meinen zu leben.
Du bist du, und ich bin ich.
Und wenn wir uns finden, ist es wunderbar.
Wenn nicht, kann man nichts machen.*
Fritz Perls, Begründer der Gestalttherapie

Bleib mir nur vom Leib!
Während sich die konfluenten Einzeller ineinander auflösen gibt es Menschen, die sich gar nicht trauen, die Zellmembran des anderen überhaupt zu berühren. Oft sagen wir, jemand habe ein „Nähe-Distanz-Problem", wenn alles darauf hindeutet, dass jemand zu viel Nähe in seinen Beziehungen vermeidet. Dahinter steckt meistens die Angst, sich in zu enger Vertrautheit zu verlieren.

Kontakt kann aber nur durch Berührung entstehen. Nur so kann ich den anderen spüren – auch meine eigenen Grenzen nehme ich erst wahr, wenn ich in Kontakt mit etwas Fremdem trete. Erst wenn ich mit meiner Hand z.B. eine Wand berühre, kann ich meine Haut wahrnehmen; meine Fußsohlen spüre ich, wenn ich barfuß laufe. Wenn ich vermeide, einem anderen Menschen nahezukommen, vermeide ich auch immer, mich selbst zu spüren!

Die berühren sich nicht,
die verführen sich höchstens,
die enden wie Diplomaten.
Heinz Rudolf Kunze, *Dein ist mein ganzes Herz*

Zwei Menschen mit einem distanzierten, vermeidenden Kontaktverhalten können eine sehr stabile Beziehung eingehen und damit sehr zufrieden sein. Problematisch wird es nur, wenn Menschen mit unterschiedlichem Kontaktverhalten aufeinandertreffen. Geradezu klassisch ist folgende Rollenaufteilung: Einer kämpft um mehr Nähe, der andere sorgt für Distanz. Während sich der eine ständig bedürftig und emotional unterversorgt fühlt, fühlt sich der andere unter Druck gesetzt und ist immer auf der Flucht vor dem Partner. Man kann es auch so deuten: Einer von beiden kann gefahrlos mehr Nähe fordern, weil er ja weiß, dass er sie nicht bekommen wird. Und der andere kann bedenkenlos auf Distanz gehen, weil er weiß, dass sein Partner schon wieder ankommen wird.

Tipps und Tricks für ein gutes Miteinander

Nachdem wir uns mit Tücken und Problemen zwischenmenschlicher Beziehungen beschäftigt haben, gebe ich Ihnen jetzt einige Werkzeuge aus der Kommunikationspsychologie mit auf den Weg. Grundsätzlich ist der Respekt vor der Freiheit des anderen die Basis konstruktiver Kommunikation.

Mehr Mut zur Subjektivität

Begegnen wir einem anderen Menschen, sind wir immer subjektiv. Den anderen und unsere Interaktion sehe ich immer mit meinen Augen, betrachte ihn aus meiner Perspektive – und damit durch die Brille meiner Wahrnehmung. Wer meint, einen objektiven Blickwinkel einnehmen zu können, beschummelt nur sich und andere – und drückt sich davor, zu seiner eigenen Subjektivität zu stehen. Von daher ist es im Austausch mit anderen hilfreich, zur persönlichen Sichtweise zu stehen. Es ist doch völlig okay, auf unsere

Weise zu denken und zu fühlen. Heikel wird es nur, wenn ich Angst haben muss, für meine Ansichten und Empfindungen kritisiert oder bestraft zu werden.

Ich-Aussage statt Du-Vorwurf

Ein wichtiges Werkzeug für Subjektivität ist eine klare Position. Indem ich über meine Gedanken, Wünsche und Gefühle spreche, gebe ich mich als Person zu erkennen und markiere meine Grenzen. Mein Gegenüber bekommt so die Chance, mich wirklich zu verstehen. Das klingt ziemlich banal, dennoch verzichten viele Menschen in Konfliktsituationen lieber auf Ich-Aussagen und ziehen es vor, den anderen anzuklagen und zu beschuldigen. „Ich fühle mich verletzt, wenn du so mit mir sprichst. Und ich bin richtig sauer auf dich."

Die Aussage ist deutlich und zeigt, wie es in mir aussieht. Außerdem mache ich klar, dass ich nicht möchte, dass man so mit mir umgeht. Hingegen werden Sätze wie „Immer redest du so mit mir. Du bist eben aggressiv und völlig unsensibel" zu Recht als Angriff empfunden und in der Regel mit einem Gegenangriff pariert: „Ja, aber du bist ..." Auf diese Weise kann ein Konflikt nur eskalieren. Dagegen tragen Ich-Aussagen zur Deeskalation bei.

Absolut tabu: Kommunikationskiller Doppelbotschaft

Von einer „Doppelbotschaft" oder englisch „double-bind" sprechen wir, wenn ich eine widersprüchliche oder paradoxe Botschaft an mein Gegenüber sende und es im Unklaren darüber lasse, was ich ihm damit eigentlich sagen will. Ich überlasse ihm so die Verantwortung, wie es meine Aussage interpretiert. Wenn ich mich falsch verstanden fühlen möchte, habe ich damit auf jeden Fall Tür und Tor geöffnet. Jede ironische Äußerung enthält eine Doppelbotschaft, weil das, was ich sage, durch Mimik oder Tonfall infrage gestellt wird: „Das hast du toll gemacht!" kann ich eindeutig oder zweideutig senden. Den Satz „Nein, nein, mir geht es gut" kann ich mit einer solchen Leidensmiene verzieren, dass mein Gegenüber deutlich versteht, dass etwas im Busch ist – aber dank meiner Doppelbotschaft kann ich mich leicht herausreden. Schließlich habe ich doch gesagt, dass alles okay ist ...

Doppelbotschaften haben in einer konstruktiven Kommunikation nichts zu suchen! Wird mir eine an den Kopf geworfen, bleibt mir nichts anderes übrig, als nachzuhaken, was der andere mir genau sagen möchte – denn sobald ich auf eine Doppelbotschaft eingehe, habe ich schon verloren.

Mehr Kommunikation wagen

Viel zu oft gehen wir davon aus, dass andere Menschen wissen, wie wir denken und fühlen. Von daher verzichten viele darauf, ihren Standpunkt klar zu formulieren. Und insbesondere wenn sie sich verletzt fühlen oder wütend sind, ziehen sie sich schmollend zurück und weisen darauf hin, dass der Schwarze Peter jetzt beim anderen liegt. Soll der doch etwas tun – ich sage gar nichts mehr! Wie wir bei der Erwartungsfalle gesehen haben, ist es höchst unvorteilhaft, meine Erwartungen an andere nicht auszusprechen. Im Zweifelsfall ist es immer besser davon auszugehen, dass der andere mich eben noch nicht verstanden hat! Ich mache die Erfahrung, dass zwischen Menschen nur ganz selten zu viel gesprochen wird, dann meistens wird zwar viel geredet, aber wenig kommuniziert. Untersuchungen zeigen, dass in Partnerschaften nur wenige Minuten täglich miteinander gesprochen wird. Wenn wir wollen, dass sich unsere Beziehungen verbessern, müssen wir unsere Widerstände und unsere Trägheit überwinden und den Mund aufmachen. Das funktioniert am besten, indem wir mit „Ich …“ beginnen.

Mehr Mut zum Konflikt

Die wenigsten Menschen haben Freude an Auseinandersetzungen und sogar ziemlich viele haben Angst vor „heißen Konflikten“. Sie machen daher lieber einen großen Bogen um mögliche Streitherde. Gleichzeitig verzichten sie darauf, eigene Wünsche, Gefühle und Gedanken auszudrücken nach der Devise „Bloß nicht anecken“. Frage ich Klienten von mir, was in ihren Augen denn an offenen Auseinandersetzungen so schrecklich ist, wissen sie es oft selbst nicht. Ich glaube, dass viele Menschen in ihrer Familie nie gelernt haben, Konflikte konstruktiv auszutragen. Sie empfinden Auseinandersetzungen grundsätzlich als etwas Negatives und streitbare Menschen als unangenehm. Der Preis kann dann hoch sein, wenn ich nicht bereit bin, für meine Interessen in den Ring zu steigen. Und Beziehungen laufen Gefahr, an der Oberfläche zu bleiben, wenn beide Partner Konflikte vermeiden. Friede, Freude, Eierkuchen war noch nie ein erfolgreiches Konzept für ein konstruktives Miteinander.

Wenn Sie dazu neigen, Konflikte zu vermeiden: Fragen Sie sich doch einmal, was Sie ganz konkret befürchten: Was könnte passieren? Und wie könnten Sie damit bestenfalls umgehen? Machen Sie sich klar, welchen Preis Sie zahlen, wenn Sie nicht streiten. Und denken Sie dabei auch an Ihre Freiheit!

Die Verantwortung von Sender und Empfänger

Wenn wir miteinander sprechen, tragen wir für zwei Dinge die Verantwortung:

- Als Sender einer Botschaft ist es meine Aufgabe, klar zu formulieren, auf Doppelbotschaften zu verzichten, authentisch zu sein und zu überprüfen, ob mein Gegenüber mich richtig verstanden hat.
- Als Empfänger ist es meine Aufgabe, die Botschaft des anderen möglichst gut zu verstehen. Daher ist es sinnvoll, Unklares oder in meinen Augen Widersprüchliches zu überprüfen. Als Empfänger kann ich jederzeit fragen: „Hab ich dich richtig verstanden, dass …?" Die Nachfrage ist ein wichtiger Bestandteil konstruktiver Kommunikation.

Feedback geben und holen

Feedback wird oft mit negativer Kritik verwechselt und deshalb vermieden. Das ist sehr schade, denn Rückmeldungen sind ein Allzweckmittel der Kommunikation. Jemandem ein Feedback zu geben heißt, ihm meine ganz subjektive Reaktion auf sein Handeln oder Sprechen zu vermitteln. Subjektivität ist hier besonders wichtig, denn ich sage dem anderen, was er bei mir (und nur bei mir!) auslöst: „Du bist ja ein toller/mieser Redner" ist kein Feedback, sondern eine Bewertung. Eine Rückmeldung wäre: „Mich hat deine Rede angesprochen/berührt/abgestoßen." Gerade weil ich damit dem anderen etwas Persönliches über mich mitteile, kann er davon profitieren. Das heißt nicht, sich mit Psycho-Wattebäuschen zu bewerfen – reden Sie Tacheles, aber reden Sie über sich! Kontraproduktiv sind Verallgemeinerungen, seien Sie also konkret und verzichten Sie auf Formulierungen wie „man" oder „wir" – berufen Sie sich auch nicht auf andere, die angeblich auch der Meinung sind, dass …

Die wenigsten Menschen kommen auf die Idee, sich ein Feedback zu holen. Wenn ich mit Menschen ihre Fähigkeiten erarbeite, bitte ich sie immer, sich Rückmeldungen von verschiedenen Personen zu holen. Oft höre ich dann „Ich kann andere doch nicht einfach fragen, wo sie meine Stärken sehen!". Warum denn nicht? Holen Sie sich ein Feedback, wenn Sie sich darin unsicher sind, wie andere Sie wahrnehmen.

Das 5-Minuten-Gespräch bei Konflikten

Dieses Werkzeug bewährt sich immer wieder dann, wenn zwei Menschen miteinander heftiger im Streit liegen. Es ist eigentlich ganz einfach und bedarf nur einiger Disziplin. Nehmen Sie sich mindestens eine halbe Stunde Zeit und gehen Sie in einen Raum, in dem Sie nicht gestört werden können. Beide haben jeweils fünf Minuten Redezeit, wobei der andere ihn auf keinen Fall unterbrechen darf und auch auf nonverbale Kommentare verzichtet. In dieser Zeit redet jeder über sich und die eigenen Gedanken, Wünsche und Gefühle. Rufen Sie sich noch einmal die Werkzeuge „Feedback geben und holen" und „Mehr Mut zu

Subjektivität" in Erinnerung. Vermeiden Sie Anklagen! Jeder sollte seine fünf Minuten ausnutzen können. Anschließend wird gewechselt und der andere hört zu. Jeder kommt dreimal dran. Nach dieser Übung sollte jeder Zeit für sich allein haben, um das Gehörte zu verdauen.

STOPP sagen

Wenn bestimmte Konflikte immer wieder eskalieren und auf ähnliche Weise ablaufen, ist eine Unterbrechung erforderlich. Ich schlage Ihnen Folgendes vor: Vereinbaren Sie mit dem Menschen, mit dem Sie häufig in Streit geraten, dass beide jederzeit das Recht haben, „STOPP" zu sagen, wenn etwa die Auseinandersetzung nicht mehr konstruktiv ist, bestimmte Grenzen überschritten werden, es zu Anklagen kommt oder sie gemeinsam in eine vertraute Sackgasse steuern. Besprechen Sie, in welchen Situationen Sie das STOPP einsetzen möchten. Unerlässlich ist dabei, dass der eine sofort sein Reden und Handeln unterbricht, wenn der andere STOPP sagt! Beide haben dann die Aufgabe, kurz in sich zu gehen und zu überprüfen, was gerade geschieht. Setzen Sie das Gespräch erst fort, wenn Sie beide wieder bei sich sind.

Hier noch eine abschließende Zusammenfassung dessen, was Sie in der Kommunikation unbedingt vermeiden sollten:

- Ich sende unklare oder widersprüchliche Botschaften – soll der andere doch sehen, wie und ob er mich versteht.
- Was meine Worte ausdrücken, kann ich durch Mimik, Gesten oder Tonfall verzerren. Damit versende ich Doppelbotschaften.

- Ich bemühe mich gar nicht, den anderen zu verstehen, und gebe ihm dafür die Schuld. Soll er doch klarer reden!
- Ich nehme Aussagen selektiv wahr, d.h. die, die mir in den Kram passen.
- Ich verstehe den anderen bewusst falsch. Es ist doch sein Bier, wenn er nicht dafür sorgt, dass ich ihn richtig verstehe!

Sie haben jetzt gesehen, dass in der zwischenmenschlichen Kommunikation ziemlich viel danebengehen kann – eigentlich ist es ein Wunder, dass wir uns trotzdem noch relativ gut verstehen. Das Fundament dafür legen wir, indem wir Verantwortung übernehmen für das, was wir sagen und hören. Mir persönlich scheint, dass Selbstverantwortung das A und O einer guten Beziehung ist. Nur wenn wir selbstverantwortlich denken und handeln, schaffen wir die – sicherlich schwierige – Balance zwischen Bindung und individueller Freiheit.

Kapitel 9

Die Freiheit loszulassen

Wir haben Freiheit bisher als einen inneren und äußeren Zustand kennengelernt, den wir erreichen können durch Engagement und den Mut, neue Wege zu gehen. Es stellt sich die Frage, ob wir Freiheit also nur durch Aktivität erlangen können. Gewinnen wir Freiheit ausschließlich durch harte Arbeit an äußeren Grenzen? Wie verhält es sich bei den Menschen, die durch Meditation, innere Einkehr oder Yoga große Freiheit erlangen? Und wie ist es bei denen, die mit ihrem Leben einfach zufrieden sind und nichts ändern möchten? Sie eint ihre Fähigkeit, das momentan Unabänderliche aus vollem Herzen zu akzeptieren und Forderungen, Erwartungen und Wünsche an die Welt einfach loszulassen. Das ist es, was ihre Freiheit ausmacht.

Unsere Lebensumstände sind nun mal nicht immer optimal – manchmal können wir unsere Situation verbessern, aber häufig geht dies eben nicht. Und von Zeit zu Zeit wäre der Preis für eine Veränderung viel zu hoch. Wenn ich erschöpft und urlaubsreif bin, macht es wenig Sinn, auf der Stelle zu kündigen. Wenn ich Skilaufen möchte und es will einfach nicht schneien, kann ich darauf keinen Einfluss nehmen. Und andere Menschen können wir schon gar nicht ändern, wenn uns an ihnen etwas missfällt. Ich habe dann folgende Wahl: Entweder halte ich an meiner Vorstellung fest, wie es doch eigentlich zu sein hätte, und fühle mich infolgedessen eingeschränkt und unzufrieden oder es gelingt mir, mich mit den Gegebenheiten abzufinden – oder besser: anzufreunden.

Wir erleben täglich, dass Menschen mit ihrem Schicksal hadern, sich die Laune vom Wetter verderben lassen, einen Groll gegenüber anderen hegen und es ungerecht finden, dass ihr Leben ist, wie es ist.

Sie kennen vielleicht folgenden Spruch, der die Sache auf den Punkt bringt: „Love it, change it or leave it“ (Freunde dich damit an, verändere es oder lass es los). Das, was uns nicht gefällt, müssen wir folglich entweder ändern oder akzeptieren. Über Veränderungsmöglichkeiten haben Sie ja schon eine Menge gelesen – jetzt geht es ums Loslassen und Akzeptieren.

Ich selbst habe, als ich einige hundert Kilometer auf dem Jakobsweg gewandert bin, ein gutes Stück loslassen gelernt. Auf diesem mittelalterlichen Pilgerweg durch Nordspanien nach Santiago de Compostela wurde ich wie alle Pilger neben vielen wunderschönen Erfahrungen auch mit zahlreichen Widrigkeiten konfrontiert: Fast der ganze Körper schmerzte und Regen, Kälte, eine gnadenlose Sonne, teilweise alles andere als gemütliche Herbergsschlafsäle, Hunger, Durst und manchmal tiefe Zweifel am Sinn des Ganzen erschwerten die Pilgerreise. Es gab wirklich ausreichend Gelegenheit, schlechte Laune zu haben und sich – beim lieben Gott oder wem auch immer – zu beschweren. Nur: Die Bedingungen waren, wie sie waren, und einfach nicht zu ändern. Da sich für mich nie die Frage stellte, die Sache abzubrechen, fand ich nur eine Lösung: Ich musste die Umstände so akzeptieren, wie sie nun einmal waren. Je weniger Energie ich darin investierte, mich innerlich zu wehren und zu beklagen, desto leichter fiel es mir, meinen Groll einzustellen. Und genau darum geht es in diesem Kapitel.

Macht Besitz uns frei?

Bertolt Brecht stellte fest, dass „erst das Fressen und dann die Moral kommt“. Dasselbe gilt auch für die Freiheit: Um mich für meine innere und äußere Freiheit einsetzen zu können, müssen zunächst meine Grundbedürfnisse wie ausreichende Nahrung oder körperliche Unversehrtheit gewährleistet sein. Mit steigendem Wohlstand wächst schließlich die Zahl meiner

Möglichkeiten: Ich kann mir andere, vielleicht gesündere Lebensmittel leisten, ich kann meinetwegen ein Haus bauen, meine Bewegungsfreiheit nimmt zu und ich kann mich immer besser informieren. Für die meisten von uns sind das Selbstverständlichkeiten. Für viele andere stellen sich aber ganz andere Fragen, die weit darüber hinausgehen: Wo verbringe ich meinen nächsten Urlaub? Wie lege ich mein Geld am besten an? Welches Handy entspricht der neuesten Technologie und welche Frisur ist gerade Trend? Und schließlich: Was kaufe ich mir als Nächstes? Der Erwerb von Dingen – neudeutsch Shopping – dient aber nur selten der Verbesserung unserer Lebensqualität, sondern ist reiner Selbstzweck und mittlerweile Freizeitbeschäftigung Nummer eins.

Der Wohlstand in Deutschland hat seit den 50er Jahren deutlich zugenommen. Hingegen stagniert unser Glücksindex seit 50 Jahren – wie wir wissen, liegen andere Länder weit vorne. Größerer Reichtum macht uns also nicht glücklicher. Heißt das auch, dass unsere innere Freiheit dieselbe geblieben ist?

Wie bereits festgestellt, nimmt die Zahl unserer individuellen Möglichkeiten mit steigendem Wohlstand unbestreitbar zu. Es wäre großartig, würden wir diese auch proportional nutzen! Bedauerlicherweise scheint das vielen von uns aber nicht zu gelingen. Mag es an den steigenden Verpflichtungen liegen, die wachsender Besitz und steigende Einkommen mit sich bringen? Schließlich will das, was wir Lebensstandard nennen, zumindest gehalten werden. Habe ich mich erst an den Luxus einer großen Wohnung, eines teuren Autos oder exklusiver Kleidung gewöhnt, wird er für mich schnell zum Standard. Nicht dass der große Wagen mich über längere Zeit glücklich machen würde, aber ich glaube, dass es mich unglücklich macht, wenn ich ihn mir nicht mehr leisten könnte. Außerdem gibt viel Besitz reichlich Anlass zur Sorge. Aktien könnten fallen und mein Auto einen Kratzer bekommen … Dies sind Probleme, die ein Mensch ohne Auto und ohne Wertpapiere schlichtweg nicht hat.

Um einen höheren Lebensstandard zu halten, sind wir verpflichtet, dauerhaft das für ihn nötige Kleingeld zu verdienen. Dadurch schrumpft allerdings die Zahl unserer beruflichen Möglichkeiten: In Teilzeit arbeiten? Einen Job suchen, der zwar mehr Spaß machen würde, aber weniger Geld bringt? Ein Kind bekommen? Mal ein Jahr aussteigen? Um Himmels willen – das ist doch nicht drin! Leider höre ich diese Argumente gar nicht so selten. Und dann drängt sich mir die Frage auf: Gehört mein Besitz mir oder gehöre ich meinem Besitz?

Bei Dagobert Duck ist die Sache klar: Er lebt einzig und allein dafür, sein Geld zu mehren – und hat ständig Angst, es zu verlieren. Man muss aber kein Milliardär sein, um so zu leben. Wie viele Menschen kennen Sie, die vermeintliche Geldsorgen haben? Und wie viele davon müssen tatsächlich mit ganz kleinem Geld auskommen? Die Glücksforschung hat bewiesen, dass kaum ein Zusammenhang besteht zwischen dem Wohlstand eines Menschen und seiner Lebenszufriedenheit, sobald seine Grundbedürfnisse erfüllt sind. Was haben wir also mit unserem Reichtum erreicht?

Es geht mir hier nicht um Konsumverzicht und Lossagen von Bedürfnissen. Obwohl ich gegenüber Menschen, die radikal auf Besitz verzichten oder mit ganz wenig auskommen, großen Respekt empfinde, ist dies sicherlich auch keine allgemeine Garantie für ein erfülltes Leben. Ich halte es für sinnvoller, dass wir uns die Freiheit nehmen zu entscheiden, was wir wirklich besitzen wollen und was unser Herz tatsächlich begehrt – und worauf wir auch gut verzichten können. So wie wir in meinen Augen viel zu häufig „Ich muss" sagen, geht uns oft ein „Ich brauche" über die Lippen, wo von einem echten Bedürfnis nicht die Rede sein kann! „Ich brauche unbedingt eine neue Jeans, die CD XY, eine neue Küche." Benötigen Sie diese Dinge wirklich?

Ich hoffe, ich habe Sie nicht zu sehr eingeschüchtert, um Ihnen den folgenden Denk-Check ans Herz zu legen:

Denk-Check:

Wofür geben Sie Geld aus, was Sie nicht wirklich brauchen oder begehren?

____

____

____

Haben Sie schon einmal die Erfahrung gemacht, wie gut es sein kann, mit einem Minimum an Dingen zu leben? Indem wir uns für eine Weile aus dem komplexen Alltag zurückziehen und uns auf das Nötigste beschränken, gewinnen wir Distanz und betrachten das eigene Leben aus einem anderen Blickwinkel. So wird deutlich, was wir brauchen und wollen und was nicht.

„Ein gutes Konsumklima" ist wirtschaftspolitisch sicher richtig und sinnvoll – psychologisch betrachtet ist die Aufforderung, mehr zu konsumieren, allerdings etwas fragwürdig. Warum sollte ich mehr kaufen? Um mehr zu essen? Lieber nicht! Um mehr Klamotten im Schrank zu haben oder hipper auszusehen? Alles schön und gut. Sobald Konsum ernste Probleme kompensiert oder „Shopping" dazu dient, Überdruss, innere Leere oder Bedeutungslosigkeit zu übertönen, sollte man sich Gedanken machen. Abgesehen von diesen extremen Ausprägungen von Kaufverhalten tätigt jeder mal gelegentliche Frustkäufe. Hier geht es aber um Ihre Freiheit, die dadurch eingeschränkt wird.

Ü **Lassen Sie doch mal ein paar Dinge los!**
Wie wäre es, wenn Sie einfach mal loslassen? Ich habe die Erfahrung gemacht, dass es gut tut und Ausmisten die Laune hebt. Haben Sie Lust dazu? Dann überlegen Sie doch bitte, welche Ecken und Bereiche Ihrer Wohnung oder welche Schränke an Überfüllung leiden. Werfen Sie einen Blick hinein. Welche Gegenstände haben Sie schon lange nicht mehr gebraucht, welche Kleidungsstücke schon lange nicht mehr getragen? Ganz ehrlich: Welche Dinge brauchen Sie noch wirklich? Schreiten Sie zur Tat und werfen Sie Überflüssiges weg oder geben Sie es Menschen, die es besser gebrauchen können als Sie. Auf jeden Fall werden Sie es los und schaffen Platz!

Und selbst wenn Sie auf Dinge stoßen, von denen Sie annehmen, Sie könnten sie vielleicht doch noch mal irgendwann benötigen: Raus damit! Auch wenn es in Ihren Augen „eigentlich zu schade zum Wegwerfen“ ist: Raus damit! Trauen Sie sich, mindestens fünf Gegenstände zu entsorgen. Sie werden sehen, es ist ein gutes Gefühl, Platz zu schaffen und Dinge loszulassen, denn Leben und Reisen mit leichtem Gepäck ist einfach weniger beschwerlich.

Die Neidfalle

Neigen Sie dazu, andere Menschen manchmal zu beneiden? Können oder besitzen sie etwas, das Sie auch gerne beherrschen oder haben würden? Ich weiß es ist schwer, Neid einzugestehen, da er nicht gerade als vorteilhafter Wesenszug angesehen ist. Dabei gibt es kaum jemanden, der von Zeit zu Zeit nicht neidisch ist. Geben Sie Ihrem Herzen doch einmal einen Stoß und notieren Sie, wen Sie um was beneiden:

Denk-Check:

Worum beneiden Sie manchmal andere Menschen?

____

____

____

____

____

Neid ist für mich nichts Verwerfliches, von daher schadet er uns grundsätzlich nicht. Sollten Sie aber häufiger Neid empfinden, rate ich Ihnen, sich einmal zu fragen, was möglicherweise dahintersteckt. Wenn wir nämlich jemanden beneiden, haben wir das Gefühl, dass uns etwas fehlt: Entweder sind wir in einer Sache nicht gut genug oder ein Bedürfnis ist nur unzureichend befriedigt. Jemand anders sieht vielleicht besser aus, ist intelligenter oder besitzt etwas, das ich mir nicht leisten kann. Neid fühlt sich nicht gerade gut an, denn darin schwingt ein Gefühl von Minderwertigkeit mit. Je neidzerfressener ich bin, desto destruktiver sind die Konsequenzen. Nur selten weckt Neid den Ehrgeiz in uns, das, worum wir jemanden beneiden, uns selbst zu beschaffen, da dieses Gefühl leider in die entgegengesetzte Richtung wirkt: Ich fühle mich ohnmächtig und nicht in der Lage, mir das Neidobjekt zu verschaffen. Es ist nur ein Ventil und eng verwandt mit der Missgunst, dem Gefühl, etwas jemand anderem auch nicht zu gönnen. Neid vermag zwar ein inneres Gleichgewicht herzustellen, so dass man sich nicht mehr ganz so minderwertig fühlt – weiter kommt man damit aber nicht! Deshalb ist häufiger Neid ein Alarmsignal.

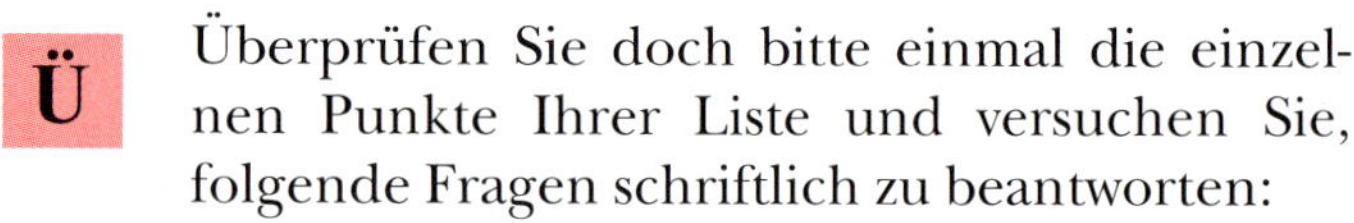

Ü Überprüfen Sie doch bitte einmal die einzelnen Punkte Ihrer Liste und versuchen Sie, folgende Fragen schriftlich zu beantworten: Welche Wünsche sind darin enthalten? Welche davon können Sie realisieren, wenn Sie sich wirklich anstrengen? Was steht Ihnen möglicherweise im Weg? Warum sind Sie nicht bereit, diesen Preis dafür zu zahlen? Und welche Neidobjekte können Sie beim besten Willen nicht zu Ihren machen? Unter welchen Bedingungen können Sie darauf verzichten und loslassen?

Wenn es Ihnen gelingt, anderen etwas zu gönnen, was für Sie selbst unerreichbar ist wie z.B. Jugend oder gutes Aussehen, haben Sie etwas Großes erreicht! Es ist Ihnen gelungen, ganz und gar loszulassen!

Sicherheit und Freiheit – zwei ungleiche Schwestern

Schon vor Tausenden von Jahren haben wir gelernt, uns vor dem Wetter und dem aggressiven Nachbarn zu schützen und Hunger vorzubeugen. Es ist ein menschliches Grundbedürfnis, sich vor lebensbedrohlichen Gefahren sicher zu fühlen. Nach dem Zweiten Weltkrieg mit all seinen Katastrophen wie Faschismus, Gewalt, Willkür, Zerstörung und Mangel ist es nur zu verständlich, dass die deutsche Nachkriegsgeneration ein großes Sicherheitsbedürfnis hatte. Aber auch die heutige Gesellschaft hat Sicherheit anscheinend zum höchsten Gut erhoben. Man kann sich fast gegen jedes Risiko versichern. Schlägt jemand beispielsweise in der Politik vor, neue Wege zu gehen, löst er damit Unbehagen aus, weil man sich nicht „sicher" über die Konsequenzen ist. Einen vermeintlich „sicheren" Job aufgeben? Wer tut das schon. Lieber alles so belassen, wie es ist, denn damit ist man auf der „sicheren Seite"!

Das Streben nach Glück ist in unserer Gesellschaft nicht gerade ausgeprägt – das Streben nach immer mehr Wohlstand hingegen schon. Ich vermute, dass dahinter unser kollektiver Wunsch nach möglichst großer Sicherheit steckt. Dieses Bedürfnis schlägt sich folglich auch in unseren individuellen Lebenszielen nieder. Dumm ist nur, dass Sicherheit uns kein bisschen glücklicher macht – auch wenn sie ein Grundbedürfnis ist. Ich kann mich in einem Atombunker verschanzen, in dem mir garantiert nichts passieren kann, werde mich darin aber höchstwahrscheinlich nicht sehr wohl fühlen. Auch wenn Grundsicherheit eine wichtige Voraussetzung für Glück ist, sie allein macht uns nicht zufrieden. Und wenn ich mein Leben auch noch hauptsächlich auf Sicherheit ausrichte, verliere ich mein Glück sehr leicht aus den Augen.

Dort, wo es viel Sicherheit gibt, herrscht nämlich wenig Freiheit. Und wenn ich frei sein will, muss ich auf Sicherheit verzichten, eigentlich ganz logisch, oder? Anders als die US-Amerikaner scheinen wir Deutschen mit weniger Gestaltungsfreiheit ganz gut auszukommen – vorausgesetzt, man garantiert uns ein sicheres Leben. Bereits in der amerikanischen Unabhängigkeitserklärung von 1776 sind „life, liberty, and pursuit of happiness“ (Leben, Freiheit und das Streben nach Glück) als höchste menschliche Rechte verankert.

Wer die Freiheit aufgibt, um Sicherheit zu gewinnen, wird am Ende beides verlieren. Benjamin Franklin

Die meisten von uns sind in einem Umfeld aufgewachsen, in dem weder Entscheidungsfreiheit noch Wahlmöglichkeit als wichtige Lebensqualitäten mitgegeben wurden. Stattdessen werden bei uns Werte wie Sicherheit, Kontinuität, Gleichheit und Zuverlässigkeit vermittelt. Ein lückenloser und stromlinienförmiger Lebenslauf hat für viele Menschen allerhöchste Priorität. Sich eine Auszeit zu nehmen z.B. zwischen Schule und Ausbildung oder Studium und zu reisen oder sich sozial zu engagieren erscheint vielen als viel zu riskant im Hinblick auf ihre Chancen am Arbeitsmarkt. Sehr viele meiner Klienten stellen erst zwischen 35 und 45 fest, dass sie bisher viel zu wenige Chancen genutzt haben – meistens aus Angst vor Unsicherheit.

Menschen fühlen sich möglicherweise auch blockiert zwischen dem Bedürfnis, Neues auszuprobieren, und dem inneren Imperativ, nur nichts zu riskieren, das sie in eine heikle Situation bringen könnte. Das ist ein Dilemma, denn ohne ein Risiko einzugehen kann ich natürlich keine neuen Wege gehen. Wenn mir meine Sicherheit und damit die Vorhersehbarkeit meines Lebens über alles geht, muss ich alles so belassen, wie es ist. Aber: Gerade wenn ich mich nicht bewege, die übrige Welt sich aber verändert, verliere ich womöglich das, was ich unter allen Umständen bewahren wollte. Und unsere Welt unterliegt einem zunehmenden Wandel. Ich sitze also in der Falle. Nicht, dass ich mich ständig an alles Neue anpassen müsste, denn das wäre blinder Aktionismus. Ich muss allerdings eine Position beziehen und entscheiden, wie ich mich verhalten möchte. Das setzt jedoch die Freiheit voraus, mich in alle Richtungen bewegen zu können!

Der Sicherheitsbeauftragte der ICH-Bühne

Wenn ich mit Menschen an ihrer Ich-Bühne (-> Kapitel 6) arbeite, spielt bei den meisten ein Sicherheitsbeauftragte eine wichtige Rolle. Während andere ICH-Anteile eher abenteuerlustig sind oder stärker auf ihre Bedürfnisse achten, hat der sicherheitsliebende Anteil nur eines im Sinn: auf keinen Fall ein Risiko eingehen. Würde es nach ihm gehen, bliebe am besten alles grundsätzlich so, wie es ist. Auch wenn der Mensch darunter leidet – es könnte ja immer noch schlimmer kommen! Unser Sicherheitsbeauftragter ist die Summe unserer schlechten Erfahrungen sowie dessen, was wir über alle möglichen Gefahren und Risiken wissen, und schließlich der Anschauung und den Werten unserer Ursprungsfamilie. Der letzte Punkt ist dabei oft der einflussreichste.

Schränkt Ihr Sicherheitsbeauftragter Ihre Freiheit zu sehr ein? Würden Sie gern mal etwas riskieren, aber er funkt Ihnen immer wieder dazwischen? Nutzen Sie doch die Technik der ICH-Bühne (-> Seite 151), um seinen Einfluss ein wenig abzuschwächen, indem Sie ihn besser kennenlernen. Es macht nämlich keinen Sinn, wenn Sie ihn ignorieren oder versuchen, ihn mit „positivem Denken“ zu übertönen – er wird sich am Ende durchsetzen. Versuchen Sie herauszufinden, wovor er eigentlich Angst hat und was er vermeiden möchte. Und versuchen Sie ihn zu überzeugen, etwas weniger rigide zu sein. Darf er weiterhin über Ihre

Sicherheit wachen, ist er eigentlich immer bereit, Zugeständnisse zu machen.

Loslassen braucht Wurzeln

Ohne Wurzeln kann ein Baum nicht hoch in den Himmel wachsen. Dasselbe gilt auch für uns Menschen. Dabei können Freunde oder meine Familie, mein Beruf, mein Glaube oder ein bestimmter Ort, an dem ich mich zu Hause fühle, meine Wurzeln sein. Ich kann aber auch in mir selbst verwurzelt sein. Eine Freundin von mir nannte diese Art Halt „Luftwurzeln“, die man überallhin mitnehmen kann. Ich erkenne meine Wurzeln daran, dass sie mir zeigen, wo ich hingehöre, wo meine Basis ist und wo ich ich sein kann. Man könnte es auch Zuhause oder Heimat nennen. Hier haben Sie Gelegenheit, um über Ihre Wurzeln nachzudenken. Wenn Sie mögen, nehmen Sie sich bitte ein Blatt Papier oder Ihr Tagebuch und mindestens 20 Minuten Zeit für folgende Frage:

Denk-Check:

Wo und wie fühlen Sie sich verwurzelt?

____

____

____

____

____

____

____

Um Dinge oder Menschen loszulassen, brauche ich den Halt meiner Wurzeln. Menschen, die nicht genug verwurzelt sind, neigen zu Sprunghaftigkeit und sind unstet in ihren Entscheidungen. Sie können überall sein, kommen aber nirgendwo wirklich an. Beziehungen sind für sie manchmal bedeutungslos. Wenn ich aber weiß, wer ich bin und wo ich auf festem Boden stehe, kann ich entscheiden, was nicht mehr zu mir passt, und es aufgeben, ohne meinen Halt zu verlieren.

Wir brauchen Wurzeln, die uns Vertrauen und Halt geben, und Flügel, die uns über Begrenzungen und die Enge des Vertrauten hinwegheben.

nach Gerald Hüther

Die Schatten der Vergangenheit – wie lasse ich sie los?

Wir sind im Laufe unseres Lebens immer wieder mit Abschieden konfrontiert. Menschen sterben oder verlassen uns, durch Krankheit oder Alter werden unsere körperlichen Fähigkeiten schwächer und Freundschaften vergehen, Arbeitsbeziehungen verändern sich oder wir werden pensioniert. Lebensabschnitte gehen vorüber; wir verändern uns und sind nicht mehr der Mensch, der wir einmal gewesen sind. Jeder Abschied verlangt von uns, dass wir ihn annehmen und durchleben, wobei manche von ihnen viel schwerer sind als andere. Je größer der Verlust ist, desto länger und intensiver ist die Abschiedsphase. Sie ermöglicht es uns aber erst, Vergangenes loszulassen und unser Leben zu erneuern.

Manchmal gelingt uns ein Abschied aber einfach nicht – wir haben dann das Gefühl, „hängen geblieben zu sein“. Unsere Gedanken und Gefühle kreisen immer wieder um den Verlust; wir grübeln darüber nach, wie wir hätten anders handeln können, wir hegen alten Groll, der nicht nachlassen will, oder können einfach nicht aufhören zu trauern. Die Schatten unserer Vergangenheit halten uns dann in der Gegenwart gefangen.

Was aber hindert uns loszulassen? Manchmal gestehen wir uns nicht ein, dass wir uns gerne von etwas verabschieden oder um etwas trauern würden. Dass man den Tod eines Menschen oder eine Trennung betrauert, ist klar – aber viele meinen beispielsweise, wegen des Arbeitsplatzverlustes oder einer Freundschaft, die auseinandergegangen ist, nicht trauern zu dürfen. Ihnen fehlt dann etwas ganz Entscheidendes, um wirklich loslassen zu können. Oder aber es wurde etwas nicht ausgesprochen, was für den Abschied wichtig gewesen wäre. Manchmal spielen auch Schuldgefühle eine Rolle und eine Entschuldigung ist noch nicht gefallen.

Bei Trennungen kann manchmal einer der Partner nicht loslassen, weil der andere die Beziehung beendet hat und ihm selbst nichts anderes übrig bleibt, als die Entscheidung einfach nur hinzunehmen. Er fühlt sich dann in seiner Ohnmacht gedemütigt. Da er die Trennung nicht ausgesprochen hat, ist sie für ihn ein noch „unerledigtes Geschäft".

Ich habe mal gelesen, dass man einen Affen fangen kann, indem man einen Apfel in einen Krug mit einer kleinen Öffnung steckt. Der Affe greift in den Krug, kann aber seine Hand, solange er den Apfel festhält, nicht mehr herausziehen. Er lässt nicht los und steckt fest. Ich weiß nicht, ob die Geschichte wirklich stimmt und ob Affen so wenig intelligent sind – wir Menschen verhalten uns jedenfalls ziemlich ähnlich!

Um mich von etwas Vergangenem zu lösen,

- muss ich darum trauern dürfen. Manchmal dauert meine Trauer länger, als mir lieb ist, dann sollte ich Geduld mit mir haben.
- muss ich das Unabänderliche akzeptieren. Es gibt einfach Dinge, die nicht in unserer Hand liegen. Das ist manchmal schwer hinzunehmen und nichts tun zu können ist für viele Menschen höchst unangenehm, weil sie sich ohnmächtig und hilflos fühlen. Es ist eine Tatsache, dass sich vieles unserem Einfluss entzieht. Dies zu akzeptieren kann schmerzhaft sein – der Gedanke, dass es nichts zu tun gibt und ich nichts machen muss, hat aber auch etwas Entlastendes!
- muss ich mich aktiv verabschieden. Auch wenn sich beispielsweise mein Partner von mir getrennt hat, kann und muss ich mich auch von ihm trennen. Das klingt lächerlich? Sie müssen es dem anderen gegenüber ja nicht aussprechen, aber Sie können für sich beschließen, dass Sie für sich die Entscheidung treffen, den anderen loszulassen. Das funktioniert auch bei Trennungen, die schon lange zurückliegen. Machen Sie ein Ritual daraus: Schreiben Sie Ihren Entschluss auf, Sie können den Zettel anschließend auch verbrennen, wenn Sie mögen. Wichtig ist nur, dass Sie nicht hilflos verharren, sondern selbst eine Entscheidung treffen! Bedenken Sie: Keiner kann Ihnen die Freiheit nehmen, etwas oder jemanden loszulassen.
- muss ich mich für das entschuldigen können, was ich bereue. Selbst wenn der andere nicht mehr lebt oder unerreichbar ist – ich kann eine Entschuldigung aussprechen oder noch besser aufschreiben. Auch hier ist ein Ritual hilfreich.

Ü Folgendes Abschiedritual fasst diese vier Punkte zusammen. Es ist sehr wirkungsvoll, wenn ich mich von einer Sache oder einem Menschen lossagen möchte. Wichtig ist, dass Sie die folgenden fünf Abschiedssätze ganz bewusst formulieren, so dass sie genau das ausdrücken, was Sie sagen möchten. Richten Sie sie an die Person, an die sie adressiert sind. Auch wenn Sie das Gefühl haben, noch nicht ganz hinter diesen Sätzen stehen zu können, sollten Sie sie dennoch formulieren! Sie werden feststellen, dass sie immer mehr zutreffen, je häufiger Sie sie lesen und aussprechen.

1. „Ich hätte mir gewünscht, dass …" Formulieren Sie hier, was Ihr Wunsch gewesen ist, wie z.B. „dass wir uns konstruktiver auseinandergesetzt hätten" oder „dass ich weiter für Ihr Unternehmen gearbeitet hätte".
2. „Aber …" Es ist anders gekommen, als Sie es sich gewünscht haben. Mit diesem Satz erkennen Sie die Realität an. Schreiben Sie auf, woran es gelegen hat, ohne einen Vorwurf daraus zu machen: „Aber du hast dich/wir haben uns entschieden, unsere Beziehung zu beenden" oder „Aber Sie haben sich entschieden, auf meine Mitarbeit zu verzichten".
3. „Deshalb …" Hier ist Platz für die Konsequenzen, die Sie daraus ziehen. Wichtig ist, dass Sie Ihre aktive Entscheidung ausdrücken! Sehr kraftvoll ist die Aussage „Deshalb gebe ich dich/meinen Job etc. frei". Sie geht nicht leicht über die Lippen, aber es lohnt sich, es zu versuchen. Meistens spüren wir eine große Erleichterung, wenn wir etwas freigeben, das wir nicht mehr (fest-)halten können.
4. „Was du bisher für mich getan hast, mache ich ab sofort wieder selbst." Formulieren Sie Ihre Variante möglichst noch konkreter. Der Satz soll Ihnen hel-

fen, die Verantwortung, die Sie abgegeben hatten, wieder zu übernehmen.

5. „Was ich bisher für dich getan habe, gebe ich dir zurück." Dies ist die Umkehrung der vierten Aussage, denn Sie müssen Verantwortung auch wieder an den anderen zurückgeben.

Wenn Sie das, was Sie sagen wollen, in Worte gefasst haben, sollten Sie diese am besten auf ein schönes Blatt Papier schreiben. Gehen Sie damit um wie mit einem wichtigen Vertrag, denn darum handelt es sich ja auch. Vielleicht hängen Sie das Blatt an einer Stelle auf, so dass Ihr Blick häufig darauf fällt. Lesen Sie sich die Sätze immer wieder vor. Nach einer Weile werden Sie feststellen, dass sie Abschiednehmen ermöglichen und erleichtern. Selbstverständlich können Sie sie jederzeit ändern, sollten sie noch nicht ganz stimmig sind.

Freie Zeit und Freiheit

Wenn wir nicht arbeiten müssen oder wollen, sprechen wir von Freizeit; wir „haben frei" oder wir „nehmen uns frei". Grundsätzlich haben wir sehr wenig Zeit, denn Zeit ist knapp! Deshalb denken, reden, handeln und laufen wir immer ein bisschen schneller, um Zeit zu sparen. Obwohl immer mehr Arbeiten von Maschinen erledigt werden, haben wir weniger Zeit als die Menschen vor Jahrzehnten, die diese Tätigkeiten noch selbst erledigen mussten.

Im Arbeitsleben gehört heute ein gutes Zeitmanagement einfach dazu. Wir haben gelernt, unsere Zeit einzuteilen. Mithilfe von Timeplanern organisieren wir selbstverständlich auch unsere Freizeit. Selbst die Zeit von Kindern wird manchmal schon mit Organizern geplant. Wir haben alles im Griff. Oder hat uns etwa die Zeit im Griff? Fakt ist: Ob ich meine Zeit zwischen

Job, Haushalt, sozialem Leben, Sport und Schlafen perfekt organisiere oder meinen Tag unter einer Palme in der Südsee verbringe – er hat 24 Stunden. Sorgfältig geplant oder nicht …

Dann gibt es noch die subjektive Zeit, die davon bestimmt ist, was ich mit ihr anfange und wie ich mich dabei fühle. Warte ich auf eine unangenehme Zahnarztbehandlung, vergeht sie eher langsam. Hetze ich von Meeting zu Meeting, vergeht sie wie im Flug. Die erste Hälfte des Urlaubs dauert immer länger als die zweite. Für ein Kind, das auf die Bescherung wartet, steht die Zeit still. Und je älter ich werde, desto schneller wird sie. Ein merkwürdiges Ding, diese Zeit.

Hatten Sie in anderen Ländern auch schon den Eindruck, dass die Menschen dort mehr Zeit haben als wir Deutschen? Schon in Südeuropa scheint es mehr Zeit für die schönen Dinge des Lebens zu geben als bei uns. Man arbeitet, um zu leben – in Italien schreibt man das „dolce far niente", das süße Nichtstun, etwas größer als bei uns in Mitteleuropa. Vielleicht verdienen wir dafür etwas mehr Geld – aber wie wir gesehen haben, macht uns das weder glücklicher noch freier. Kann es sein, dass wir etwas falsch machen oder es einfach noch nicht begriffen haben?

Unser Thema ist die Freiheit. Folglich stellt sich die Frage, wie frei wir mit unserer Zeit umgehen können. Und mir scheint, dass die meisten von uns sich mit ihrer Zeit ziemlich unfrei fühlen. Woran liegt das wohl?

Bis zur industriellen Revolution zu Beginn des 19. Jahrhunderts wurde der Lebensrhythmus der Menschen vor allem von der Natur, von Tag und Nacht und von den Jahreszeiten vorgegeben. Seit dem Zeitalter der Massenfertigung spielen sie keine Rolle mehr und bis heute bestimmt die Uhr Leben und Arbeit. Sie entscheidet, was wir wann tun, ganz unabhängig von unseren Bedürfnissen und Fähigkeiten. Unsere Zeit ist insgesamt planbarer geworden, was zwar vieles erleichtert, die Zeit aber zum knappen Gut macht. Da wir glauben, uns der Uhr unterwerfen zu müssen, werden wir immer schneller, versuchen Zeit zu sparen und wissen sie nicht für wirklich Wichtiges zu nutzen. Viele Menschen haben heute Probleme, mit ungeplanter Zeit umzugehen. Sie sind es gewohnt, immer etwas zu tun zu haben, sie folgen immer einem Plan – sie haben verlernt, einfach Muße zu haben und das Nichtstun zu genießen, und sie tun alles, um Leerlauf zu vermeiden. Vermeintlich ungenutzte Zeit wird für sie zur Belastung.

Der heilige Benedikt postulierte das „ora et labora", „Bete und arbeite". In einer bestimmten protestantischen Ethik war es ein strenges Gebot, dass wir keine Zeit vergeuden. Wo dieses Arbeitsethos wirksam ist, erleben wir eine als leer und unausgefüllt empfundene Zeit mit Verdruss.

Alfred Bellebaum, Soziologe und Leiter des Instituts für Glücksforschung in Vallendar

Wie werde ich zum Herrn meiner Zeit?

Es ist ausgeschlossen, dass uns jemals mehr Zeit zur Verfügung stehen wird. Jeder Tag hat nun einmal 24 Stunden. Aber wir können lernen, besser mit unserer Zeit umzugehen, und frei entscheiden, was wir mit ihr anfangen. Ich möchte Ihnen ein paar bewährte Tipps geben, wie Sie autonomer mit Ihrer Zeit verfahren können. Es liegt ganz an Ihnen, welche Sie davon gebrauchen.

- Kommen Ihre privaten Anliegen gegenüber den beruflichen grundsätzlich zu kurz? Wir sind gewöhnt, unsere beruflichen Termine mithilfe von Kalendern und Zeitplanern zu organisieren. Schreiben Sie Ihre privaten Verabredungen und Vorhaben neben die beruflichen in einen Kalender, so dass sie gleichrangig sind!

- Setzen Sie sowohl im Job als auch im Privatleben Prioritäten. Muss noch die letzte Kleinigkeit erledigt werden, obwohl Sie schon lange Feierabend haben? Nein! Legen Sie morgens eine Liste der Dinge an, die Sie im Laufe des Tages erledigen möchten. Versehen Sie sie mit Zahlen von eins bis vier, wobei die wichtigsten mit einer Eins, die, die am ehesten warten können, mit einer Vier gekennzeichnet werden. Letztere können Sie getrost vertagen. Gehen Sie privat auch so vor. Klar, das ewige Planen nervt manchmal – aber so trennen Sie wirklich Wichtiges von Unwichtigem. Die Frage dabei lautet: „Ist mir das jetzt WIRKLICH wichtig?"
- Neigen Sie dazu, kopf- und planlos durch den Tag zu hetzen, und haben Sie das Gefühl, immer nur zu reagieren? Wichtig ist, dass Sie die Kontrolle über Ihre Zeitplanung haben – nicht andere! Sie hilft Ihnen nicht, wenn sie Ihnen entgleitet. Mein Tipp: Schaffen Sie sich kleine Zeitinseln, in denen Sie zu sich kommen können. Es reichen wenige Minuten, damit Sie sich besinnen und entscheiden können, was Sie als Nächstes tun wollen. Schließen Sie Ihre Bürotür, gehen Sie kurz an die frische Luft, in die Teeküche oder notfalls aufs Klo. Wichtig ist, dass Sie einen Moment allein sind. Atmen Sie durch, entspannen Sie sich. Gönnen Sie sich immer dann eine Zeitinsel, wenn Sie dabei sind, den Überblick zu verlieren.
- Jeder von uns muss von Zeit zu Zeit allein sein. Für einige von Ihnen mag dieser Gedanke gewöhnungsbedürftig sein, weil Sie entweder ständig von Menschen umgeben sind oder weil Sie das Alleinsein grundsätzlich meiden. Ist dies der Fall, so sollten Sie

anfangen, die Qualität des Alleinseins für sich zu entdecken. Nehmen Sie mal einen Abend frei, nur für sich. Oder unternehmen Sie etwas allein, das Sie sonst mit anderen machen. Erst wird es ungewohnt sein, aber dann werden Sie merken, wie frei Sie sich allein fühlen. So finden Sie am besten heraus, was Sie gerade brauchen und wollen und was Sie beschäftigt.

- Fühlen Sie sich als Sklave Ihrer Uhr? Lassen Sie doch Ihre Armbanduhr mal zu Hause. Erforschen Sie, wie es ist, nach Ihrer gefühlten Zeit zu leben. Klar, im Job ist dies schwierig, aber am Wochenende ist es doch möglich, oder?
- Neigen Sie dazu, sich völlig zu verplanen? Füllen Sie ab sofort nur noch maximal 60 Prozent Ihrer Zeit mit Terminen. Die restliche Zeit reservieren Sie für spontane Aktivitäten. Diese Aufteilung eignet sich für den Joballtag sowie für das Privatleben.
- Machen Sie sich doch einmal eine Liste der Dinge, die Sie aus Zeitmangel einfach nie schaffen. Ordnen Sie sie dann entsprechend ihrer Bedeutung und überlegen Sie, wie viel Zeit Sie gerne für jedes Vorhaben hätten. Nehmen Sie sich Ihren Kalender und tragen Sie zumindest für die erste Aktivität einen Termin plus Folgetermine ein (falls Sie mehr Zeit benötigen). Erst nachdem Sie ein Vorhaben realisiert haben, sollten Sie das nächste planen.

„Guten Tag“, sagte der kleine Prinz.
„Guten Tag“, sagte der Händler.
Er handelte mit absolut wirksamen durststillenden Pillen. Man schluckt jede Woche eine und spürt überhaupt kein Bedürfnis mehr zu trinken.
„Warum verkaufst du das?“, sagte der kleine Prinz.
„Das ist eine große Zeitersparnis. Man spart dreiundfünfzig Minuten in der Woche."

„Und was macht man mit diesen dreiundfünfzig Minuten?"
„Man macht damit, was man will."
„Wenn ich dreiundfünfzig Minuten übrig hätte", sagte der kleine Prinz, „würde ich ganz gemächlich zu einem Brunnen laufen ..."

Antoine de Saint-Exupéry, *Der kleine Prinz*

„So muss ich sein, so musst du sein, so muss die Welt sein"

Im Laufe unseres Lebens entwickeln wir ein immer deutlicheres Selbstbild. Es resuliert aus unserer Selbstwahrnehmung und daraus, wie andere auf uns reagieren, und wie wir meinen, dass andere uns sehen. Wir identifizieren uns damit, so „sind" wir. In der Realität haben wir allerdings kein geschlossenes Bild von uns. Es ist voller Widersprüche, denn seine einzelnen Aspekte passen zum Teil gar nicht zusammen oder es ist einseitig: Ich mag von mir glauben, dass ich großzügig, feinfühlig und aufgeschlossen bin, dass ich manchmal aber auch ziemlich kleinlich, engstirnig und ein Elefant im Porzellanladen sein kann, taucht in meinem Selbstbild nicht auf. Oft ist es aber eher umgekehrt: Wir tendieren dazu, uns viel negativer zu sehen, als wir wirklich sind.

Psychologisch gesehen ist ein einseitiges Selbstbild eine wackelige Angelegenheit: Bin ich nämlich felsenfest davon überzeugt bin, dass eine Eigenschaft zu 100 Prozent auf mich zutrifft, so trage ich meist auch Züge des gegenteiligen Wesensmerkmals. Ich blende es aber aus, um mein schönes, eindeutiges Selbstbild nicht zu gefährden. Das ist menschlich, denn unser Gehirn bemüht sich ständig, möglichst klare und einfache Bilder und Strukturen zu schaffen. Auch wenn unsere Realität dadurch ziemlich geglättet wird ...

Ü Lassen Sie uns ein Experiment machen. Nehmen Sie sich bitte einen Zettel und schreiben Sie fünf Eigenschaften auf, die für Sie uneingeschränkt gelten. Welche sind es? Überlegen Sie bitte anschließend für jedes der fünf Merkmale das Gegenteil. Wenn Sie sich z.B. als freundlich beschrieben haben, wäre das Pendant unfreundlich bzw. abweisend. Haben Sie Paare gebildet? Jetzt fragen Sie sich bitte ganz ehrlich, ob nicht manchmal beide Eigenschaften auf Sie zutreffen. Wie verhält es sich mit der Gewichtung? Möglich wäre z.B. Folgendes: freundlich 90 Prozent, abweisend 10 Prozent. Wie sieht Ihr Ergebnis aus? Stehen irgendwo 100 Prozent? Das ist eher unwahrscheinlich, weil unsere Psyche selten ganz eindeutig ist.

Das ist aber auch nicht erstrebenswert, denn Menschen mit einem rigiden, d.h. ganz eindeutigen Selbstbild ignorieren einen Teil ihrer Eigenschaften. Alles, was nicht in das Konzept passt, das sie von sich haben, verdrängen sie so gut wie möglich. Wenn andere Menschen ihnen aber einen Spiegel vorhalten, wird's gefährlich: Entweder gerät ihr Selbstbild ins Wanken oder sie finden Gründe, warum der andere sie völlig falsch einschätzt. Dabei ist an dem Bild, das ein anderer Mensch von mir hat, fast immer etwas Wahres dran.

Das Ziel geistiger Entwicklung kann also nicht sein, ein völlig eindeutiges Bild von sich selbst zu haben, sondern die Komplexität und Widersprüchlichkeit zu akzeptieren. Dafür müssen wir unser Selbstbild immer wieder hinterfragen. Dabei hilft uns das Feedback anderer Menschen sehr. Wenn Sie mögen, können Sie einen vertrauten Menschen einmal fragen, wie er die Gewichtung Ihrer fünf Eigenschaften beurteilt. Das ist sicher interessant!

Ein rigides Selbstbild wird größtenteils durch das Bild geformt, von dem ich glaube, dass andere Menschen es von mir haben. Gehe ich davon aus, dass andere mich nur schätzen, lieben oder respektieren, wenn ich so bin, wie ich bin, blende ich einen Teil von mir aus. Typische, verdrehte Selbstbilder sind: „Ich bin immer höflich, sonst mag man mich nicht." „Ich bin ein sehr friedfertiger Mensch, weil aggressive Menschen verachtet werden." „Ich denke immer zuerst an das Glück anderer, weil ich sonst als Egoist gelten könnte, und das wäre schrecklich!" Sie ahnen wahrscheinlich schon, dass hier ein großes Potential zum Loslassen steckt! Fühlen Sie sich manchmal in Ihrem Selbstbild wie eingesperrt? Haben Sie ein zu eindimensionales Bild von sich selbst, das Ihnen kaum Entwicklungsmöglichkeiten lässt? Glauben Sie, dass Sie auch ganz anders sein können?

Ü Ich empfehle Ihnen, eine Liste Ihrer Eigenschaften zu erstellen, die Ihnen zu reduziert und fragwürdig erscheinen. Beziehen Sie auch andere Menschen ein und holen Sie sich Feedback. Überlegen Sie sich noch einmal, welche Gegensätze auf Sie zutreffen, und analysieren Sie, was Sie davon abhält, auch diese Eigenschaften zuzulassen. Was wäre so schlimm daran, beides zu sein? Welche Fantasien, wie andere dann über Sie denken könnten, stecken dahinter?

Die eigene Komplexität anzuerkennen ist ein langer Prozess – aber der Weg lohnt sich. Ich schlage Ihnen vor, dass Sie Ihre Eigenschaftsliste so oft wie möglich zur Hand nehmen und Ihre Selbstwahrnehmung schulen. Beobachten Sie sich im Alltag, achten Sie darauf, wann welche Eigenschaft und ihr Gegenteil zum Tragen kommen. Trauen Sie sich, widersprüchlich zu sein!

Wie werde ich gelassener?

Mehr Gelassenheit steht auf der Wunschliste meiner Klienten ganz oben. Es ist kein einfacher Wunsch, aber wenn auch Sie gelassener werden möchten, gebe ich Ihnen gern ein paar Tipps und Hinweise, die Ihnen dabei helfen.

Haben Sie einmal darüber nachgedacht, was der Satz „Ich bin gelassen“ eigentlich aussagt? Er besagt, dass „ich mich lasse“ oder „etwas mich lässt“. Und ich ergänze ihn um „Ich lasse mich, wie ich bin“. Ist das nicht ein schöner Gedanke? Anstatt an mir selbst herumzukritisieren und zu überlegen, was falsch an mir sein könnte und was ich anders machen sollte, lasse ich mich, wie ich bin. Erst dann bin ich wirklich gelassen!

Ü

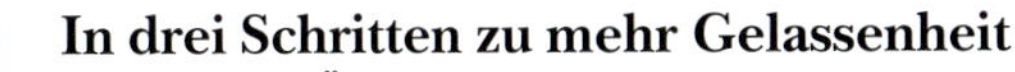

In drei Schritten zu mehr Gelassenheit

Schritt 1: Überlegen Sie doch bitte einmal, in welchen Situationen Sie sich mehr Gelassenheit wünschen. Nehmen Sie sich für diese Liste mindestens zehn Minuten Zeit. Lassen Sie Platz hinter oder unter jedem Punkt.

Schritt 2: Fragen Sie sich Punkt für Punkt, was Sie davon abhält, gelassen zu sein. Was steht Ihnen im Weg? Wenn es Dinge oder Menschen sind, die von außen auf Sie einwirken: Was lösen sie in Ihnen aus, welche Gefühle und Gedanken stellen sich ein? Schreiben Sie Ihre Antworten jeweils auf.

Schritt 3: Okay, jetzt kommt der schwierigste Teil: Sie können jetzt lernen, die Gefühle und Gedanken loszulassen, die Ihrer Gelassenheit im Weg stehen. Gehen Sie von oben nach unten vor. Fragen Sie sich jeweils, was Sie bräuchten, um loszulassen: „Ich kann nicht gelassen sein, weil ich nur darüber nachdenken muss, was denn andere über mich denken könnten.“ Was brauche ich dann? Erst einmal muss ich mich auf mich besinnen. Ich atme durch und versuche mich zu entspannen. Dann brauche ich eine Erlaubnis. Wie wär's mit dem Satz: „Ich bin ein erwachsener Mensch und darf fühlen und denken, was und wie ich möchte." Wenn es ums Loslassen geht, sind Sätze, die mit „Ich darf …" oder „Ich brauche …" beginnen, sehr hilfreich.

Erwarten Sie bitte nicht, dass Sie ab sofort völlig gelassen sind. Auch diese Fähigkeit will erworben werden! Aber je häufiger Sie auf diese Weise an sich arbeiten, desto mehr Gelassenheit werden Sie entwickeln. Sollte Ihnen das Loslassen nicht gelingen, können Sie mit Hilfe der ICH-Bühne (-> Kapitel 6) herausfinden, was dem entgegensteht.

Wenn alles perfekt wäre

Unsere Welt ist nicht perfekt – nicht die Welt im Großen und wahrscheinlich auch nicht die kleine, in der jeder von uns lebt. Es gibt immer etwas, das nicht stimmt, etwas, das fehlt, das schmerzt und uns ärgert. Es wäre für Sie und mich wohl ein Leichtes, eine Liste mit den Dingen zu erstellen, die in unserem Leben nicht perfekt sind. Natürlich können wir daran arbeiten, es immer besser und lebenswerter zu machen, aber wird es jemals perfekt sein? Eher nicht.

Und trotzdem haben wir manchmal das Gefühl, unsere Welt ist vollkommen: wenn Sie frisch verliebt sind, wenn Sie Ihren Liebsten küssen, wenn Sie einen Sonnenuntergang betrachten. Wenn Sie die strahlenden Augen eines Kindes vor dem Weihnachtsbaum sehen, wenn Sie vor dem Urlaub Ihr Büro verlassen. Wenn … Ja, wann ist Ihr Leben perfekt? Nehmen Sie sich doch bitte einen Augenblick Zeit, um darüber nachzudenken – es ist ein schönes Thema!

Denk-Check:

Mein Leben war/ist perfekt, als/wenn

____

____

____

____

Der Platz reicht nicht aus? Wie wunderbar! Nutzen Sie Ihr Tagebuch oder ein Extrablatt, um Ihre Liste fortzusetzen. Leider weiß ich nicht, wann Ihr Leben perfekt war oder ist, aber ich vermute, dass es meistens kurze Augenblicke sind, die sich für Sie vollkommen anfühlen. Wenn wir nur genügend Zeit hätten, fänden wir auch ein Haar in der Suppe, aber es gibt diese Momente, in denen das Leben wirklich perfekt ist! Es passiert ganz unabhängig davon, welche Sorgen wir haben oder was im nächsten Moment geschieht. In diesem Augenblick bin ich vollkommen glücklich. Glück ist aber ein Gefühl, das mir immer nur in dem Moment selbst bewusst ist. Zufrieden kann ich hingegen über lange Zeiträume sein, denn meine Zufriedenheit gibt an, wie positiv ich mein Leben einschätze. Je mehr perfekte Augenblicke ich erlebe, desto zufriedener bin ich.

Was brauche ich, um aus einem Moment einen perfekten Augenblick zu machen? Ist dafür immer etwas Bestimmtes, Besonderes notwendig wie ein Sonnenuntergang, Urlaub oder Verliebtheit? Ich glaube nicht. Denn was geschieht in diesen Momenten? Etwas Großes zieht uns in seinen Bann, so dass wir alles um uns herum vergessen. Ich könnte auch sagen: Wir lassen alles los. Gedanken, Sorgen, Ärger – die der Vergangenheit und der Zukunft. Perfekte Momente kennen kein Gestern und kein Morgen. Sie sind JETZT. Um aus einem Moment einen perfekten Augenblick zu machen, brauche ich nur loszulassen.

Mögen Sie es JETZT einmal ausprobieren? Es ist gar nicht schwer. Vielleicht helfen Ihnen folgende Anregungen:

- Sehen Sie sich um. Nehmen Sie Ihre Umgebung wahr, ohne sie zu beurteilen. Sehen Sie, hören Sie, riechen Sie, fühlen Sie alles so, wie es ist. Sie müssen nichts daran ändern. Lassen Sie Ihre Umgebung los.
- Nehmen Sie sich, Ihren Körper und Ihre Gedanken wahr. Auch daran gibt es nichts zu ändern. Sie sind, wie Sie sind. Lassen Sie jegliche Kritik fahren. Alles ist perfekt.
- Lassen Sie für diesen Augenblick Ihre Zukunft und Ihre Vergangenheit los. Beides ist nur Illusion. Realität ist immer JETZT.
- Entspannen Sie sich, so gut es geht. Öffnen Sie sich zunehmend für Aussagen wie „Alles ist gut“, „Ich muss nichts tun“ oder „Es ist perfekt“.

Es geht gar nicht darum, diese Übung besonders gut zu machen – das wäre absurd. Vielleicht entdecken Sie aber etwas darin, was Ihnen gefällt. Und Sie können sich perfekte Momente schaffen – jederzeit an jedem Ort. Diese Freiheit kann Ihnen keiner nehmen und niemand kann Sie daran hindern, einfach loszulassen!

Loslassen, was
nicht froh sein lässt.
Um Illusionen ärmer,
an Gelassenheit reicher werden.

Else Pannek, www.narzissenleuchten.de

Kapitel 10

Kreativität – ein Schlüssel zur Freiheit

Frei zu sein heißt, immer eine Wahl zu haben. Um mich in der riesigen Fülle meiner Möglichkeiten für meinen Weg entscheiden zu können, muss ich zumindest einen Teil von ihnen erst einmal wahrnehmen: Was kann ich alles machen? Was würde ich sehr gerne tun? Und auf welche Weise möchte ich es in die Tat umsetzen? Um diese Fragen zu beantworten und um letzten Endes meinen Weg zu gehen, hilft mir meine Kreativität. Durch sie bin ich in der Lage, immer wieder neue Wege, Antworten und Lösungen zu finden. Sie speist sich aus meinen Erfahrungen, lässt mich offen und neugierig sein für alles, was die Welt mir zu bieten hat, und sie verknüpft diese Informationen zu etwas ganz Neuem, das für mein Leben eine Bedeutung haben kann.

Kreativität ist eines meiner persönlichen Lieblingsthemen. Komme ich darauf zu sprechen, werde ich oft gefragt, was Otto Normalverbraucher und Kreativität verbindet. Die meisten gehen erst einmal davon aus, dass sie nur den vermeintlich kreativen Menschen vorbehalten ist – also Künstlern, den Leuten in einer Werbeagentur, Architekten oder Schriftstellern. Sie irren, denn müssen wir nicht alle jeden Tag kleine und große Aufgaben und Probleme lösen? Ganz unabhängig davon, was Sie privat und beruflich machen, hängen Ihre Lösungen davon ab, wie sehr Sie Ihre Kreativität einsetzen.

Kreativität ist eine wichtige Eigenschaft unseres Gehirns, die jeder besitzt, selbst wenn manche Menschen kaum Zugang zu ihr haben. Sie ist unterschiedlich ausgeprägt, was weniger an unseren Fähigkeiten liegt als an der Art und Weise, wie wir bisher mit ihr umgegangen sind.

Ihre Kreativität ist verkümmert, also ganz normal.
Vera F. Birkenbihl

Bin ich ein kreativer Mensch, liegt das daran, dass ich meine Kreativität häufiger gebrauche und sie mir dadurch eher zur Verfügung steht. Ich kann sie so ausbilden, wie ich einen Muskel oder meine Ausdauer trainieren kann. Kein vernünftiger Mensch würde erwarten, sofort stundenlang zu joggen, wenn er es nicht gewohnt ist. Er würde aber auch nicht sagen, dass es ihm bei normaler Gesundheit prinzipiell nicht möglich ist. Bei der Kreativität ist das anders.

Ich höre leider ziemlich oft von Menschen, dass „sie ja nicht kreativ sind“, um individuelle Antworten auf ein Problem zu finden. Während es ganz selbstverständlich ist, dass wir als Kinder höchst kreativ waren, scheint das auf uns als Erwachsene nicht mehr zuzutreffen. Dabei macht die Kreativität unser Leben nachweislich viel interessanter und produktiver! Kreativ zu sein heißt nämlich, unvoreingenommen, neugierig, mit Begeisterung und offen für neue Erfahrungen in die Welt zu blicken und unsere ganz individuellen Antworten zu finden. Wie wir noch sehen werden, ist die Routine ihr natürlicher Gegenspieler. Wir müssen uns entscheiden, ob wir eingefahrene Muster und den Zufall unser Leben bestimmen lassen wollen oder nicht. Ich kann natürlich viel Energie darauf verwenden, Bestehendes so zu belassen, wie es immer gewesen ist – so erspare ich mir die Auseinandersetzung mit dem Ungewissen und einem möglichen Scheitern. Oder aber ich investiere meine Energie dort, wo ich meine Lebensqualität wirklich verbessern könnte.

Das Schöne – und vielleicht auch Beängstigende – an der Wiederbelebung unserer Kreativität ist, dass es keine Patentrezepte gibt! Obwohl eine Reihe sinnvoller Hilfsmittel und Hinweise diesen Prozess fördert, kann Ihnen niemand sagen, was Ihre Kreativität hervorbringt und wie sie Ihr Leben verändern kann.

Ich habe vor einigen Jahren angefangen, mich mit diesem Thema zu beschäftigen. Mein Einstieg war das Buch *Der Weg des Künstlers* der Kreativitätstrainerin Julia Cameron. Wenn Sie Ihre Kreativität weiterentwickeln möchten, lege ich Ihnen das Buch ans Herz. Meine persönlichen Erfahrungen sowie viele spannende Ergebnisse der Kreativitätsforschung haben mein Leben nachhaltig verändert und heute ihren festen Platz in meiner Arbeit. Ich hoffe, ich kann hier etwas von meiner Begeisterung an Sie weitergeben.

Bitte beschäftigen Sie sich jetzt doch mit den folgenden drei Fragen zu Ihrer Kreativität. Nehmen Sie sich mindestens 20 Minuten dafür Zeit.

Denk-Check:

Wie schätzen Sie Ihre Kreativität ein?

____

____

____

____

In welchen Momenten spüren/nutzen Sie Ihre Kreativität?

____

____

____

____

In welchen Bereichen Ihres Lebens wären Sie gern kreativer?

____

____

____

____

Ist Ihre Einstellung zu Ihrer Kreativität eher negativ? Dann überlegen Sie sich bitte einmal, wie und durch wen Sie diese Einstellung entwickelt haben. Was haben Sie in Kindheit und Jugend über das Kreative und Künstlerische erfahren? Wurden sie Ihnen als „brotlos“ oder „überflüssig“ vermittelt? Während manche Menschen das Glück hatten und darin ermutigt wurden, immer wieder eigene Lösungen und Ideen zu entwickeln, wurden andere eher dazu erzogen, keine „dummen Fragen“ zu stellen und das zu tun, was von ihnen verlangt wurde.

Wie ich schon sagte, können wir unsere Kreativität wie einen Muskel, der bisher nur wenig genutzt worden ist, jederzeit aktivieren und trainieren. Wecken wir sie also auf!

Jedes Kind ist ein Künstler. Das Problem besteht darin, wie es ein Künstler bleiben kann, wenn es aufwächst.
Pablo Picasso

Das kreative Gehirn

Eine einfache Definition der Kreativität beschreibt sie als Fähigkeit, eine Vielzahl neuer Lösungen und Ideen zu entwickeln, die unterschiedlich, originell und wertvoll sind. Kreative Leistungen sind folglich nicht auf den künstlerischen Bereich beschränkt. Jedes Unternehmen ist darauf angewiesen, kreative Mitarbeiter zu haben – nicht nur in den Entwicklungsabteilungen. Wenn ich mich als Selbstständiger behaupten möchte, benötige ich viele gute Ideen, die mich von meinen Konkurrenten unterscheiden. Und wenn man heute eine Beschäftigung sucht, die einen erfüllt und ernährt, kommt man ohne eigene Ideen und einer Vorstellung davon, wohin die Reise gehen soll, nicht mehr weit.

Der Sitz der Kreativität ist natürlich unser Gehirn. Diese Hardware ist bei allen Menschen ziemlich gleich. Man hat herausgefunden, dass ein hohes Maß an Kreativität keine Frage der Intelligenz ist; grundsätzlich unterscheiden sich kreative und unkreative Menschen in ihren Persönlichkeitsmerkmalen kaum voneinander. Auffällig ist nur, dass kreative Menschen generell interessierter, offener und neugieriger sind. Sie haben sich die kindliche Fähigkeit zum Staunen und ihren Entdeckergeist bewahrt. Sie blicken mit offenen Augen in eine für sie unendlich spannende Welt!

Ganz grob betrachtet hat die Arbeitsweise unseres Gehirns zwei entgegengesetzte Tendenzen, nämlich die konservative und die expansive. Beide sind für uns sehr wichtig. Unser konservativer Teil greift immer wieder auf einmal Gelerntes und Bewährtes zurück. Wenn ihm eine Suppe einmal geschmeckt hat, wird er sie immer wieder auf die gleiche Weise kochen (-> „Das konservative Gehirn", Seite 113). Er sorgt auch dafür, dass Wissen und Fähigkeiten nicht verloren gehen und weitergegeben werden können. Allerdings verhilft uns dieser Teil nicht zu neuen Erkenntnissen. Das ist Aufgabe des expansiven Bereichs: Er möchte das Rad ständig neu erfinden und sucht nach immer neuen Lösungen. Seine Suppe schmeckt jeden Tag etwas anders.

Kreativität und konservatives Denken befinden sich bei jedem von uns in einem stabilen Verhältnis, wobei ein Teil deutlich dominieren kann. Wie schätzen Sie die Gewichtung der beiden Bereiche bei Ihnen ein? Sind sie eher im Gleichgewicht oder ist ein Teil deutlich stärker?

Um ein erfolgreiches Leben zu führen, sind beide Anteile wichtig. Allerdings ermöglicht uns ausschließlich kreatives Denken Lebensfreude und ein sinn-volles und vielfältiges Leben.

Kreatives Leben	**Leben als Routine**
abenteuerlich	vertraut
bewusst	unbewusst
sinnlich	vernünftig
überraschend	verlässlich
Ergebnis ist offen	Ergebnis ist vorherzusehen

braucht Zeit, Übung und Aufmerksamkeit	ist ökonomisch, schnell und effizient
schafft Neues	nutzt Bewährtes

Kreativer Output erfordert Input

Viele Menschen nehmen an, dass aus einem kreativen Menschen die Ideen nur so heraussprudeln, ohne dass eine Vorarbeit nötig ist. Diese Vorstellung hat die Kreativitätsforschung widerlegt, denn das Gehirn braucht viel Material, um es dann auf bisher ungewohnte Weise zusammenzusetzen, zu verknüpfen und Neues daraus zu erschaffen. Große Ideen kamen den Menschen immer erst, nachdem sie sich ausgiebig mit dem Problem oder dem Thema befasst hatten! Auch wenn es hier nicht um geniale Entdeckungen geht – Neugier, eine intensive Wahrnehmung und ein breites Interesse sind wichtige Grundlagen der Kreativität. Das konservative Gehirn braucht nichts davon, es nimmt nur wahr, was es ohnehin kennt, und schaut nicht über seinen Tellerrand.

Zur Förderung der Kreativität müssen wir also zwei Vorgänge aktivieren: unseren Forschergeist, der die Welt offen und neugierig betrachtet, sowie die Energie und die innere Bereitschaft, Neues zu entwickeln.

Kann man Neugier und Offenheit trainieren?

Echte Begeisterung, die Fähigkeit zu staunen und den Drang, das Geheimnisvolle zu ergründen, kann man natürlich nicht einfach einschalten wie ein Radio. Aber wir können unser Interesse und unsere Aufmerksamkeit durchaus schulen. Der Psychologe M. Csikszentmihalyi gibt dazu folgende Empfehlung: „Versuchen Sie, jeden Tag über etwas erstaunt zu sein. Versuchen Sie, mindestens einen Menschen am Tag in Erstaunen zu versetzen. Schreiben Sie täglich über Ihre Erfahrungen mit dem Erstaunen.

Die Phasen kreativer Prozesse

Wenn Sie einen Funken Interesse spüren, folgen Sie dem Gefühl. Sie werden merken, dass unter der gewohnten Oberfläche der Alltagserfahrungen etwas in Bewegung gerät und neue Möglichkeiten auftauchen. Was Sie spüren, ist die Ansammlung der kreativen Energie, der Wiedergeburt der verkümmerten kindlichen Neugier.
M. Csikszentmihalyi

Wie schon gesagt, fallen die spannenden Ideen und Inspirationen ganz selten ohne Vorarbeit vom Himmel. Ich habe den Eindruck, dass die Mehrzahl der Menschen sich selbst für kreativ blockiert hält. Und wenn sie auf eine Frage nicht sofort originelle Antworten finden, sehen sie darin nur einen Beweis ihrer fehlenden Kreativität. Dabei geben sie sich gar keine Chance! Im Coaching erlebe ich häufig folgende Situation: Es ergibt sich eine wichtige Frage wie z.B. „Welche Alternativen sehen Sie für sich?“ oder „Welche besonderen Talente haben Sie?“ Viele Menschen lassen sich nicht einmal eine Minute Zeit, bis sie verzweifelt meinen, dass ihnen absolut nichts einfällt, häufig noch versehen mit der Feststellung: „Ich bin ja so unkreativ!“ Tja, so kann es auch nicht funktionieren …

Damit ein kreativer Prozess Ergebnisse bringen kann, muss er bestimmte Phasen durchlaufen. Alle hier erwähnten Werkzeuge werden übrigens am Ende des Kapitels näher erläutert:

1. Phase des Forschens und des Sammelns

In dieser Phase mache ich mich mit allen Aspekten der Aufgabe vertraut. Was möchte ich eigentlich herausfinden oder schaffen? Ich sammle möglichst viele Informationen, indem ich mit offenen Augen durch die Welt laufe. Wie gehen andere mit dieser Aufgabe um? Was ist mir besonders wichtig? Diese Phase braucht einige Zeit, bis ich das Gefühl habe, mein Thema wirklich durchdrungen zu haben. Wichtige Werkzeuge sind Schreiben und Visualisieren, wichtige Tugenden sind Geduld und Disziplin.

2. Phase der Inkubation (oder des Ausbrütens)

Jetzt kann unser kreatives Gehirn die gesammelten Informationen und Eindrücke neu miteinander verknüpfen und verarbeiten. Dieser Prozess läuft eher unbewusst ab Wir brauchen dafür Muße und Ungestörtheit. Das assoziative Schreiben (oder Brain Diary) ist jetzt hilfreich, genauso wie eine anregende Umgebung und leichte körperliche Bewegung. Wichtig ist, dass wir auch die verrücktesten Einfälle, die uns in dieser Phase kommen, notieren und mit ihnen im Geiste spielen – darin kann der Keim einer wirklich guten Idee stecken!

3. Phase der Inspiration

Jetzt tauchen – manchmal wie aus dem Nichts – Ideen auf. Das kann zu jeder Zeit an jedem Ort passieren: im Traum, bei der Arbeit, beim Spazierengehen – manchen Menschen kommen die besten Einfälle auf dem Klo! Egal, ob sich schon eine fertige, „realistische" Lösung einstellt oder nur Bruchstücke einer Vision – es ist noch nicht die Zeit für Kritik oder das Überprüfen auf Tauglichkeit! Gut ist, alles weiterhin aufzuschreiben und zu visualisieren.

4. Phase der Bewertung

Wenn wir den Eindruck haben, genügend Ergebnisse und Ideen gesammelt zu haben, ist die Phase der Sichtung und Bewertung gekommen. Wichtig ist, sich zu überlegen, welche Kriterien von Bedeutung sind. Geht es sofort um die Umsetzbarkeit oder die finanziellen Möglichkeiten? Oder fragen Sie sich zuerst, was den meisten Spaß bringen könnte? Wir suchen jetzt die Ergebnisse heraus, die unseren Kriterien entsprechen.

Was hat das Zeug zu einer richtig guten Lösung? Und was muss noch mal überarbeitet werden? Jetzt müssen wir entscheiden, ob die Ergebnisse eine gute Grundlage sind oder noch einmal angereichert werden müssen (Phase 1). Kreative Prozesse laufen selten von A bis Z ab – meistens sind es Kreisläufe ähnlich einer Spirale.

5. Phase der Umsetzung

Jetzt geht es darum, aus den Teilen ein Ganzes zu machen. Ziel dieser Phase ist ein genauer Umsetzungsplan. Dafür müssen wir herausfinden, was für unser Projekt noch notwendig ist: Welche Dinge müssen noch recherchiert, entwickelt, geklärt und entschieden werden? Welche Probleme könnten auftreten? Daraus ergeben sich die einzelnen Schritte, bis die Umsetzung abgeschlossen ist. Vielleicht müssen einzelne Aspekte ja zurück in Phase 1?

Wenn Sie lernen, im Alltagsleben kreativ zu sein, werden Sie vermutlich nicht die Weltanschauungen künftiger Generationen verändern. Aber Sie werden die Welt anders erleben.

Mihaly Csikszentmihalyi, Psychologe

Stolpersteine und Gegenspieler der Kreativität

Unser kreatives Potenzial bewusst zu nutzen ist für manchen ungewohnt und anfangs nicht ganz leicht. Ungleich einfacher ist es, kreative Prozesse bei sich selbst und anderen abzuwürgen – denn darin sind die meisten von uns wahre Meister!

Welche der folgenden Kreativitätskiller kennen Sie aus eigener Erfahrung? Notieren Sie beim Lesen doch zu jedem Punkt, was Ihnen spontan dazu einfällt.

Kritik zur falschen Zeit

Wir sind normalerweise stolz darauf, Dinge kritisch zu hinterfragen. Beim kreativen Arbeiten (Phase 1 bis 3) hat Kritik allerdings nichts zu suchen! Wir brauchen dafür einfach die Erlaubnis zum Spinnen, Ausprobieren und Um-die-Ecke-Denken. Ein kritisches Wort bringt unsere Kreativität schnell dazu, sich in ihr Schneckenhaus zurückzuziehen.

Zeitdruck und Zeitmangel

Kreative Prozesse brauchen Zeit. Ein kleines Brainstorming zwischen Tür und Angel bringt gar nichts. Und mal eben schnell ein paar Ideen zu sammeln führt auch zu nichts. Wenn ich neue Ideen entwickeln möchte, die mein Leben betreffen und wirklich weitreichend sein können, ist es gut, mir einen Zeitrahmen zu setzen. Drei Monate haben sich bei meiner Arbeit bewährt und weniger als ein Monat bedeutet immer einen zu hohen Druck! Gar keinen Zeitrahmen zu setzen ist auch nicht gut, weil damit dem Projekt nicht die nötige Bedeutung beigemessen, es nicht mit der erforderlichen Ernsthaftigkeit verfolgt wird.

Scheren im Kopf

Kreatives Denken sollte keine Vorgaben haben. Typische geistige Scheren sind: „Das gehört aber nicht dazu“, „Das bringt uns doch nicht weiter“, „Das ist doch unrealistisch“, „Das ist nicht finanzierbar“, „Das kann ich doch nicht“, „Das ist lächerlich“ usw. Nehmen wir Aussagen dieser Art ernst, würgen sie mit Sicherheit den kreativen Prozess ab, egal von wem sie kommen. Sollte uns eine Schere nicht aus dem Kopf gehen, macht es Sinn, den entsprechenden Einwand auf einem Extrablatt festzuhalten, um später auf ihn zurückzukommen.

Ablenkbarkeit
Kreative Prozesse benötigen nicht nur Zeit und Freiraum, sondern insbesondere in der ersten Phase auch Konzentration und Fokussierung. Wenn es mir nicht gelingt, meine Aufmerksamkeit zu bündeln, erhält mein Gehirn nicht genug Material, das für die kreative Weiterverarbeitung wichtig ist.

Stress und Erschöpfung
Ein erschöpfter Geist ist nicht kreativ. Wenn ich unter Stress stehe, wird meine Aufmerksamkeit reduziert bis hin zum Tunnelblick. Ich kann nur noch das wahrnehmen, was jetzt in der Situation erforderlich ist – und darin liegt ja auch der Sinn einer Stressreaktion: Bei Gefahr hat man nur noch das Lebenswichtige im Blick. Deshalb macht kreatives Arbeiten in Stressphasen keinen Sinn. Körperliche und geistige Erschöpfung sind kontraproduktiv, weil die Kreativität einen wachen Geist und ausreichend Energie benötigt.

Disziplinlosigkeit
Auf den ersten Blick klingt dieser Punkt vielleicht merkwürdig. Kreative Menschen haben ja den Ruf, chaotisch und eher undiszipliniert zu sein. Im Einzelfall mag das stimmen – für kreative Prozesse gilt aber generell, dass die Beachtung gewisser Grundregeln förderlich ist. „Kreative Disziplin“ bedeutet folglich, feste Arbeitszeiten einzuplanen, mich an Abläufe und Arbeitsphasen zu halten, konsequent schriftlich zu arbeiten und zu visualisieren, geistige Scheren und meinen inneren Kritiker vom kreativen Prozess auszuschließen und mir von Zeit zu Zeit über den Stand meines Projekts Rechenschaft zu geben.

Ungeduld
Dass Zeitdruck kontraproduktiv ist, haben wir schon gesehen. Genauso hinderlich ist Druck von innen. Gute Ideen haben nämlich ihr eigenes Tempo – und das ist meistens langsamer als unseres! Wenn ich Ideen sammle, ein Brainstorming mache, kommt immer ein Punkt, an dem mir anscheinend nichts mehr einfällt. Es liegt nahe, dann abzubrechen. Eine Grundregel des kreativen Arbeitens ist, eine sogenannte kreative Durststrecke auszuhalten. Fast immer kommen danach wichtige, manchmal sogar die wichtigsten Ideen.

Werkzeuge und Methoden zur Kreativitätsförderung

Ich hoffe, Sie sind neugierig geworden, wie Sie Ihre Kreativität aktivieren und entwickeln können. Im Folgenden möchte ich Ihnen weitere Techniken und Modelle erklären. Ich wende sie alle selbst an und setze sie in meiner Seminar- und Coachingarbeit ein. Sie überzeugen mich alle, probieren Sie einfach nach Herzenslust das aus, was Sie interessiert.

Das Brainstorming – lassen Sie Ihr Hirn stürmen!
Dieser Begriff wird Ihnen nicht neu sein. Ein Brainstorming, allein oder in einer Gruppe, dient der Sammlung von Ideen. Nehmen Sie sich dafür je nach Thema ausreichend Zeit und ein möglichst großes Blatt Papier. Schreiben Sie ALLES auf, was Ihnen in den Sinn kommt. Es darf auf keinen Fall kritisiert oder kommentiert werden. Bleiben Sie auch dabei, wenn eine Weile keine Idee kommt. Sie können die Mind-Map-Technik verwenden (-> Seite 11).

Das Brain Diary bzw. assoziative Schreiben

Normalerweise schreiben wir nur das auf, was wir uns vorher überlegt haben. Das Brain Diary funktioniert umgekehrt: Sie schreiben auf, was Sie gerade denken. Wozu ist das gut? Einerseits trainiert es das Gehirn, Ideen zu produzieren. Indem also jeder Gedanke aufgeschrieben wird, reagiert das Gehirn darauf mit neuen Assoziationen. Der aufgeschriebene Gedanke regt also den nächsten Gedanken an. Das Brain Diary bildet dabei aber auch innere Konflikte ab und löst Blockaden, indem es innere Anteile zu Wort kommen lässt, die sonst weniger bewusst sind. Und es lässt sie miteinander in Dialog treten. Das klingt für Sie zu theoretisch? Das assoziative Schreiben ist eine Erfahrung, die schwer zu vermitteln ist – man muss sie einfach machen, um sie zu verstehen.

Es verlangt zwar viel Disziplin und Durchhaltevermögen, dafür gehört es aber zu den wirkungsvollsten Methoden, die ich kenne!

Wie läuft es genau ab? Wichtig ist, dass Sie diese Technik über einen Zeitraum von mehreren Wochen jeden Tag ausführen – sie nur gelegentlich oder für einige Tage auszuprobieren bringt Ihnen wahrscheinlich nichts. Schreiben Sie jeden Tag zwei bis drei Seiten, möglichst am Morgen, bevor Sie in den Tag starten (die Kreativitätstrainerin Julia Cameron nennt die Technik daher auch „Morgenseiten"). Schreiben Sie auf, was Ihnen in den Sinn kommt, mag es auch noch so zerrissen, lächerlich oder unwichtig erscheinen! Sie müssen das Geschriebene auch nie wieder lesen – es geht hier allein um den Prozess des Schreibens, nicht um Ergebnisse. Sollten Sie sich entschlossen haben, die Technik auszuprobieren, halten Sie mindestens zwei Wochen durch, um eine ungefähre Vorstellung von ihrem Nutzen zu bekommen.

Visualisieren Sie Ihre Gedanken!

Visualisieren bedeutet nichts anderes als verbildlichen. Unser Gehirn arbeitet visuell und assoziativ. Wir müssen es mit möglichst bildlichen Informationen füttern, um es zur Kreativität anzuregen. Psychologen der Universität von Chicago haben festgestellt, dass unsere kreative Leistung davon abhängt, wie stark unsere Sinne an einer Aufgabe beteiligt werden. Nutzen Sie daher für Ihre Gedanken und Ideen große Papierblätter und bunte Stifte. Verwenden Sie Pfeile, Zeichnungen, Symbole oder Ausschnitte aus Magazinen etc. Alles, was Sie zum Denken und Gestalten anregt, ist geeignet! Sehr gut ist eine Pinnwand, ein Whiteboard oder ein Flipchart, das nur dem Projekt vorbehalten ist. Gute Dienste tut auch ein Band, an dem Sie mit Wäscheklammern Notizen und Bilder befestigen. Visualisieren Sie grundsätzlich ganz altmodisch auf Papier und niemals mit dem Computer. Am Anfang ist es vielleicht ungewohnt, vielleicht sogar unangenehm, weil es an unsere Kindheit erinnert. Aber genau deshalb sind uns Kinder in ihrer Kreativität voraus: Sie trauen sich nämlich, alles zu verwenden, was ihr Kinderzimmer hergibt. Machen Sie es ihnen nach!

Sorgen Sie für ein kreatives Ambiente

Ein aufgeräumter Schreibtisch oder ein leerer Raum sind nicht sonderlich anregend. Unsere Kreativität blüht in einer sinnlich-anregenden Umgebung eher auf. Musik, Bilder an den Wänden, Düfte, Helligkeit und ein schöner Ausblick, ein leckeres Getränk – all das fördert die Kreativität, wenn es uns nicht zu sehr ablenkt. Sehr stimulierend kann eine leichte Bewegung wie Spazierengehen, Joggen oder Schwimmen sein. Meine kreativen Lieblingsorte sind Cafés oder die Natur. Ich schreibe dieses Kapitel gerade in einem Garten auf Madeira – hier habe ich viel mehr Ideen als in meinem Büro. Suchen Sie sich Ihr ideales Kreativ-Ambiente! Sie haben es gefunden, wenn Sie dort geistig wach, gut gelaunt, lebendig und interessiert sind.

Das Disney-Modell

Die Vorgehensweise der Disney Studios ist ein gutes Beispiel dafür, wie kreative Prozesse optimal unterstützt werden können. Die Entwicklungsarbeit für neue Filme, Geschichten und Figuren fand dort früher in drei Räumen statt, die jeder Entwurf nacheinander durchlaufen musste:

Im Kreativ-Raum gab es das Ambiente, das ich eben beschrieben habe. Hier durfte nur gesponnen und entwickelt werden. Kritik oder Fragen der Umsetzung waren nicht zugelassen.

Im Raum der Kritik wurde hemmungslos kritisiert und an jedem Detail herumgenörgelt. Keine Schwäche einer Idee sollte hier unbemerkt bleiben.

Im Raum der Realisierung ging es letztlich ausschließlich darum, wie eine Idee verwirklicht werden konnte, was es kosten würde und welcher Nutzen darin stecken könnte.

Hatte eine Idee alle drei Räume durchlaufen, war sie entweder gestorben, angenommen oder musste weitere Runden drehen. Genial an diesem Konzept ist, dass es die bereits beschriebenen Phasen der Kreativität voneinander räumlich und zeitlich trennt.

Was können Sie daraus lernen? Wenn Sie eine neue Idee oder die Lösung für ein Problem suchen, können Sie diesen Prozess in drei Phasen aufteilen: Beginnen Sie als Träumer und Spinner, lassen Sie dann Ihren inneren Kritiker zu Wort kommen und überprüfen Sie Ihre Ergebnisse schließlich als Realist und Handelnder. Lassen Sie jede Phase an einem anderen Ort stattfinden.

Ich selbst habe mir entsprechend dem Disney-Modell zwei Schreibtische eingerichtet: An dem einen erledige ich den täglichen Papierkram und der andere ist zum Spinnen, Buntstifte, Papierrolle und anregende Gegenstände inklusive.

Die kreative Auszeit

Egal ob Sie Ihre Kreativität gerade für ein konkretes Projekt brauchen oder sie generell entwickeln möchten – nehmen Sie sich pro Woche eine Auszeit von mindestens zwei Stunden. Wie Sie diese Zeit nutzen, ist Ihnen überlassen; allerdings sollten Sie dabei Folgendes beachten: Verbringen Sie die Auszeit grundsätzlich allein. Wenn Sie dabei unter Menschen sind, die Sie nicht kennen, ist das okay. Verzichten Sie auf Medienkonsum wie Fernsehen oder Kino. Suchen Sie Orte auf, die Sie als anregend empfinden. Das kann ein Museum sein, eine Galerie, ein schöner Ort in der Natur, Stadtteile und Gegenden, die Sie noch nicht kennen – folgen Sie Ihrem Forschergeist. Und nehmen Sie etwas zu schreiben mit. Sie können die Auszeit auch sehr gut mit dem Training Ihrer Aufmerksamkeit verbinden, das ich Ihnen gleich vorstelle. Sinn dieser Übung ist, dass Sie ausreichend Zeit haben, sich inspirieren zu lassen. Wenn sich nämlich eine gute Idee bei Ihnen meldet, sollte sie Sie doch auch erreichen können, oder nicht? In der Hektik des Alltags könnte es für Ihren Einfall schwer sein, Ihre Aufmerksamkeit zu bekommen.

Das Aufmerksamkeitstraining

Es gibt einen Zusammenhang zwischen unserer Fantasie und unserer Wahrnehmungsfähigkeit – und die können wir trainieren. Dazu ist weder eine besondere Umgebung noch Extrazeit notwendig. Kennen Sie das Phänomen, durch eine fremde Stadt zu gehen und sich dabei ganz offen und wach zu fühlen? In neuen Umgebungen fällt es uns anscheinend leichter, aufmerksam zu sein. Wir können aber auch lernen, vertraute Umgebungen mit neuen Augen zu sehen. Ich selbst finde es besonders spannend, in ganz alltäglichen Situationen aufmerksam zu sein. Auch wenn es merkwürdig klingt: Sehen Sie sich Ihre Wohnung, Ihren Arbeitsplatz oder Ihren Garten einmal so an, als würden Sie sie zum ersten Mal betreten. Betrachten Sie aufmerksam die Häuser Ihrer Straße, die Menschen in der U-Bahn oder Ihren Supermarkt. Sie werden erstaunt sein, wie viele Details Sie zuvor nie wahrgenommen haben! Vielleicht notieren Sie Ihre Beobachtungen.

Ändern Sie Ihre Perspektive!

Zum kreativen Denken gehört die Fähigkeit, Probleme von möglichst vielen Seiten zu betrachten. Zu glauben, dass „die Dinge nun mal sind, wie sie sind", wird mir nicht gerade neue Perspektiven eröffnen! Ganz egal, mit welchem Thema Sie sich gerade beschäftigen: Fragen Sie sich, wie eine andere Perspektive aussehen könnte. Sie sind z.B. selbstständig und möchten neue Kunden gewinnen? Folglich liegt es auf der Hand, die Perspektive des Kunden einzunehmen. Wie wäre das: „Was müsste ich tun, um meine Kunden innerhalb von vier Wochen zu vergraulen?" Aus Ihren Antworten können Sie wichtige Informationen ableiten!

Umgeben Sie sich mit anregenden Dingen

Manchmal sind es Kleinigkeiten, die unsere Kreativität anregen: ein schönes Tagebuch, das wir für unser Projekt verwenden, ein bestimmtes Bild, ein Foto, ein besonderer Stift oder bunte Klebezettel. Vielleicht gibt es ja Ergebnisse Ihrer Kreativität wie Bilder, die Sie einmal gemalt haben, oder Texte aus Ihrer Feder?

Hängen Sie sie gut sichtbar auf! Oder verbinden Sie Kreativität mit einer bestimmten Musik? Dann hören Sie sie!

Geben Sie sich die Erlaubnis, kreativ zu sein
Leider ist dieser Punkt keine Selbstverständlichkeit! Viele Menschen haben sich an ihr Selbstbild, völlig unkreativ zu sein, so sehr gewöhnt, dass sie lange brauchen, um diesen Glauben einmal zu hinterfragen. Dahinter steckt oft die Angst, anderen Menschen das eigene Denken und Fühlen zu zeigen. Was könnten andere über sie denken, wenn sie etwas tun, das nicht von ihnen erwartet wird? Könnte es nicht peinlich sein?

Geht es Ihnen auch so? Dann empfehle ich Ihnen, einmal darüber nachzudenken, was Sie auf diese Weise vermeiden. Was ist so schlimm daran, eigene Wege zu gehen? Und vor wessen Urteil haben Sie Angst? Verwenden Sie doch die Technik der ICH-Bühne (-> Seite 151), um Ihre Haltung weiter zu erforschen. Welche Erlaubnis brauchen Sie, um kreativ zu sein? Wenn Sie sie wissen, schreiben Sie sie auf. „Ich darf jederzeit nach Lösungen und Ideen suchen, die mich erfüllen und weiterbringen – auch wenn sie noch so ungewöhnlich sind." oder einfach nur „Ich bin aus ganzem Herzen ein kreativer Mensch!" bieten sich an.

Akzeptieren Sie innere Widerstände und Blockaden
Wenn Sie sich mit Ihrer Kreativität beschäftigen, werden Sie immer wieder auf Blockaden und Situationen stoßen, in denen nichts mehr geht. Das ist völlig normal und gehört dazu. Verbeißen Sie sich dann nicht in das, was Sie gerade vorhaben. Lassen Sie es los und tun Sie etwas anderes. Glauben Sie mir: Nach vielen, vielen Blockaden beim Schreiben dieses Buches weiß ich, wovon ich spreche! Manchmal hilft es, be-

harrlich zu sein und mehr Geduld zu haben als der innere Widerstand – manchmal ist es aber auch gut, sich zu vertagen. Sollte die Blockade anhalten oder immer wieder auftauchen, macht es Sinn, sie sich näher anzuschauen.

Trauen Sie sich zu träumen

Wir haben bei den Phasen der Kreativität gesehen, dass der entscheidende kreative Prozess unbewusst abläuft und Zeit zum Träumen benötigt. Nehmen Sie diese Erkenntnis doch als Erlaubnis, um Ihren Tagträumen nachzugehen! Genießen Sie das Kino in Ihrem Kopf. Es gibt zu diesem Thema eine schöne Anekdote: Der Chemiker August Kekulé, der Entdecker des Benzolrings, stieß auf die Lösung seines Problems, während er schlief. Er wusste zwar, aus welchen Atomen das Benzolmolekül besteht, aber nicht, wie es aufgebaut ist. Er träumte dann von einer Schlange, die sich selbst in den Schwanz beißt, und plötzlich war ihm klar, dass das Benzol ringförmig aufgebaut sein muss.

Auch wenn Sie keine genialen Entdeckungen machen möchten, nehmen Sie sich doch hin und wieder die Zeit, um sich zu entspannen und in den Tag hineinzuträumen. Vielleicht mögen Sie Ihre Träume hinterher ja notieren?

Medienfasten

Ich habe diese Technik schon einmal erwähnt, möchte aber an dieser Stelle nicht auf sie verzichten. Die meisten von uns sind daran gewöhnt, permanent Informationen von außen zu verarbeiten, privat wie beruflich. Der Kopf verkümmert dann zur „Reaktionsmaschine". Die Fähigkeit, selbst zu gestalten und ganz individuelle Ziele, Fantasien, Träume und Lösungen zu entwickeln, verkommt dadurch. Medienfasten heißt, für eine Weile – mindestens für ein paar Tage – auf jeglichen Medienkonsum zu verzichten. Das heißt nicht lesen – im Job nur das unbedingt erforderliche –, kein Radio hören und kein Fernsehen oder Kino. Dadurch entsteht viel freie Zeit, was am Anfang unangenehm sein mag, da Ihr Gehirn vom Modus „Reagieren“ auf „Produzieren“ geschaltet wird. Es ist aber eine spannende und kreative Erfahrung!

Ich möchte Ihnen eine letzte Aufgabe ans Herz legen:

Stellen Sie sich vor, durch ein Wunder würden Sie ganz plötzlich zu einem der kreativsten Menschen der Welt. Wie würden Sie Ihr Leben gestalten? Nehmen Sie sich doch Ihr Tagebuch oder ein Blatt Papier und schreiben Sie einfach drauf los. Schreiben Sie alles auf, was Ihnen einfällt. Und hören Sie erst auf, wenn Ihnen gar nichts mehr in den Sinn kommen will.

Legen Sie Ihren Text für eine Weile beiseite. Lesen Sie ihn später sehr aufmerksam durch und markieren Sie die Teile darin, die Ihr Leben wirklich verändern und bereichern können. Und dann?

Kann man „kreativ leben“?

Für mich bedeutet Kreativität mehr als nur eine Fähigkeit, die uns hilft, gute Ideen zu entwickeln. Bin ich bereits ein kreativer Mensch, wenn ich ab und zu Kreativitätstechniken anwende? Wirklich spannend wird es für mich erst, wenn ich eine kreative Haltung zum Leben einnehme – man könnte diese Haltung auch schöpferisch oder gestaltend nennen. Damit beinhaltet sie ein Konzept, das wir in Kapitel 3 als Selbstwirksamkeit bezeichnet haben. Ein kreativer Mensch ist immer Gestalter seines Lebens. Er nutzt jeden Freiraum, um darin etwas Eigenes zu schaffen. Dies fängt bei kleinen Dingen an: Wie gestalte ich meine Wohnung? Richte ich sie ein wie in einem Möbelkatalog, weil mir nichts Besseres einfällt – „Ich bin ja nicht kreativ ...“? Oder versuche ich herauszufinden, was ich wirklich mag? Ich kann bei kleinen Dingen anfangen; 1000 Dinge meines Alltags können sein wie immer und bei allen anderen – oder ich kann sie mir zu eigen machen und damit unverwechselbar. Dazu muss ich kein Picasso sein und nicht den perfekten Geschmack haben! Klar, es kann auch mal etwas danebengehen, denn kreativ sein bedeutet nämlich auch, Risiken einzugehen.

Ich bin frei, denn ich bin einer Wirklichkeit nicht ausgeliefert, ich kann sie gestalten.
Paul Watzlawick

Zu schaffen und zu gestalten ist die eine Hälfte kreativer Lebenshaltung. Die andere ist, wie wir gesehen haben, der offene und interessierte Blick auf die Welt. Ob unsere Umgebung langweilig und gewöhnlich oder aber voll interessanter Details ist, liegt an uns. Wir sind diejenigen, die entscheiden, ob wir jeden Tag dasselbe hören, sehen und erleben. Wir haben die Wahl, uns jeden Tag neue Eindrücke zu verschaffen – und sei es, indem wir mal andere Straßen entlanggehen und dabei auf andere Details achten. Im Café sitzen und zu beobachten, was um uns herum geschieht, kann auch ein kreativer Vorgang sein.

Glauben Sie mir: Es liegt nicht an der Welt, wenn sie Ihnen zu langweilig ist! Aber es liegt in Ihren Händen, Ihre Welt zu gestalten. Und es liegt an Ihnen, mit offenen und neugierigen Augen in die Welt zu schauen.

Legen Sie los – Sie sind ein freier Mensch!

Schlusswort

Sie sind am Ende des Buches angelangt. Ich hoffe, dass Sie vieles gebrauchen können und Nützliches daraus ziehen, das Ihnen hilft, ab jetzt häufiger Ihr Leben als Regisseur zu gestalten. Vielleicht hat sich ja Ihre Perspektive bezüglich Gewohnheiten, Denk- und Verhaltensmustern oder das Wissen um Ihre Möglichkeiten etwas gewandelt? Ich persönlich habe die Erfahrung gemacht, dass es lohnenswert ist, sich für ein eigenhändig gestaltetes und selbstbestimmtes Leben einzusetzen. Es wäre mir eine Freude, Ihnen den Weg in diese Richtung gezeigt zu haben!

Wie ich am Anfang schon sagte, ist es nicht Sinn und Zweck dieses Buches, in einem Rutsch durchgelesen und dann weggestellt zu werden. Von daher würde ich mich freuen, wenn Sie es von Zeit zu Zeit aus dem Regal nehmen und sich neue Anregungen und Impulse holen oder an den Punkten weiterarbeiten, die im Moment für Sie nicht relevant sind.

Haben Sie eine Frage an mich oder mögen Sie sich über Ihre Erfahrungen mit anderen Lesern austauschen? Ich lade Sie herzlich ein, auf der Website zu diesem Buch vorbeizuschauen. Auf **www.freiheit-eine-gebrauchsanweisung.de** finden Sie auch aktuelle Informationen.

Ich wünsche Ihnen auf Ihrem Weg viel Glück, Mut und Kreativität. Machen Sie sich frei!

Herzlichst
Tom Diesbrock

Dank

Mein herzlicher Dank für die großartige Unterstützung dieses Projekts gilt meiner Lektorin Marion Appelt für ihre freundliche, unermüdliche und kompetente Begleitung und ihren Optimismus. Ich danke Jens Rosemann für seine tollen Illustrationen und Susanne Frank, die an mich herantrat, ein Buch im mvgVerlag zu veröffentlichen, Caroline Schiller und Claus-Martin Carlsberg von carlsbergschillercommunication für ihre engagierte Pressearbeit, meiner Mutter Leni Diesbrock für eine Million Korrekturen und Verbesserungen, Svenja Hofert für zahlreiche kollegiale Tipps, der Familie Dietz, deren wunderschönes Haus auf Madeira ich zum Schreiben nutzen durfte, und last but not least: Björn, Claudia, Hanne, Heidi, Kerstin, Mechthild, Miguel, Peter, Miss Piggy und Sabine für ihre konstruktiven Feedbacks, Ideen, die Unterstützung und ihre Freundschaft.

Ein riesengroßes Dankeschön an Euch und Sie alle!

Tipps zum Weiterlesen

Bach, Richard: *Illusionen. Die Abenteuer eines Messias wider Willen.* Ullstein

Birkenbihl, Vera F.: *Erfolgstraining. Schaffen Sie sich Ihre Wirklichkeit selbst!* mvg Verlag

Cameron, Julia: *Der Weg des Künstlers.* Droemer Knaur

Csikszentmihalyi, Mihaly: *Kreativität. Wie Sie das Unmögliche schaffen und Ihre Grenzen überwinden.* Klett-Cotta

Csikszentmihalyi, Mihaly: *Lebe gut! Wie Sie das Beste aus Ihrem Leben machen.* Dtv

Dalai Lama XIV.: *Der Weg zur Freiheit. Zentrale tibetisch-buddhistische Lehren.* Droemer Knaur

Damasio, Antonio R.: *Ich fühle, also bin ich. Die Entschlüsselung des Bewusstseins.* List

Goleman, Daniel: *Dialog mit dem Dalai Lama. Wie wir destruktive Emotionen überwinden können.* Dtv

Hüther, Gerald: *Bedienungsanleitung für ein menschliches Gehirn.* Vandenhoeck & Ruprecht

Kabat-Zinn, Jon: *Im Alltag Ruhe finden. Das umfassende praktische Meditationsprogramm.* Herder

Klein, Stefan: *Die Glücksformel oder Wie die guten Gefühle entstehen.* Rowohlt

Schulz von Thun, Friedemann: *Miteinander reden 1-3.* Rowohlt

Seligman, Martin: *Pessimisten küsst man nicht. Optimismus kann man lernen.* Droemer Knaur

Watzlawick, Paul: *Anleitung zum Unglücklichsein.* Piper

Über den Autor

Tom Diesbrock wurde 1963 geboren und lebt und arbeitet als Coach in Hamburg. Bis zu seinem Psychologiestudium durchlief er unterschiedlichste berufliche Etappen: u. a. Studium der Medizin, Leitung eines Musikstudios, Tätigkeit in der Jugendarbeit sowie als Fotoredakteur. Diese sehr wechselhaften Erfahrungen machten ihn zu einem Begleiter für alle, die sich mehr Lebensqualität und neue berufliche sowie private Ziele erarbeiten wollen. Er bietet zudem Seminare und Teamworkshops an, berät Redaktionen und steht als TV-Psychologe vor der Kamera.